VOYAGE
DESCRIPTIF ET HISTORIQUE
DE
L'ANCIEN ET DU NOUVEAU
PARIS.

TOME SECOND.

A LONDRES,

Chez MARTIN BOSSANGE et compagnie, 14 great Malborough street;

ET A PARIS,

Chez { PÉLICIER, libraire, Palais-Royal, première cour;
NICOLLE, libraire, rue de Seine, n° 12.

IMPRIMERIE DE COSSON.

VOYAGE

DESCRIPTIF ET HISTORIQUE

DE

L'ANCIEN ET DU NOUVEAU PARIS,

MIROIR FIDÈLE

Qui indique aux Étrangers et même aux Parisiens ce qu'il faut connaître et éviter dans cette Capitale;

CONTENANT des faits historiques et des anecdotes curieuses sur les monumens, sur la variation des mœurs des habitans, et les événemens politiques jusqu'à nos jours; la physionomie des maisons de jeu; etc.

SUIVI

De la description des environs de Paris et des Maisons Royales; D'un Dictionnaire des rues, places, quais de cette capitale, etc.

Orné du Plan de Paris et de 63 gravures.

NOUVELLE ÉDITION, CORRIGÉE ET AUGMENTÉE.

Par L. P.

TOME SECOND.

A PARIS,

Chez l'AUTEUR, rue des Marais, F. St.-Germain, n° 18.

1821.

DESCRIPTION GÉOGRAPHIQUE DE PARIS.

TROISIÈME PROMENADE,

DE L'OUEST AU NORD-OUEST.

Cette promenade commence aux barrières de Passy, de Chaillot, de Neuilly, les Champs-Élysées, barrière du Roule, faubourg Saint-Honoré, place Louis XV, les Tuileries, le Louvre, etc.; la place Vendôme, le quartier du théâtre des Italiens, les rues Saint-Honoré et Richelieu, etc.; le Palais-Royal, etc; place des Victoires, etc.; les rues Saint-Denis, etc; et nous terminons au quartier Saint-Martin.

PASSY (Barrière de).

Ci-devant de la Conférence et des Bons-hommes.

Elle tient son nom du village de Passy, sur la route de Versailles. Cette barrière est composée d'un bâtiment décoré de douze colonnes, deux arcs, quatre frontons, et de deux statues colossales représentant la Bretagne et la Normandie. On la nommait précédemment des *Bons-hommes*, parce qu'elle est tout près de l'ancien couvent de ce nom, habité par des religieux minimes, qui sont remplacés, depuis la révolution, par une manufacture de basins, piqués, mousselines et autres étoffes qui rivalisent celles des fabriques anglaises ; et de la *Conférence*, parce qu'elle n'est qu'un reculement de la barrière de ce nom, qui était située près la pompe à feu, avant la dernière enceinte de Paris, où fut construite la place de la Conférence, d'abord sous le règne de François Ier, et rétablie en 1659, pendant la conférence de la paix des Pyrénées, dont elle prit le nom.

« Le 17 juillet 1789 Louis XVI fit son entrée à Paris par la barrière de Passy, après la prise de la Bastille. Un peuple immense fut au-devant du roi : M. Bailly, faisant les fonctions provisoires de maire de Paris, présenta au roi les clefs de la ville en lui disant : « Sire, ce sont les mêmes clefs qui furent présentées à Henri IV ; il vint conquérir son peuple ; aujourd'hui c'est le peuple qui reconquiert son roi. »

Le 6 octobre de la même année, le roi ainsi que sa famille est entré pour la dernière fois à Paris par cette barrière, par suite de l'insurrection contre le château de Versailles. Louis XVI était précédé par une multitude effrayante, avec des canons et plusieurs têtes au bout des piques. Le roi et sa famille furent conduits ainsi à l'Hôtel-de-Ville.

BILLY (Quai), *ci-devant Chaillot.*

Il commence à la barrière de Passy, et finit au Cours-la-Reine ; par décret du 10 janvier 1807, il porte le nom du général de *Billy*, mort à la bataille d'Iéna. On remarque sur le quai les immenses démolitions faites par ordre de Buonaparte, et d'une partie de Chaillot, pour la construction du palais du roi de Rome, qui devait être en face du pont d'Iéna et de l'École-Militaire, dont nous avons parlé vers la fin du tome Ier.

Les bains dits de la Conférence, sont sur ce quai ; au n° 4 la pompe à feu, machine utile qui depuis quarante ans fournit de l'eau dans les quartiers septentrionaux de Paris. Les quatre réservoirs sont des plus curieux.

CHAILLOT.

En 1786, ce quartier était un faubourg hors des barrières de Paris.

On remarque à Chaillot le bâtiment de l'ancienne abbaye de Sainte-Périne, dans lequel on a établi une pension consacrée à la vieillesse des deux sexes. On y est admis en payant une pension de 600 fr. jusqu'à 3000 francs, ou en donnant une somme une fois payée.

L'église Sainte-Périne est aujourd'hui succursale de la paroisse de la Madelaine.

On voit au bas de Chaillot la manufacture des tapis dits de la Savonnerie, façon de Perse. Cette superbe manufacture a été établie en 1663, sous le ministère de Colbert. Même procédé qu'aux Gobelins, si ce n'est que l'ouvrier a sous les yeux le vrai côté de son travail.

CONFÉRENCE (Quai de la).

Il commence à l'allée des Veuves, où se termine le quai de Billy; on jouit le long de ce quai de la plus belle perspective, par le voisinage de la rivière.

COURS-LA-REINE.

La reine-mère, Marie de Médicis, ayant fait planter le petit cours en 1628, on lui donna le nom de Cours-la-Reine, qu'il a toujours conservé, quoiqu'il ait été replanté en 1723. Cette belle promenade n'est séparée des Champs-Élysées que par un fossé dans lequel on va jouer au *cochonet* ou aux quilles. Près de là est l'

ALLÉE DES VEUVES.

Elle commence au quai de la Conférence, et conduit à l'étoile des Champs-Élysées. On y a construit, d'un côté, de jolies maisons qui ont toutes de petits jardins. On y trouve plusieurs traiteurs et des cabinets mystérieux.

Anciennement toutes les veuves allaient pleurer leur maris dans cette allée sombre et solitaire, aujourd'hui elles y vont se consoler de cette perte, et reçoivent des visites dans leurs jolis boudoirs. Les veuves à cette époque n'osaient paraître, même en grand deuil, aux promenades publiques.

A dix pas de l'allée des Veuves est l'allée d'Antin, qui prend au petit pont d'Antin, et qui conduit aussi à l'Étoile des Champs-Élysées. Nous allons remonter à la

NEUILLY (Barrière de).

Située sur la même ligne que le pont de Neuilly et la route du bois de Boulogne, correspondant en ligne directe à l'entrée du grand vestibule du château des Tuileries. Il n'y a pas en Europe un point de vue aussi beau.

Cette barrière fut construite vers l'an 1786, sur le dessin de l'architecte Ledoux; elle se nomma d'abord de l'*Étoile*; elle est décorée de deux bâtimens, plan carré, ornés chacun dans leur pourtour de vingt colonnes colossales, etc.

Au milieu de la grande place circulaire hors de la barrière, on voit le commencement d'un arc de triomphe à la gloire des armées françaises ; masse de pierres qui intercepte l'un des plus beaux points de vue de l'univers.

Ce monument, du plus mauvais goût, a été commencé en 1806, et est suspendu depuis 1814. De la barrière, vous entrez dans

Pl. 33.

Chevaux tirés de Marly

Pl. 34.

Chevaux tirés de Marly.

la belle avenue de Neuilly ; vous y trouvez de superbes maisons, de beaux jardins, celui de Beaujon, où sont *les Montagnes Françaises*; tous les plaisirs y sont réunis ; à la suite est le jardin du sieur Trypet, renommé pour ses belles tulipes ; un café est établi dans son jardin, qui est bordé d'une superbe terrasse, vis-à-vis de l'autre côté est le jardin Marbœuf, où l'on donne des fêtes champêtres.

L'avenue de Neuilly conduit aux

ÉLYSÉES (Champs).

Partagés en deux parties égales ; ils présentent une promenade des plus agréables ; les cafés et les restaurateurs, qui y sont multipliés, y attirent dans la belle saison un grand concours de monde ; le côté du Cours-la-Reine est fréquenté par des rentiers, des joueurs de boule, de paume et de ballon.

La partie du côté du faubourg Saint-Honoré est décorée de superbes maisons avec des jardins contigus à la promenade ; l'on remarque le beau jardin de l'Élysée-Bourbon, qui appartient à madame la duchesse de Berry. La plus belle société se réunit dans cette partie des Champs-Élysées, où l'on voit des cafés, des salons de verdure, des musiciens ambulans, des chaumières où l'on boit du lait, etc., etc.

En 1793, on a placé au bout des Champs-Élysées, à l'entrée de la place Louis XV, deux groupes de marbre représentant deux chevaux fougueux retenus par deux hommes. Ces deux groupes étaient dans le parc du château de Marly ; la beauté de l'exécution et le mérite des formes font admirer ces deux morceaux de sculpture.

Les fêtes publiques aux Champs-Élysées sont admirables ; des mâts de cocagne, des salles de spectacles construites au milieu des arbres, des bals dans les carrés de verdure, des lampions et des verres de couleur aux arbres, dans chaque avenue, offrent le plus beau coup d'œil.

Dans les beaux jours, les plus brillantes voitures de Paris, et des cavalcades, vont se promener au bois de Boulogne, depuis deux heures jusqu'à cinq.

Tous les ans, le mercredi, le jeudi et le vendredi de la semaine Sainte, cette route est couverte de toutes les belles voitures qui vont sur deux files au bois de Boulogne, et qui autrefois allaient jusqu'à l'abbaye de

Longchamps. Les allées des Champs-Élysées sont garnies de chaises pour le beau sexe.

(1790, 20 mai.) Louis XVI passe en revue aux Champs-Elysées toute la garde nationale parisienne.

(1790, 18 juillet.) La ville de Paris a donné une fête des plus brillantes à tous les fédérés des départemens, qui sont venus pour le pacte fédératif du 14 juillet.

(1791.) La ville de Paris a donné une superbe fête à Louis XVI après son acceptation de la constitution.

(1792.) Le général Santerre donne un repas civique aux Champs-Elysées, à des Marseillais volontaires, arrivés récemment à Paris. Le restaurateur Voisin, connu sous le nom du *Jardin Royal*, traitait le même jour des grenadiers de la garde nationale de la section des Filles-Saint-Thomas.

Les Marseillais burent largement à la nation; les grenadiers bourgeois au contraire portèrent des toasts au roi, à la reine et au général La Fayette. Il y eut combat entre les Marseillais et les bourgeois; le lieutenant des bourgeois, M. Duhamel, agent de change, fut tué.

Cette journée a été le prélude du 10 août contre le château des Tuileries, insurrection pour laquelle les Marseillais étaient arrivés à Paris, où ils furent reçus par la société des *Jacobins*, avec les démonstrations les plus fraternelles.

(1793.) La société des Jacobins élève aux Champs-Elysées un monument à Marat, et à Michel Lepelletier de Saint-Fargeau, assassiné au Palais-Royal pour avoir voté la mort du roi. Des murmures firent pressentir la destruction de ces espèces de tombeaux.

La convention nationale décrète, le 1ᵉʳ novembre 1793 (11 brumaire an 2) : « La tombe de verdure élevée au milieu des Champs-Elysées à la mémoire de Marat et de Lepelletier y sera conservée. »

(1794, 16 février — 28 pluviôse an 2.) Le juri des arts arrête que la statue de J.-J. Rousseau serait exécutée aux frais de la nation sur le modèle du sculpteur Moite, pour être placée aux Champs-Elysées.

(1801, 21 août.) Suicides du sieur Champagne et de son épouse, après avoir tout perdu au jeu.

(1815, 25 juillet.) Le lord Wellington passa la revue de son armée, forte de soixante dix mille hommes. Elle occupait depuis les Champs-Elysées jusqu'au-delà de Courbevoie.

Nous remontons à la

ROULE (Barrière du).

Cette barrière, qui a la même étymologie que la rue du faubourg du Roule, consiste en un bâtiment décoré de quatre avant-corps, un couronnement et un dôme.

ROULE (Rue du faubourg du).

Ce quartier est orné de belles maisons, avec des jardins, eutre autres Mouceau, situé rue de Chartres, jardin planté dans le genre anglais; avant la révolution, on le nommait Folies-de-Chartres; Buonaparte en avait donné la jouissance à l'archi-chancelier (Cambacérès). Ce jardin appartient au duc d'Orléans, qui permet au public de s'y promener. On y a souvent donné des fêtes.

C'est à Mouceau que Garnerin fit, le 24 août 1797, sa première ascension avec un parachute.

VERTE (la Rue).

Où est une caserne au n° 32. Lucien Buonaparte y avait un hôtel. Revenons à la grande rue du faubourg du Roule, où l'on remarque, au n° 57, l'hôtel dit la Chartreuse, le petit hôtel Beaujon, que le financier *Beaujon* fit construire sous le nom de Folies Beaujon; c'est dans ce grand jardin que sont établies les Montagnes Françaises dont nous avons déjà parlé; en face est

BEAUJON (l'Hôpital),

Que ce financier a fait construire en 1784

pour élever vingt-quatre orphelins de la paroisse du Roule; depuis la révolution on en a fait un hôpital composé de deux cent cinquante lits.

Aux n°s 17 et 19 est la belle pépinière de M. Fortin. Il y a dans ce quartier plusieurs maisons d'institution pour les jeunes gens.

En continuant le faubourg du Roule,

SAINT-PHILIPPE DU ROULE,

Paroisse construite sur les dessins de M. Chalgrin. A peu de distance la

PÉPINIÈRE (Rue de la),

ci-devant rue Neuve-Saint-Charles.

Rue ouverte en l'an 1782, sur le terrain qu'occupait la pépinière royale du Louvre, dont elle a retenu le nom; on y remarque, au n° 22, la caserne dite *de la Pépinière;* au n° 64, l'hôtel d'Ardivilliers, et deux jolies maisons construites sur les dessins de l'architecte Chalgrin; vous entrez ensuite dans la

SAINT-HONORÉ (Rue du Faubourg).

Qui commence rue de la Pépinière et à celle d'Angoulême, et finit à la rue Royale et boulevard de la Madeleine ; on voit dans cette rue un grand nombre d'hôtels magnifiques, dont les jardins touchent aux Champs-Élysées ; au n° 64, l'ancien hôtel de Duras, au n° 90, celui du prince de Bauveau.

PALAIS DE LA DUCHESSE DE BERRY,
ci-devant Elysée-Bourbon.

Construit en 1718 par le comte d'Evreux ; la courtisane de Louis XV, dite *marquise de Pompadour*, en fit l'acquisition ; c'est dans cet hôtel qu'elle a affiché le plus grand luxe ; et au mépris de la propriété, pour agrandir son jardin et fournir une demi-lune sur les Champs-Élysées, elle disposa du terrain qui appartenait à la ville de Paris ; après sa mort, Louis XV acheta cette maison, pour en faire un hôtel des ambassadeurs extraordinaires ; elle servit ensuite de garde-meuble de la couronne.

Enfin le financier Beaujon l'acheta en 1773, et en fit son habitation, où il a étalé le faste d'un souverain du Japon ; le jardin qui donne sur les Champs-Élysées était orné des plus belles statues.

Beaujon est mort très-âgé ; toutes ses spéculations avaient un génie particulier. Tenant beaucoup à la vie, il augmentait tous les ans la pension qu'il faisait à ses deux médecins. Après son décès, plus de quinze cents parens dans l'indigence se sont présentés pour sa succession; le plus grand nombre étaient des porteurs d'eau, des hommes de peine, des laquais, des savetiers, des blanchisseurs, etc., que Beaujon n'avait jamais voulu reconnaître par orgueil.

La duchesse de Bourbon, épouse du fils du prince de Condé, lors de sa séparation d'avec son mari, devint propriétaire de l'hôtel Beaujon, qu'elle a occupé jusqu'en 1790, époque où elle a quitté la France.

Devenu propriété nationale, la ville de Paris a repris le terrain usurpé sur les Champs-Elysées par la Pompadour. Depuis il a appartenu à différens agioteurs, qui en ont fait un objet de spéculation pour des fêtes publiques, feux d'artifice, restaurant, maison de jeu, pantomimes, etc.; enfin un bastringue, où l'on entrait pour cinquante centimes qui se consommaient en bière.

En 1803 le général *Murat*, nommé prince par Buonaparte, en devint propriétaire. Il s'empara d'autorité de dix pieds de plus de terrain, sur les Champs-Elysées, que n'avait fait la courtisane Pompadour.

Lorsqu'il partit pour régner à Naples, il céda ce palais à son beau-frère Buonaparte, qui l'habita de temps en temps jusqu'en 1814, ainsi que son frère Joseph lorsqu'il fut détrôné en Espagne.

L'empereur de Russie, lors de son séjour à Paris, a logé dans ce palais depuis le 13 avril jusqu'à son départ. Buonaparte, pendant son règne de cent jours, à son retour de l'île d'Elbe, y a fait son domicile.

Ce palais est maintenant habité par madame la duchesse de Berry.

On remarque encore dans la rue du faubourg Saint-Honoré, au n° 55, l'hôtel du comte Sébastiani; au n° 51, l'hôtel Brunoy, appartenant au comte de Bournouville; au n° 43, l'hôtel de Lepelletier de Morfontaine; au n° 41, l'hôtel de M. de Ségur; au n° 39, l'hôtel du prince Borghèse, ci-devant hôtel Charost, où l'empereur d'Autriche a logé lors de son arrivée à Paris, le 15 août 1815; au n° 33, l'hôtel Amelin; au n° 31, l'hôtel Marbœuf, appartenant aujourd'hui à madame de Saligny; et l'hôtel de M. Raymond Saint-Sauveur au n° 29.

Dans la rue d'Anjou (Saint-Honoré) on remarque aussi les anciens hôtels de Nicolaï, de Beaufremont, de la Belinaye, de Créqui, de la Rivière, de Contades, d'Espagne, du roi de Suède (Bernadotte.)

La maison n° 48, attenante au ci-devant cimetière de la Madelaine, appartient à M. Desclosau, qui avait acheté précédemment le cimetière, sous prétexte de réunir ce terrain à sa maison; mais son motifs ecret était de veiller lui-même à la conservation des restes précieux de Louis XVI et de Marie-Antoinette son épouse, où ils avaient été inhumé, savoir : Louis XVI le 21 janvier 1793, et la reine, le 16 octobre suivant. Leurs restes ont été portés à Saint-Denis. C'est dans ce ci-devant cimetière que les victimes décapitées sur la place de Louis XV ont été inhumées.

Nouvelle église de la Madelaine.

La construction, à l'entrée du boulevart de ce nom, en fut ordonnée par Louis XV, pour en faire une paroisse du faubourg Saint-Honoré. Ce monument devait terminer la vue de la place Louis XV par la rue Royale, et correspondre avec le palais Bourbon.

Un décret de Buonaparte a ordonné d'en faire un temple à la gloire des militaires morts pour la patrie ; l'architecte Vignon a commencé la construction de ce temple, dans lequel il ne devait entrer ni bois, ni fer, ni plâtre. Louis XVIII a ordonné de continuer les travaux pour y placer les monumens expiatoires de Louis XVI, de la reine son épouse, de Louis XVII, et de madame Elisabeth. Près de ce monument

Place de Louis XV.

en descendant le boulevart de la Madelaine, on trouve à droite la principale porte du marché d'Aguesseau; en face de ce boulevart est la

ROYALE (Rue).

Cette belle rue, qui finit place Louis XV, a plus de quinze toises de largeur; elle est terminée par les deux superbes corps de bâtimens qui donnent sur la place Louis XV. Son premier nom est rue Royale, qu'elle porta jusqu'en 1792, pour prendre celui de la *Révolution*, et en 1795, de la *Concorde*, jusqu'en 1814, époque où son ancien nom lui fut rendu.

C'est dans cette rue, que furent exposées plus de douze cents personnes qui périrent par l'imprudence de la police, qui laissa circuler des voitures au milieu de la multitude, à la suite d'un feu d'artifice tiré le 30 mai 1770, en réjouissance du mariage du dauphin. Cet événement a été le présage de la fin terrible de ce prince, Louis XVI.

PLACE LOUIS XV.

On arrive sur cette place par six avenues; il y a quatre pavillons décorés en bossage, du côté des Champs-Elysées ; et des deux autres côtés des guérites, dont les combles doivent être ornés de figures allégoriques.

La perpective du beau jardin des Tuileries et des Champs-Elysées rend cette place l'une des belles de l'Europe. Au centre de la place était la statue équestre de Louis XV ; les deux colonnades des magnifiques bâtimens du côté du faubourg Saint-Honoré règnent sur la partie du nord, en face de la Seine, du pont de Louis XVI et du palais Bourbon ; ces bâtimens sont divisés en deux partie par la rue Royale ; le ministre de la marine et le garde-meuble de la couronne occupent le bâtiment de la partie gauche ; on voit au-dessus un télégraphe.

Lorsque les deux corps de bâtimens sont illuminés, dans les fêtes publiques, le coup d'œil est enchanteur.

(1770, 30 mai.) Sur cette place fut tiré ce fameux feu d'artifice dont nous venons de parler, qui changea en une nuit de deuil et de douleur une nuit consacrée aux fêtes et aux réjouissances publiques, à l'occasion du mariage de Louis XVI, alors dauphin.

(1789, 12 juillet.) Le prince Lambesc, à la tête de son régiment, était en station sur cette place pour empêcher les rassemblemens. Il courut avec plusieurs de ses soldats jusqu'à la grille des Tuileries, pour arrêter un particulier qui tenait des propos et jetait des pierres sur sa troupe. Le particulier fut renversé par le cheval du prince, ce qui répandit l'alarme parmi ceux qui se promenaient dans le jardin. Voilà le signal du 14 juillet 1789.

(1789, 31 juillet.) Pendant la nuit on a enlevé du garde-meuble des fusils, deux pièces de canon et autres objets précieux.

(1792.) Dans la nuit du 9 au 10 août une patrouille, dite de royalistes, fut surprise. L'abbé *Bonnefoi de Bouion* était à la tête de cette patrouille. Il se sauva dans une maison voisine de la place Louis XV ; mais voyant ses camarades aux prises, il se précipita du premier étage sur les baïonnettes des assassins, qui lui coupèrent la tête sur une borne : la fameuse *Thérouenne* lui tenait les deux jambes. Sulau, le journaliste, éprouva le même sort.

(1792, 12 août.) La statue équestre de Louis XV fut renversée d'après un décret de l'assemblée législative. On avait attaché des cordes énormes au milieu du corps du roi et de son cheval, et à force de secousses on parvint à renverser l'édifice, à l'exception du pied droit du cheval qui resta dans le bloc de marbre, ce qui fit dire : *La royauté a encore un pied dans l'étrier.*

(1793.) La statue équestre de Louis XV fut remplacée par une monstrueuse statue en plâtre, représentant la soi-disant liberté ; sa physionomie hideuse annonçait plutôt la prostituée la plus éhontée.

Cela nous rappelle un fait qui nous est personnel; en passant sur cette place, un étranger nous demande ce que représentait cette statue, nous lui répondîmes : « L'emblème de la liberté. — Monsieur, ce ne peut être qu'une *liberté provisoire*. »

Cette statue, dite de la liberté, a vu égorger à ses pieds, dans l'espace de vingt-sept mois, du 21 janvier 1793 au 3 mai 1795, plus de deux mille huit cents individus des deux sexes et de tout âge : tous les partis et toutes les factions se sont conduits réciproquement à l'échafaud sur cette place.

(1793, 21 janvier.) Louis XVI a été décapité sur cette place, mais derrière la statue de la *Liberté*.

17 septembre. Des voleurs familiers enlevèrent du garde-meuble beaucoup d'objets de grand prix sans qu'on ait poursuivi les voleurs; mais le comité de salut public emprunta d'un juif une forte somme sur le beau diamant le *Régent*, que Buonaparte a porté à la garde de son épée durant son règne. Le diamant était du nombre des objets volés.

(1793.) La convention nationale célébra sur cette place une fête pour la liberté de la Savoie. Quatre-vingt-six commissaires du département de Paris, chacun une torche à la main, mirent le feu aux attributs de la royauté, et sur les débris du piédestal de la statue de Louis XV fut inaugurée celle de la liberté.

— 31 mai. Le parti dit de la *Montagne*, dirigea une insurrection contre le parti dit *Brissotin*; des rassemblemens armés, traînant des pièces de canon, des forges et des boulets, s'étaient réunis sur cette place, menaçant de tirer sur le château des Tuileries, si la Montagne ne décrétait pas l'arrestation de soixante-treize députés dits *Brissotins*; ce qui fut exécuté.

Ont été aussi décapités sur cette place :

— 17 juillet. Charlotte Corday (1).

— 2 octobre. Les députés Brissot, Pétion Buzot, Rabaud-Saint-Etienne, Condorcet, et vingt-cinq autres députés.

— 17 octobre. L'héroïne Marie-Antoinette d'Autriche, femme de Louis XVI.

— 14 novembre. Le duc d'Orléans, surnommé *Egalité*.

---

(1) Le bourreau présenta sa tête au peuple et la souffleta par forme de dérision; les spectateurs en furent indignés. Ils virent la figure de cette femme se colorer d'une teinte de rouge qui semblait annoncer de la sensibilité, de la douleur, ou peut-être de la pudeur.

Autre preuve de la sensibilité après la décapitation ; en février 1803, on décapita à Breslau un sieur de Tr.., qui, un an auparavant, avait tué sa prétendue chez madame la comtesse de Lichtenan. Plusieurs médecins voulurent faire des expériences sur la tête, immédiatement après qu'elle fut détachée du tronc; on cria d'abord dans l'oreille: Tr.. me connais-tu? les yeux s'ouvrirent et le front se tourna du côté d'où partait la voix.

On tourna ensuite la tête contre le soleil, et l'on aperçut un fort mouvement dans les paupières ; on mit un doigt dans la bouche, et le doigt fut mordu.

On enfonça un instrument tranchant dans le derrière de la tête et tous les muscles du visage se croisèrent en signe de la plus grande douleur. On conclut de toutes ces expériences, qui furent faites en trois minutes, que le sentiment survit à la décapitation.

(1794 24 mars.) Les membres des factions dites des *Hébertistes*, *Maratistes*, au nombre de dix-neuf.

—8 avril. La faction dite des *Dantonistes*, dont Danton, Camille-Desmoulins, Hérault-de-Séchelles, Fabre-d'Eglantine, et seize autres.

—16 avril. La faction dite des *Athéistes*, Chaumette, procureur de la commune, Anacharsis Clootz, la femme de Camille-Desmoulins, celle d'Hébert, dit le *père Duchesne*, etc.

—12 mai. La sensible Madame Elisabeth de France, sœur de Louis XVI.

—28 juillet (10 thermidor an 2.) Enfin et heureusement la faction *Robespierre* aîné, Saint-Just, Couthon, tous trois membres du comité de salut public, Dumas, Payen, Henriot, Simon, et dix-huit autres de la même faction.

—29 juillet. Soixante-dix membres de la commune de Paris, pour avoir voulu défendre Robespierre, etc.

Ainsi toutes ces factions ont subi la peine du talion.

(1795, 18 juin.) Ont été encore décapités sur cette place les députés Rôme, Duquesnoy, Duroy, Bourbotte, Soubrany et Goujon. Le député Bourbotte se suicida en prison. Le même jour, le restant des montagnards de la convention nationale, qui dominaient encore, décrétèrent qu'à compter de ce jour la place de la Révolution s'appellerait place de la Concorde, ainsi que la rue Royale et le pont Louis XVI.

Ce décret semblait annoncer qu'ils étaient rassasiés de sang, ainsi que leur statue de la liberté.

Place Louis XV.

Dans le grand nombre de ceux qui ont été sacrifiés sur la place Louis XV, dans les années 1793 et 1794, nous citerons encore :

Ledoux, Lamoignon de Malesherbes, Touret, Lechapelier, Duval-Desprémenil, Barnave, de Lomenie, le colonel de Lomenie, le ministre de Montmorin, le marquis de Châteaubriant, madame de Rochechouart, veuve du Châtelet, madame de Choiseul, femme du duc de Grammont, madame de Lamoignon, veuve Fénozan, et les trois jeunes et jolies demoiselles de Verdun, pour avoir été chargées par la municipalité de porter des bouquets au roi de Prusse lors de son entrée dans cette ville en 1792.

(1800, 23 juillet.) Lucien Buonaparte, ministre de l'intérieur, posa la première pierre d'une colonne nationale qui devait être érigée sur cette place, où était la statue de la liberté.

(1814, 18 avril.) L'empereur de Russie a fait chanter une grand'messe d'après le rit grec, sur la place Louis XV; l'autel était élevé à l'endroit où Louis XVI a péri.

— 28 avril. L'empereur de Russie a passé une revue de son armée sur la place Louis XV, en présence du roi de Prusse, de l'empereur d'Autriche, etc. L'armée était campée sur les terrains de Neuilly, des Champs-Elysées, et les grands boulevarts jusqu'au boulevart Bourdon.

(1816.) Louis XVIII a ordonné un monument expiatoire qui sera placé au milieu de la place Louis XV, dont la première pierre a été posée le 21 janvier 1817. Il doit représenter Louis XVI, qui déjà, quittant la terre, s'élance vers son éternelle demeure. Un ange doit le guider et le soutenir, et sembler lui répéter ces paroles: *Fils de Saint-Louis, montez au Ciel*. Sur un des côtés du piédestal paraîtra le buste de la reine, dans un médaillon ayant pour exergue ces paroles : *J'ai tout vu, tout su et tout oublié*. Sur une autre face se trouvera le portrait de Madame Elisabeth, modèle de vertu et d'amour fraternel. Sur le troisième côté sera gravé le testament de Louis XVI; on lira en plus gros caractère : *Je pardonne de tout mon cœur à ceux qui se sont faits mes ennemis*. La quatrième face portera l'écusson de France, avec cette inscription : *Louis XVIII à Louis XVI*.

— 1819. On a formé sur cette superbe place quatre carrés de verdure.

CHAMPS-ÉLYSÉES (Rue des).

Entre la place Louis XV et le faubourg Saint-Honoré; on y remarque l'hôtel de M. Grimod de la Reynière fils, auteur de l'amanach des gourmands.

SAINT-FLORENTIN (Rue).

Entre la rue de Rivoli et la rue Saint-Honoré; on y remarque l'hôtel que le duc de la Vallière, comme Saint-Florentin, a fait bâtir en 1767, au n° 2; l'hôtel de la duchesse l'Infantado, qu'elle a occupé jusqu'à l'époque de la révolution; il a été acheté par le prince de Talleyrand Périgord; l'empereur de Russie, le jour de son entrée à Paris le 31 mars 1814, a logé dans cet hôtel jusqu'au 13 avril qu'il habita le palais de l'Elysée. On voit encore dans cette rue d'autres beaux hôtels.

RIVOLI (Rue de).

Cette nouvelle et belle rue commence à la rue Saint-Florentin, et doit se prolonger le long de la galerie qui joindra le palais des Tuileries et du Louvre. Elle est achevée jusqu'à la rue Nicaise, place du Carrousel. Son nom de Rivoli est en mémoire de la bataille de Rivoli, gagnée par les Français sur les Autrichiens, le 14 janvier 1797. Cette rue fut commencée en 1802, sur une portion des jardins des ci-devant religieuses de l'Assomption et des ci-devant Capucines, et sur l'emplacement du Manége royal, où l'on avait disposé une immense salle pour l'assemblée nationale constituante, composée de douze cents membres, qui s'est installée dans ce local le 9 novembre 1789.

L'assemblée législative lui a succédé le 1er octobre 1791; ensuite la convention nationale le 20 septembre 1792. C'est dans ce local qu'elle a proclamé la république.

Sous le gouvernement directorial, la fameuse société des jacobins s'est réorganisée dans cette salle, mais le directoire effrayé la fit fermer, et la vendit le 17 fructidor de l'an X, au sieur Provost, moyennant la somme de 19,075 francs, sous la condition que le déblaiement aurait lieu sous deux mois.

Les maisons qui décorent la rue de Rivoli sont construites dans le genre le plus moderne et le plus élégant. Les propriétaires, d'après le décret de Buonaparte, ne paieront point d'impôt foncier pendant trente années. Les travaux de l'immense bâtiment destiné au ministère des finances et du trésor royal sont presque achevés. Trois nouvelles rues aboutissent à la rue de Rivoli, et se terminent rue Saint-Honoré : la rue Neuve-du-Luxembourg, où est la caserne de la garde du Roi à pied ; la rue Castiglione, nommée ainsi en mémoire de la bataille de Castiglione, gagnée par les Français sur le général Wurmser, le 5 août 1795. Cette rue est entre l'une des grilles de la terrasse des Tuileries, en face de la place Vendôme, en se prolongeant à travers la rue de la Paix jusqu'au boulevard ; il serait difficile de trouver en Europe une aussi belle perspective. La rue du Mont-

Thabor, ainsi nommée en mémoire de la bataille de Mont-Thabor, en Syrie, gagnée par les Français le 16 avril 1799, est située entre la rue de Castiglione et celle Mondovi, qui porte ce nom en mémoire de la fameuse bataille de Mondovi, gagnée par les Français sur les Autrichiens, le 22 avril 1796.

DAUPHIN (Rue du).

Entre les rues de Rivoli et Saint-Honoré, en face de Saint-Roch. En 1792 on la nomma rue de la Convention, parce qu'elle conduisait à la convention nationale. Cette petite rue est célèbre par la fameuse journée du 13 vendémiaire an IV (5 octobre 1796). La troupe de ligne était commandée par Buonaparte et Barras, pour défendre la convention nationale, contre la garde nationale parisienne, dont une partie s'était réfugiée dans l'église de Saint-Roch. Une pièce de canon placée dans la rue du Dauphin l'en a chassée.

GALERIE DE L'ORME.

Elle traverse de la rue de Rivoli à la rue Saint-Honoré. Cette galerie, couverte d'un vitrage, est ornée de quatre-vingts boutiques des plus élégantes. Le propriétaire du terrain, M. de l'Orme, l'a fait construire.

L'ÉCHELLE (Rue de).

Au milieu du dix-septième siècle, des sergens du Fort-l'Evêque étaient au coin de cette rue, où les évêques de Paris avaient une échelle patibulaire (signe de haute-justice) dont elle a tiré son nom.

C'est dans cette rue que Mirabeau se rendait tous les jours chez son libraire Lejay, avant d'aller à l'assemblée constituante, et y lisait les épreuves de son journal. Mirabeau faisait la cour à madame Lejay; on a dit que son mari en était mort de chagrin.

Au coin de la rue de l'Echelle et de la petite rue Saint-Louis est la fontaine dite du *Diable*.

SAINT-NICAISE (Rue).

Entre les rues de Rivoli et Saint-Honoré; elle fut alignée sur l'emplacement des murs de clôture de Paris, bâtis sous Charles V et Charles VI.

Cette rue est fameuse par l'explosion de la machine infernale, le 25 décembre 1800 (3 nivôse an 9), à huit heures et un quart du soir, au moment où Buonaparte, premier consul, passait

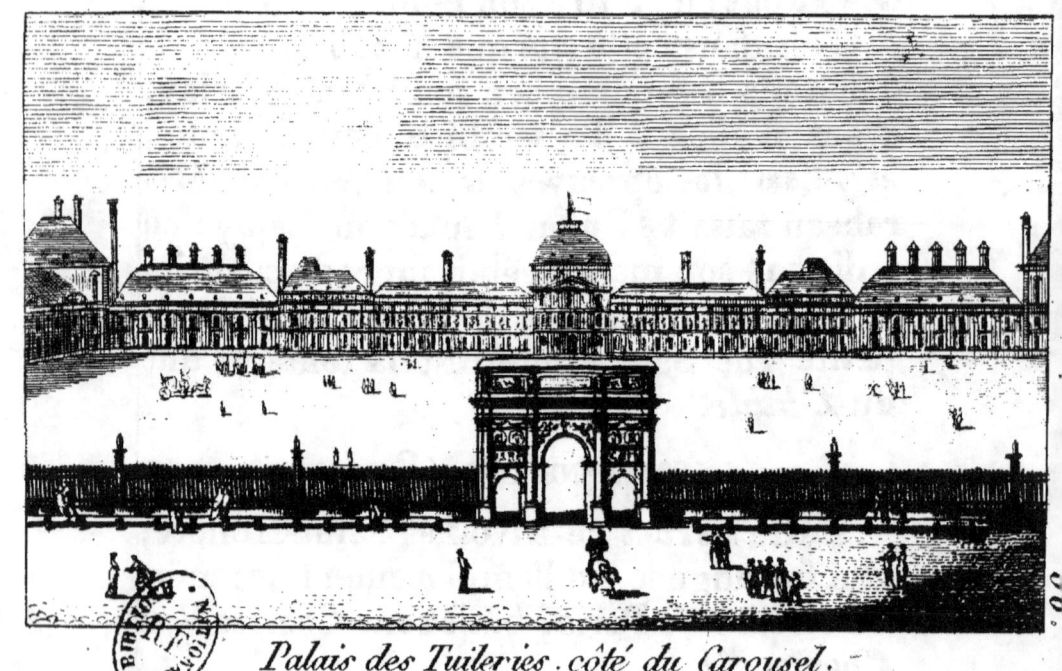

Palais des Tuileries, côté du Carousel.

pour aller à l'Opéra. Une charrette, attelée d'un cheval, barrait un peu la rue ; le cocher eut l'adresse de l'éviter ; deux minutes après le tonneau qui était sur la charrette fit une explosion terrible, qui cassa les glaces du carrosse, blessa le cheval du dernier cavalier de piquet, brisa toutes les vitres du quartier ; cinq personnes furent tuées, trois femmes, un épicier, un enfant ; et quinze blessées, dans le nombre desquelles se trouvait M. Trappu, architecte distingué ; dix-huit maisons furent considérablement endommagées.

Les fenêtres des Tuileries et des maisons qui entouraient le petit et le grand Carrousel furent criblées. Les rues Saint-Nicaise, Saint-Thomas et de Chartres en furent ébranlées comme par un tremblement de terre. Deux individus furent condamnés à mort, comme convaincus d'avoir fabriqué la machine qui avait fait explosion. Plusieurs autres furent aussi condamnés à mort, mais par contumace. Quarante furent déportés par arrêté des consuls, converti en loi par le sénat.

Ce terrible événement a fait accélérer la démolition d'une grande quantité de maisons.

PALAIS DES TUILERIES.

Ce palais fut ainsi nommé parce qu'on faisait de la tuile sur ce terrain. Sous le règne de Charles IX, en 1564, Catherine de Médicis sa mère le fit bâtir pour y faire sa demeure et avoir un palais séparé de celui du roi qui logeait au Louvre. Le palais des Tuileries a été construit sous la conduite de Philibert de l'Orme, abbé de Saint-Serge et de Saint-Éloi, le plus célèbre architecte qui eût paru en France.

Cet édifice ne consistait d'abord qu'en un gros pavillon au milieu de deux corps de logis, terminés chacun par un petit pavillon. Ce palais a été achevé sous les règnes de Henri IV, Louis XIII et Louis XIV, sur les dessins de Levau et de d'Orbay, architectes.

La façade de ce palais, du côté du Louvre, est composée de cinq pavillons et de quatre corps de logis sur une même ligne, ayant cent soixante-dix-huit toises trois pieds de longueur, dix-huit toises d'épaisseur. Au rez-de-chaussée, l'ordre ionique règne jusqu'au second corps de bâtiment, où des pilastres d'ordre corinthien s'élèvent du bas en haut de l'édifice ; le second ordre corinthien, dans les pavillons du milieu et des deux corps de logis, est couronné par un atique, ce qui fut exécuté sous Louis XIV. L'avant-corps du pavillon du milieu se présente avec majesté, il est décoré au rez-de-chaussée de colonnes ioniques bordées de marbre. On remarque des deux côtés du vestibule, placées dans des niches, deux statues antiques en marbre représentant *Apollon Moneta*, l'autre un *Faune* ; les colonnes des deux ordres supérieurs, corinthien et composite, sont de marbre brun et rouge ; elles supportent un fronton triangulaire surmonté d'un attique ; au milieu du fronton est le cadran de l'horloge du palais, par le célèbre horloger *Lepaute* ; au-dessus sont deux statues à demi couchées, représentant *la Justice et la Prudence* ; l'attique est supporté par six cariatides colossales ; la façade des deux corps de logis suivans est ornée de vingt bustes en marbre, qui représentent des grands hommes de l'antiquité et du temps moderne.

Le vestibule, percé de trois ouvertures, est si dégagé, que la vue qui s'échappe par les arcades se porte jusqu'au haut des Champs-Élysées et à la barrière de Neuilly, ce qui forme la perspective la plus magnifique et la plus agréable. Ce beau vestibule est orné de trois statues, *Minerve*, *Narcisse* et un *guerrier*. L'escalier annonce la majesté du palais ; il conduit à une belle salle des gardes ; ensuite les salles du concert, des maréchaux, le salon de la paix, et la salle du trône ; derrière sont les appartemens particuliers du roi. L'intérieur de ce palais est orné de superbes morceaux de peinture et de sculpture exécutés par les plus célèbres artistes français et italiens.

La chapelle n'a rien de bien extraordinaire, elle est placée dans la partie à droite de l'édifice, ainsi que la salle de spectacle.

La façade du palais des Tuileries, du côté du jardin, offre le même ordre d'architecture que la partie du côté du Carrousel.

Les niches sont décorées de statues antiques en marbre, l'une de *Mars* et l'autre de *Minerve*; de chaque côté de la porte est un lion de marbre blanc appuyé sur un globe; ensuite, deux galeries ouvertes sur le jardin et percées de portiques où sont placées dix-huit statues en marbre représentant des sénateurs romains revêtus de la toge, et une dame romaine. Ces portiques sont surmontés de terrasses, et sur les gaînes placées entre les trumeaux des croisées, sont posés vingt-deux bustes en marbre, représentant des généraux et des empereurs.

La convention nationale avait bouleversé l'intérieur du palais des Tuileries pour s'y

Chapelle Royale des Tuileries.

établir, mais elle a commencé les embellissemens du jardin. C'est sous le règne de Buonaparte que l'intérieur du palais a reçu des embellissemens du plus grand luxe, et que le jardin a été achevé; ce qui a fait dire, au retour du roi, que Buonaparte avait été un bon principal locataire, qu'il avait bien entretenu le bâtiment et les meubles du palais.

La cour du palais des Tuileries présente un carré long et assez vaste pour faire manœuvrer et passer en revue dix mille hommes infanterie et cavalerie. Cette immense cour est séparée de la place du Carrousel par une grille que le directoire exécutif a fait construire; elle s'ouvre par trois portes; celle du milieu était ornée de quatre faisceaux d'armes surmontés chacun d'un coq dont les ailes étaient déployées; au-dessous était un carré long, entouré d'une couronne de laurier sur laquelle on distinguait les lettres *R. F.* (république française). Tous ces ornemens étaient dorés.

La principale porte, qui se trouve au milieu, est un chef-d'œuvre de serrurerie.

Buonaparte, nommé empereur, a fait disparaître tous les ornemens directoriaux.

Cette grille, terminée par des lances dorées, est posée sur un mur à hauteur d'appui ; des colonnes placées de distance en distance dans cette grille sont terminées par des boules dorées, surmontées d'une pointe semblable à celles des colonnes milliaires des Romains.

Dans les amortissemens des acrotères de cette grille, sont placées quatre statues ; la première à droite, vue du Carrousel, est la *Victoire, tenant d'une main une enseigne et de l'autre une couronne ;* la seconde, *une Victoire tenant d'une main le symbole de la valeur, et de l'autre une palme destinée aux généraux victorieux ;* la troisième, à gauche de l'arc de triomphe, représente *la France victorieuse ;* et la quatrième, *l'Histoire tenant une table et son burin.* Les deux premières statues sont de M. Gérard. En face et presque contre la principale porte de cette grille, est l'

ARC DE TRIOMPHE.

Monument qui fut élevé en 1806 à la gloire de la grande armée, d'après les plans de MM. Percier et Fontaine, qui ont pris pour modèle l'arc de triomphe de Septime Sévère ; sa hauteur est de quarante-six pieds et sa largeur de soixante, et

PL. 38.

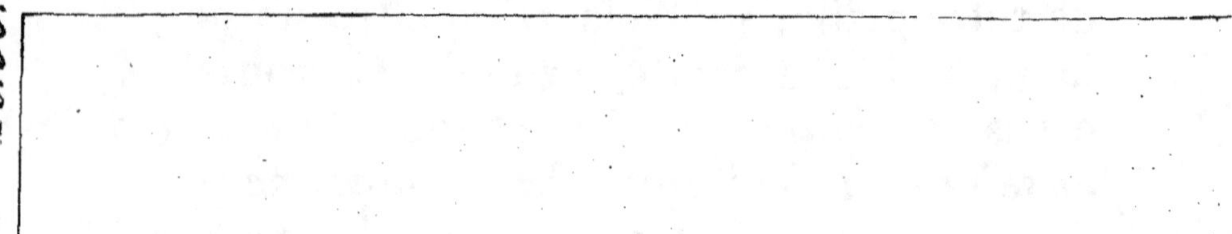

une transversale qui coupe les trois autres en croix. Sa masse est en pierre de liais; huit colonnes de marbre rouge de Languedoc ornent ses principales façades, en soutenant un entablement en ressaut, dont la frise est en griotte d'Italie; chacune d'elles supporte une statue; leur ordre est corinthien, avec embases et petaux de bronze; un attique au-dessus portant un double socle, couronné par un char de triomphe auquel étaient attelés les quatre chevaux corinthiens qui ornaient la place Saint-Marc à Venise (1); la *Victoire* et la *Paix* les conduisaient, figures en plomb doré d'or mat, ouvrage de M. Leurot. Les voûtes de l'arc de triomphe sont décorées de foudres et de branches de laurier; les palmes et les renommées qui accompagnent la porte principale du côté du palais sont sculptées par M. Launay; celles du côté du Carrousel par M. Dupasquier. On remarquait au-dessus de chacune des quatre portes latérales un bas-relief rappelant une des actions mémorables de la campagne de 1805. A gauche du côté du Carrousel, la *Capitulation devant Ulm*, par M. Castellier; au-dessus sont deux statues, représentant un *cuirassier* et un *dragon*. Le bas-relief à droite offrait la *bataille d'Austerlitz*, par M. Espercieux. Les deux statues au-dessus sont un *chasseur* à cheval et un

---

(1) Ces chevaux avaient été conquis en 1794 par l'armée de la république française sur celle de Venise. Le 3 octobre 1815 les Autrichiens les ont enlevés à dix heures du soir pour les renvoyer à Venise. (Ci-jointe la gravure qui les représente pour les reconnaître, si jamais il leur prenait fantaisie de faire encore le voyage de Paris.)

carabinier. Le bas-relief de la porte latérale représentait l'*entrée des Français dans Vienne*. Le bas-relief à gauche du monument ou du côté des Tuileries est de M. Clodion, il perpétuait le souvenir du *retour du roi de Bavière dans sa capitale* ; les statues supérieures représentant un *grenadier* de ligne et un *carabinier* de ligne. Sur la porte traversale du côté de la Seine était un bas-relief représentant la *paix de Presbourg*, par M. Lesueur. On a sculpté dans la frise des enfans portant des guirlandes, et des figures allégoriques.

Les alliés ont exigé que l'on fît disparaître de ce monument tout ce qui pouvait perpétuer le souvenir de la valeur française pendant les années 1805 et 1806 ; mais cela ne peut empêcher l'histoire de consigner les hauts faits d'armes du peuple français depuis 1792. Ce peuple guerrier a prouvé ce qu'il pouvait quand il voulait, puisque dans l'espace de vingt-cinq ans il s'est couvert de six siècles de gloire, même avant d'avoir pour chef Buonaparte ; sans lui ce peuple a fait face à toute l'Europe liguée contre sa liberté, qu'il a su faire respecter en se donnant des limites redoutables, et en déclarant qu'il ne les dépasserait que pour les défendre.

JARDIN DES TUILERIES.

Ce jardin est l'un des plus beaux et des plus réguliers qui existent peut-être en Europe ; le célèbre Lenostre en a fait le dessin. La longueur est de trois cent soixante toises, sa largeur de cent soixante-huit toi-

Palais des Thuileries côté du Jardin.

ses, ce qui fait environ soixante-sept arpens ; une grande collection de statues, de vases en marbre et en bronze que l'on y a rassemblés, forment une collection précieuse qui attire et mérite l'admiration des connaisseurs. Sous Henri IV, ce jardin, alors séparé du palais par une rue, était simplement un verger planté d'arbres fruitiers et principalement de mûriers ; Louis XIV ordonna à Lenostre de dresser un jardin sur ce terrain.

La terrasse devant le palais n'est séparée du jardin que par un degré à trois marches ; quatre belles statues et des vases en marbre la décorent.

Deux belles terrasses, qui se prolongent de chaque côté, lui servent de limites, et viennent aboutir, ainsi que le jardin, à une superbe grille à la place Louis XV.

La terrasse du côté du pont Royal et de la rivière procure la vue d'un tableau animé de la navigation sur la Seine, le point de vue des beaux hôtels du quai d'Orçay, du pont Louis XVI, du palais Bourbon, de la place Louis XV, des Champs-Elysées ; et le grand mouvement des voitures le long des quais présente un coup d'œil digne du crayon du célèbre Isabey.

Cette terrasse est décorée de belles statues groupées, de vases en marbre et en bronze. On remarque au bout de cette terrasse, du côté de la place Louis XV, dans l'un des labyrinthes, un joli pavillon fermé par une grille dorée; c'est Buonaparte qui l'a fait construire à la naissance de son fils pour sa promenade; en 1815 et en 1816 il a été loué pour y établir un café. Les souverains alliés y sont venus plusieurs fois incognito y déjeûner. Depuis trois ans, ce pavillon n'est plus public, il est consacré pour la promenade de la duchesse de Berry, qui, dans sa dernière grossesse, y venait déjeûner ou dîner.

En 1793, on avait placé provisoirement sur cette terrasse la statue en plâtre de J.-J. Rousseau, tenant son *Emile* à la main; il était entouré de peupliers.

La terrasse du côté de la rue de Rivoli, qu'on nommait autrefois terrasse des Feuillans, est close par une belle grille surmontée par des piques dorées, avec des vases en marbre sur les pilastres; on découvre de cette terrasse la place Vendôme, la rue de la Paix, le boulevard des Capucines et les superbes colonnades des deux façades de la place Louis XV; et de chaque côté de la grille, en face de la place Louis XV sont deux groupes en marbre, la Renommée et un Mercure, chefs-d'œuvre de sculpture ; tout annonce la magnificence du plus beau palais de l'Europe.

Ce jardin est orné de quatre bassins d'eau jaillissante, dont trois en face du palais ; le quatrième au est bout de la grande avenue qui conduit à la place Louis XV ; ce dernier porte l'eau à la hauteur des grands maronniers ; rien n'est plus agréable que la vue des quatre carrés de gazon bordés de fleurs de toutes les saisons. Ces carrés sont entourés de grilles de fer. Au bas de la terrasse de Rivoli est l'immense allée des orangers, qui présente dans la belle saison, lorsqu'elle est ornée d'une grande quantité des plus beaux orangers, un très-beau coup d'œil. On voit en outre, dans les trois allées adjacentes, dix à douze rangs de chaises, occupées par les femmes les plus élégantes, qui regardent les promeneurs avec autant de liberté qu'on les regarde ; elles ressemblent à un parterre animé de plusieurs couleurs ; la variété de leurs physionomies, la joie qu'elles ont d'être vues et de voir, l'espèce d'assaut qu'elles font lorsque sur leur visage brille l'envie de s'éclipser; tout ramène à ce tableau qui attache les regards et fait naître mille idées sur ce que les modes enlèvent ou ajoutent à la beauté; sur l'air et la coquetterie des femmes; sur le désir inné de plaire, qui fait leur bonheur et quelquefois le nôtre.

Il est facile de distinguer les maris assis à côté de leurs femmes, d'avec ceux qui font la cour aux femmes des autres, ou à leurs maîtresses; cette remarque se fait aussi parmi les promeneurs.

Les femmes aujourd'hui sont mises d'une manière moins brillante qu'autrefois, mais plus voluptueuse, car, l'été, elles ont l'air de sortir de leur baignoire, et affectent de faire apercevoir les formes de leurs cuisses à travers des vêtemens trrnsparens.

Il y a tous les jours, et surtout en été, dans les allées voisines d'Hyppomène et d'Atalante, des désœuvrés, des penseurs, des politiques, des invalides mêmes qui lisent les journaux, pour cinq centimes chaque, depuis deux jusqu'à cinq heures; des femmes du bon ton avec leurs enfans et leurs bonnes; des femmes seules, un peu plus que coquettes, qui préméditent des dîners aux Champs-Élysées.

Le soir, grande société jusqu'à neuf heures; dès la brune, vous voyez des femmes seules, qui se placent sur des chaises, ou se promènent dans les quatrième et cinquième allées; ces femmes ne paraissent pas très-farouches; celles qui sont assises lient volontiers la conversation avec les cavaliers qui se placent à côté d'elles; elles parlent de choses indifférentes, ce qui ne fait pas soupçonner les motifs de leur promenade: plus d'un étranger, même des Français, ont été leurs dupes. Plusieurs ont une petite fille ou un petit garçon à la main, pour faire croire qu'elles sont de jeunes femmes mariées.

Il faut encore se méfier des filous qui cherchent à lier conversation avec un étranger ou un Français; ils parlent de la beauté du jardin, du palais, dont ils s'annoncent comme pouvant procurer des cartes pour visiter les appartemens; la conversation liée, ils demandent le quartier et l'hôtel où vous logez; ils sont votre voisin, de votre pays, enfin, presque votre parent, etc.

On paie les chaises dix centimes, ou deux sols. Les loueuses sont élégantes et très-polies; souvent on abuse de leur confiance, en disant, *j'ai payé;* malgré la certitude qu'elles ont du contraire, elles n'insistent pas.

Tous les jours, lorsqu'il fait beau, en été et en hiver, on voit, du côté du parterre, à droite de la grille des Champs-Elysées, des invalides et des rentiers : là, on parle politique, et les plans de guerre s'organisent. On appelle cet endroit *le Midi*, ou *la Petite Provence*. Nous avons entendu raisonner sur l'art militaire un brave invalide, qui, avec sa canne, traçait sur le sable un combat naval, et, en crachant par terre, disait : *Voilà la Tamise*.

On compte dans le jardin des Tuileries six cabinets littéraires ambulans.

Depuis l'établissement des latrines publiques, moyennant quinze centimes, on vous donne, *gratis*, un carré du feuilleton du journal de la veille, ou du *Moniteur*.

La police de ce jardin est faite par douze inspecteurs, anciens militaires, qui se conduisent très-honnêtement, quoique mettant beaucoup d'importance et de gravité dans l'exécution de leurs fonctions.

Avant la révolution aucun soldat ne pouvait se promener aux Tuileries, ni dans aucun autre jardin public ; aujourd'hui que l'habit militaire est honorable, ce serait une insulte de leur interdire la promenade des jardins publics ; mais nous les invitons à ne pas tenir sous le bras leurs sabres à demi penchés, de manière que les enfans de six ou huit ans sont exposés à en recevoir la pointe dans la figure.

Avant la révolution le bourgeois ne pouvait entrer dans le jardin des Tuileries, aux heures de la promenade, sans avoir une épée, une bourse ou un crapaud (petite bourse qui renfermait les cheveux). Dans la belle saison, avant huit heures du matin, et dans l'hiver avant neuf, tout le monde pouvait traverser ce jardin avec des paquets; et le jour de la Saint-Louis, le peuple, sans distinction de mise, y entrait jusqu'après le concert.

Sous Buonaparte, un concert avait lieu le jour de saint Napoléon, qui n'avait pu se placer dans le calendrier qu'aux dépens de saint Roch, qui, disait-on, en avait été chassé à coups de canon.

Les illuminations qui ont lieu au château des Tuileries présentent un coup d'œil des plus magnifiques ; l'architecture du bâtiment est des plus avantageuses pour placer les lampions.

La promenade des Tuileries était abandonnée dans les premiers trois mois de l'installation au château du premier consul Buonaparte, ce qui n'était pas flatteur pour lui. Pour ramener les promeneurs, il ordonna pendant six mois à la musique militaire d'y jouer l'espace de deux heures avant la retraite. Il obtint le résultat qu'il en attendait.

Tous les soirs l'on bat la retraite pour inviter le public à se retirer du jardin. Les grilles sont fermées, les promeneurs se trouvent tous cernés par des soldats, et en moins d'un quart d'heure la totalité des promeneurs sont conduits aux portes pour sortir.

On regrette dans les beaux jours de quitter ce jardin d'aussi bonne heure.

Le public en jouissait l'été jusqu'à dix heures du soir, avant le séjour du souverain dans ce palais.

L'on est fâché aussi de la suppression des Suisses qui tenaient à chaque porte, des restaurans dans de jolis jardins.

Jardin des Tuileries. 45

Emplacement des Statues, Vases, etc., qui décorent le Palais et le Jardin des Tuileries.

N° 1. Palais des Tuileries, côté du Carrousel. — 2. palais des Tuileries, côté du jardin.

Sous le vestibule du Palais.

3. Narcisse, à gauche. — 4. Minerve, en face du grand escalier. — 5. Un guerrier à droite.

Niche du Palais, côté du jardin.

6. Vénus Callipige, à droite. — 7. Un joueur de flûte, à gauche.

Galerie ouverte sur le jardin à droite et à gauche.

8 à 24. Dix-sept sénateurs romains. — 25. Une dame romaine. — 26 à 27. Deux lions, de chaque côté du vestibule.

Terrasse du Palais à droite.

28. *Rotator*, ou rémouleur. — 29. Vénus accroupie, à gauche. — 30 à 31. Deux vases, à droite et à gauche. — 32. Hamadriade. — 33. Joueur de flûte.

A gauche.

34. Chasseur en repos. — 35. Flore. — 36. Nymphe chasseresse. — 37. Autre nymphe.

Bassin circulaire à droite.

38. Atlas. — 39. Daphné, à gauche. — 40. Enlèvement d'Orythie. — 41. Enée emportant son père.

A gauche.

42. Enlèvement de Cybèle. — 43. Lucrèce, ou Arie et Pætus.

Allée qui sépare le parterre du bois.

44 à 47. Quatre vases, à droite et à gauche. — 48. Un empereur romain, à gauche. — 49. Flore, à droite.— 50. Hercule Farnèse, à gauche.— 50 bis. La religion, à droite.

Bosquet à gauche, première salle de verdure.

51. Faune au chevreau. — 52. Apollon. — 53. Daphné.

Deuxième salle de verdure.

54. Bacchus et Hercule.— 55. Les lutteurs. — 56. Un sanglier.

Bosquet à droite, première salle de verdure.

57. Apollon. — 58. Hippomène. — 59. Atalante.

Deuxième salle de verdure.

60. Castor et Pollux. — 61. Le Centaure et l'Amour.

Autour du grand bassin adossé au bois, à droite.

62. L'Hiver.— 63. Annibal.— 64. Bacchus. — 65. Cérès— 66. Vestale.

A gauche.

67. Scipion l'Africain.— 68. Flore.— 69. Vertumne. — 70. Silène et Bacchus. — 71. Agrippine.

Jardin des Tuileries.

Grand bassin, côté de la grille.

72. Le Tibre. — 73. La Seine et la Marne. — 74. Le Nil. — 75. Le Rhône.

Sur les pieds de la grille, place Louis XV.

76. Mercure. — 77. La Renommée.

Fer à cheval des deux terrasses, côté de la place Louis XV.

Côté droit. — Muses.

78. Euterpe. — 79. Uranie. — 80. Clio. — 81. Melpomène. — 82. Calliope.

Côté gauche. — Muses.

83. Erato. — 84. Terpsychore. — 85. Euterpe. — 86. Thalie. — 87. Polymnie.

Terrasse du bord de l'eau.

88 à 91. Quatre Vases. — 92. Une Vénus. — 93. Antinoüs. — 94. Apollon. — 95. Laocoon. — 96. Hercule Commode. — 97. Diane chasseresse. — 98 à 101. Quatre Vases de l'escalier au bas duquel est Cléopâtre. — 102. Cléopâtre en grand.

Allée des orangers du côté du Palais.

103 à 106. Quatre Vases. — 107. Papirius et sa mère. — 108. Méléagre, à l'extrémité de cette allée.

(Voir le troisième volume de cet ouvrage, qui se vend séparément; il contient les gravures des cent soixante-dix monumens qui décorent les jardins des Tuileries et du Luxembourg.)

Événemens arrivés dans le Palais et le Jardin des Tuileries.

(1783, 1ᵉʳ décembre.) Les physiciens *Charles* et *Robert* s'élevèrent dans un ballon; M. Robert est victime de l'expérience, il meurt en tombant.

(1789, 6 octobre.) Une multitude armée, dirigée secrètement, se porte à Versailles, force Louis XVI et sa famille de venir le même jour faire sa résidence au château des Tuileries.

(1790.) L'assemblée nationale s'installe dans la salle dite du Manége, située sur le terrain où l'on a pratiqué la rue de Rivoli.

(1791, 28 février.) On arrête dans le château des Tuileries beaucoup de personnes attachées à la cour, qu'on qualifie de *Chevaliers des poignards*, qui s'étaient armés pour la défense du roi.

(1791, 21 juin.) Louis XVI part incognito à minuit avec sa famille du château des Tuileries. Il est arrêté à Varennes. L'assemblée nationale, pour la sûreté de la famille royale, envoie trois députés, MM. Pétion, Latour-Maubourg et Barnave, qui reviennent avec le roi au château des Tuileries le 25 du même mois.

(1791, 18 septembre.) Louis XVI donne une fête des plus brillantes dans le jardin des Tuileries, pour célébrer l'achèvement de la constitution. (Les illuminations étaient en bougies.

(1792, 20 juin.) Le peuple des deux faubourgs Saint-Antoine et Saint-Marceau, armé de fusils et de plusieurs pièces de canon, force la garde du château, et monte dans les appartemens du roi, avec une pièce de canon sur leurs épaules.

Cette multitude, dirigée par une faction, exige de Louis XVI la promesse de sanctionner le décret pour le serment des prêtres : le roi promit.

(1792, 27 juillet.) M. *Despremenil*, conseiller au parlement, est insulté et blessé par une multitude rassemblée sur la terrasse des *Feuillans*. Le député *Pétion* lui rendit une visite et lui témoigna beaucoup d'intérêt sur sa santé : *Pétion*, lui dit, *comme vous j'ai été couronné et porté en triomphe par le peuple, et ensuite proscrit.*

(1792, 10 août.) Un grand rassemblement armé, qui avait à sa tête des Marseillais et des Bretons, fait le siége du château.

La famille royale se réfugie dans le sein de l'assemblée législative.

(Le 13 août.) Cette famille est renfermée dans la tour du temple : peu de temps après la convention nationale fait dans le jardin des Tuileries une cérémonie funèbre, en mémoire des citoyens morts dans la journée du 10 août.

(1793.) La convention nationale s'installe au château des Tuileries ; elle fait placer sur le pavillon du milieu un télégraphe.

(1793, 31 mai.) Insurrection dans le sein de la convention nationale, dirigée par le parti dit la Montagne, contre le parti dit Brissotin; soixante-treize députés sont décrétés d'arrestation.

(1793, 30 novembre.) Fête des victoires à l'occasion de la prise de Toulon. On vit quinze chars remplis de militaires de l'armée révolutionnaire et autres, environnés de quarante jeunes filles vêtues de blanc, avec des ceintures tricolores; le char de la Victoire était surmonté de la statue de la Victoire, environné de deux cent dix sans-culottes en bonnet rouge. La convention nationale en masse, était entourée d'un ruban tricolore, et les enfans de la patrie étaient entremêlés.

Ce cortége partit du jardin des Tuileries pour se rendre au Temple de l'humanité, auparavant hôtel des Invalides, de là au Champ-de-Mars, où il y eut banquet civique.

(1793.) Pendant la disette du pain, la commune de Paris, sous un prétexte populaire, fit planter, dans la grande allée des orangers et dans les carrés de fleurs, des pommes-de-terre; ce pauvre peuple, comme il est facile de le tromper!!!

(1794, 11 juin — 20 prairial an 2.) La convention avait fait construire un amphithéâtre contre le château, du côté du jardin, pour célébrer une fête à l'Etre suprême, d'après le décret rendu sur la proposition de Robespierre, qui déclara que le peuple français reconnaissait l'Etre suprême.

Tous les membres de la convention, ayant à leur tête leur président Robespierre, se réunirent sur l'amphitéâtre; on y chanta des hymnes analogues, tous les musiciens des théâtres de Paris furent obligés de s'y trouver.

On avait construit sur les deux bassins en face du château une charpente sur laquelle étaient plusieurs statues, l'une représentait les Préjugés, une autre la Folie, et une autre la Liberté, et par un vice de construction de la charpente, la statue de la Liberté fut renversée, celle de la Folie resta de bout. La convention nationale se rendit au Champ-de-Mars. (*Voyez* Champ-de-Mars.)

Tous les députés avaient un habit bleu de roi; Robespierre seul était en habit couleur bleu-violet.

(1795, 20 mai — 1ᵉʳ prairial an 3.) Un rassemblement armé sur la place du Carrousel envoie une députation à la convention pour lui demander, au nom du faubourg Saint-Antoine et des sans culottes, un décret qui prohibe l'argent, et la mise en activité de la constitution de 1793. Comme cette insurrection était dirigée par les députés de la Montagne, qui éprouvèrent de l'opposition des députés du côté droit, des hommes et des femmes forcent l'entrée de la salle de la convention. Le député Ferrand, du côté droit, est assassiné, sa tête coupée, que l'on pose sur le bureau du président. Plusieurs députés montagnards sont arrêtés et condamnés à mort, et on désarme le faubourg Saint-Antoine.

Le 14 du même mois la convention rend les honneurs funèbres au député Ferrand.

(1795, 5 octobre — 13 vendémiaire an 4.) Combat entre la garde nationale et la troupe de ligne, commandée par Buonaparte. Cette dernière était campée dans le jardin des Tuileries, pour la défense de la convention. La garde nationale fut repoussée.

(1793, 28 octobre — 6 brumaire an 4.) La convention s'organise en corps législatif. Les membres des cinq-cents se rendent à l'ancienne salle du Manége; le conseil des anciens reste dans la salle du château, et le 29 brumaire suivant le conseil des anciens nomme un directoire exécutif.

(1795, 26 octobre — 4 brumaire an 4.) La

convention nationale a déclaré la session terminée.

(1795, 29 octobre — 7 brumaire an 4.) Première séance du conseil des anciens aux Tuileries.

(1796, 4 septembre — 18 fructidor an 5.) Le conseil des anciens siégeant au château des Tuileries, le général Pichegru, l'un des membres du comité des inspecteurs de la salle, est arrêté avec un nombre de députés. La salle est cernée et fermée par ordre du directoire ; le conseil des anciens et celui des cinq-cents se réunissent pour tenir leur séance au théâtre de l'Odéon. Une loi ordonne la déportation des directeurs Carnot et Barthélemi, de Pichegru, ainsi que celle d'un nombre de députés.

(1798.) Le conseil des anciens donne une fête aux Tuileries. Il fait placer toutes les pièces du feu d'artifice sur les pavillons du château, qui semblait être embrasé. Cette élévation du feu d'artifice était un spectacle nouveau pour le public.

(1799, 8 novembre — 18 brumaire an 8.) Buonaparte, à son retour d'Egypte, par suite de conférences avec l'abbé Syeyes et les membres du conseil des anciens, arrêta de renverser le directoire exécutif. Des troupes furent réunies dans la grande cour des Tuileries et dans le jardin, commandées par Buonaparte, qui leur dit : *Il faut demander compte au directoire des trois cent mille hommes que la nation vient de lui fournir.*

Le conseil des anciens décrète que le corps

législatif ira siéger dans le château de Saint-Cloud.

Buonaparte est nommé premier consul.

(1800.) Buonaparte s'installe au château des Tuileries.

(1804, 28 novembre.) Le pape Pie VII occupe le pavillon de Flore aux Tuileries pendant son séjour dans la capitale, et des fenêtres de ce pavillon il donnait sa bénédiction au peuple.

(1814, 31 mars.) Jour de l'entrée des alliés dans Paris. Le jardin et le château des Tuileries sont fermés par respect pour Louis XVIII.

L'empereur de Russie monte seulement un instant dans la salle du pavillon du milieu, pour admirer le beau coup-d'œil jusqu'à la barrière ; il en témoigne son admiration.

— 12 avril. *Monsieur*, comte d'Artois, arrive aux Tuileries.

— 20 avril. Arrivée du duc de Berri.

— 3 mai. Louis XVIII arrive au château des Tuileries avec la duchesse d'Angoulême, le prince de Condé et son fils le duc de Bourbon.

(1815, 19 mars.) Louis XVIII et sa famille quittent le château des Tuileries, sur le bruit de l'arrivée de *Buonaparte* revenant de l'île d'Elbe.

— 21 mars. Buonaparte arrive à neuf heures du soir aux Tuileries. Il trouve les vestibules, les escaliers et les anti-chambres du château engorgés de tous les courtisans de son ancienne cour, dont un grand nombre avaient prêté serment de fidélité à Louis XVIII.

— 8 juillet. Louis XVIII revient avec sa famille au château des Tuileries.

— 11 juillet. L'empereur de Russie, l'empereur d'Autriche et le roi de Prusse rendent visite à Louis XVIII.

CARROUSEL (Place du).

Tire son nom du *Carrousel* que Louis XIV y donna, en 1662, à la reine sa mère et à la reine son épouse.

Depuis la démolition de beaucoup de maisons qui obstruaient cette place, de quelque côté que l'on arrive, l'œil découvre le magnifique palais des Tuileries.

On remarque sur cette place l'hôtel d'Elbeuf, qui a été occupé par l'archi-chancelier Cambacérès; ensuite l'hôtel des gardes du roi à pied (*ci-devant les Cent-Suisses*).

L'hôtel de Longueville, ancien hôtel de Chevreuse, le berceau de la Fronde et de la politique du cardinal de Retz. Cet hôtel fut long-temps habité par des ducs et des princes, et dans la révolution, par des particuliers et par la Ferme du tabac. On y a donné des bals et tenu des bastringues.

Cet hôtel forme aujourd'hui une partie des écuries de la cour, réunies aux écuries de Chartres, qui donnent dans la rue Saint-Thomas-du-Louvre.

Mais l'hôtel de Longueville doit être démoli ainsi que tous les bâtimens qui existent encore entre le Louvre et les Tuileries; ce qui présentera un vaste terrain, dans lequel on pourra passer une revue de plus de quarante mille hommes, cavalerie et infanterie.

(1792, 10 août.) Les insurgés se sont rassemblés sur cette place pour faire le siége du château des Tuileries.

— 28 août. Ont été décapités sur cette place, premières victimes de la révolution, M. Laporte, intendant de la liste civile du roi, et M. d'Anglemont.

On a vu sur cette place, pendant les années 1793 et 1794, un prétendu monument; c'était le simulacre d'un souterrain, construit en planches : Marat y était représenté en plâtre, écrivant à la lueur d'une lampe sépulcrale : un factionnaire y faisait sentinelle nuit et jour pour le défendre, disait-on, des *profanes*. Lazouski, l'un des chefs de la journée du 10 août, y a été enterré au-dessous de Marat son ami. Un particulier, ne pouvant retenir son mépris pour ces deux hommes, eut la témérité de faire ses besoins auprès de cet échafaudage de sapin; il fut arrêté et décapité.

(1793, 27 janvier.) On a planté et inauguré sur cette place l'arbre dit de la *Liberté*, au bruit d'une musique qui jouait les airs de la *carma-*

gnole et de *ça ira*. Les officiers municipaux et le maire de Paris se mirent à danser autour ; ils s'adjoignirent des petits savoyards et les firent danser avec eux, pour prouver leurs principes d'égalité ; mais l'arbre de la liberté n'a pas pu prendre racine.

(1806.) A l'heure de minuit deux voleurs demandent la bourse ou la vie à un particulier qui leur donna quarante francs qu'il avait : — Mais, messieurs, si vouliez me donner dix francs, vous me rendriez un grand service. L'un des voleurs tire de sa poche deux pièces de cinq francs et lui demande quel chemin il prenait. — La rue Nicaise, répondit-il. — Alors vous seriez encore arrêté, nous allons vous conduire jusqu'à la rue Saint-Honoré. Le particulier arrivé chez lui retire de sa poche les dix francs et une pièce de quarante francs que le voleur lui avait donnée par erreur.

(1820.) Dans la nuit du 28 au 29 août un nommé Gravier, ex-militaire, et Bouton, *idem*, ont produit une explosion avec de la poudre sous le guichet, à côté de la grille du château qui conduit rue de Rivoli, dans l'intention, dit leur sentence de mort, de faire avorter la duchesse de Berri, grosse du duc de Bordeaux, dont l'appartement est contigu au guichet, soixante-sept jours après l'assassinat du prince son époux, le duc de Berri. La princesse a obtenu du roi la commutation de la peine de mort en celle des travaux forcés durant leur vie.

Colonnade du Louvre.

LOUVRE.

Plusieurs écrivains ont fixé son origine dès les rois de la première race ; d'autres disent qu'il fut bâti dans un bois, par Philippe-Auguste, en 1217, ce qui lui fit donner le nom de Château du Bois ; on y avait construit une tour pour renfermer les prisonniers d'état, et qui a passé pour le principal manoir ou chef-lieu de la couronne, parce qu'on y gardait le trésor et les archives. Le Louvre ne se trouva dans Paris que par l'enceinte commencée sous Charles V en 1363, achevée sous Charles VI en 1385. Charles V fit rehausser ce palais, et rendre les appartemens plus commodes et plus agréables ; mais ni ce prince ni ses successeurs, jusqu'à Charles IX, n'en firent leur demeure ordinaire. Ce palais était destiné à recevoir les monarques étrangers qui venaient en France. En 1528, François Ier le fit abattre, et commença le nouvel édific que son fils Henri II fit achever, et porte au point de perfection où il est aujourd'hui sur les dessins de l'abbé de Cluny : la scu^pture fut exécutée par le fameux Jean Goujon.

Charles fit commencer la grande galerie

qui joint le Louvre au palais des Tuileries, et Henri IV la termina. Louis XIII fit élever, par Le Mercier, le péristyle qui sert d'entrée au vieux Louvre, du côté des Tuileries, et fit continuer l'angle opposé à celui de Henri II. Tout le reste de l'édifice moderne, qui forme ce qu'on appelle le *nouveau Louvre*, a été fait par les ordres de Louis XIV et les soins de Colbert, qui y employa Louis Le Vau, célèbre architecte, et François Dorbay son élève, qui ont fait exécuter la superbe façade du côté de l'église Saint-Germain-l'Auxerrois, sur les dessins de Claude Perrault, médecin, que ce chef-d'œuvre a immortalisé. Cette façade ne le cède en rien au plus bel antique; elle a six cent quatre-vingt-sept toises de longueur; elle est divisée en deux péristyles et trois avant-corps : la principale porte est dans l'avant-corps du milieu, qui est décoré de huit colonnes accouplées et couronnées d'un fronton, dont la simaise n'est composée que de deux pierres, qui ont chacune neuf toises de long sur sept pieds et demi de large.

Les deux avant-corps sont ornés de six pilastres et de deux colonnes du même ordre. Le tout est terminé par une balustrade dont les piédestaux doivent servir à placer des trophées entremêlés de vases. Le plan de tout le Louvre est un carré parfait, entouré de quatre corps de bâtimens, décoré de trois ordres d'architecture l'un sur l'autre, dont les pavillons ou avant-corps sont enrichis de colonnes; au milieu est une cour carrée, percée dans ses quatre faces de superbes portiques ornés de colonnes. L'intérieur est également orné de beaux morceaux de sculpture, exécutés par Sarrazin, Jean Goujon, Germain Pilon, Houdon, Bouchardon, Bridau, Coustou, Clodion, et plusieurs autres artistes célèbres.

La façade du Louvre, du côté de la rivière, s'annonce d'une manière noble; mais les bas-reliefs qui sont dans le fronton, ainsi que dans la partie au-dessus, ne produisent pas l'effet qu'on avait lieu d'attendre.

Les figures qui sont dans le fronton ne sont pas groupées avec la grâce qu'exigeait ce magnifique monument; les enfans qui sont au-dessous n'ont pas assez de souplesse, ils se ressemblent trop par l'attitude, et leurs têtes paraissent trop petites.

Il est ridicule aussi d'avoir entouré de deux grilles le terrain des deux côtés de cette superbe façade, au lieu de former une grande place, où l'on aurait placé deux monumens analogues à la majesté du Louvre.

On admire comme un chef-d'œuvre la porte principale de l'entrée, place du Louvre, qui ne devait s'ouvrir que lorsque Buonaparte y passerait.

La grande et belle galerie du Louvre, long-temps abandonnée, a été achevée sous son règne, dans l'intérieur et l'extérieur : Buonaparte avait l'ambition d'achever le Louvre ; il avait fait placer son buste sur la façade ; on lisait au-dessous :

Napoléon-le-Grand a achevé le Louvre,

et des N étaient placées par profusion sur tous les entablemens.

Buonaparte, qui était brave à l'armée, était très-peureux dans son palais ; il faisait placer des grilles partout; mais ce qu'il y a d'inconvenant, ce sont les grilles sous les portiques du Louvre, la majesté de ce monument ne demande point de grilles.

GALERIE DU MUSÉE ROYAL.

Le superbe escalier qui y conduit a été exécuté par M. *Fontaine;* il est composé de quatre rampes, dont deux conduisent à la galerie d'Apollon, et les autres à la grande salle d'exposition, que l'on traverse pour arriver à la grande galerie : cet escalier est orné de deux colonnes de marbre qui tiennent du dorique et du toscan ; elles supportent des voûtes qui sont analogues à leur caractère ; les murs sont ornés de pilastres du même style. Les peintures du plafond sont d'un genre noble, et font honneur à l'artiste moderne. La galerie se divise en neuf parties par des arcs faisant saillie sur la voûte, et soutenus par des colonnes et des piliers corinthiens, avec chapiteaux et embases de bronze doré. Dans les entre-pilastres sont des glaces de la plus grande dimension ; on voit aussi des candélabres, des autels, des vases antiques ou modernes, tous de la plus grande beauté ; les voûtes sont ornées de caissons ; les portes qui se trouvent à chacune des extrémités sont ornées de deux colonnes pratiquées dans un hémicycle ; ce qui produit une perspective merveilleuse. La partie de la galerie qui touche au palais des Tuileries est ornée de vingt-quatre colonnes de marbre, ioniques, doriques, corinthiennes et composites. On y remarque aussi douze bustes de peintres célèbres.

Cette galerie, unique en Europe, renferme plus de quatorze cents tableaux, divisés ainsi : école française, école flamande, allemande, hollandaise, et école d'Italie. En face de la grande galerie, de l'autre côté du grand salon d'exposition, est la galerie d'Apollon, où sont exposés tous les dessins, peintures en miniature, etc., etc. La gravure a enrichi cette galerie de plus de quatre mille planches des meilleurs artistes, dont les épreuves se vendent au profit de l'établissement, qui possède encore cinq cents dessins des grands maîtres.

(1797, 20 décembre — 30 frimaire an 6.) Le corps législatif donne une fête à Buonaparte, à son retour d'Italie, dans la grande galerie des tableaux, qui était décorée de trophées militaires, transparens, et d'illuminations en verre de couleur. Le dîner était de dix-huit cents couverts.

Buonaparte reçut cet hommage avec indifférence, pour ne pas dire mépris, persuadé qu'un grand nombre de ces législateurs encombreraient un jour les anti chambres de son palais, pour lui faire la cour et lui demander des places ; ce qui s'est réalisé.

(1799, 21 décembre — 30 frimaire an 8.) M. Audibert a fait dans la cour du Louvre, en présence des membres du gouvernement et de l'Institut, l'expérience d'une machine propre à sauver les personnes surprises dans les bâtimens en proie aux flammes.

(1800, 21 août — 3 fructidor an 9.) Un arrêté des consuls ordonne la translation de la bibliothèque de la rue de Richelieu dans les quatre corps de bâtimens du Louvre, qui était nommé palais national des sciences et des arts.

Mais Buonaparte, devenu empereur, eut le projet d'y loger tout l'état-major de sa maison militaire et les quatre-vingt-seize chambellans, qu'il traitait comme ses premiers valets.

Après avoir soumis tout le continent par de nombreuses victoires, Buonaparte avait décidé d'en faire le logement des quatre principaux souverains, lorsqu'il jugerait à propos de les faire venir à Paris.

L'on vient de placer sur les bornes de granit des arcades des quatre guichets, des supports en fer semblables à ceux de la grille du château des Tuileries, en remplacement des lanternes qui y existaient. Cette manière d'éclairer est convenable à la majesté du monument.

(1800, 17 décembre — 30 fructidor an 9.) Il a été fait dans les salles par bas au Louvre, une exposition publique des produits de l'industrie nationale.

(1803, 4 décembre.) Buonaparte, alors consul, alla voir au Muséum la tapisserie brodée par la reine Mathilde : il remarque une partie de ce monument historique employée à représenter Harold sur son trône au moment où l'apparition d'un météore lumineux vient effrayer ce prince et lui présager sa défaite. Buonaparte demande de combien de mois ce phénomène avait précédé la chute de Guillaume; MM. Denon et Visconti lui répondirent : de deux ou trois mois, Buonaparte continue à examiner cette broderie.

Les journaux d'alors remarquèrent qu'un pareil météore avait reparu en novembre 1803 et avait couvert plusieurs comtés de la Grande-Bretagne.

(1810, 1er avril.) Buonaparte a célébré dans la grande galerie son mariage avec Marie-Louise, archiduchesse d'Autriche; plus de trois mille personnes occupaient des banquettes dans cette immense galerie, qui était décorée avec grande magnificence.

(1815.) Les officiers de la garde royale ont donné un superbe banquet dans la galerie du Muséum aux officiers de la garde nationale parisienne.

Monsieur, comte d'Artois, colonel-général de la garde nationale de France, et les princes, ont assisté à ce banquet.

Louis XVIII, Madame, duchesse d'Angoulême, sont venus l'honorer de leur présence.

(1819.) Il y a eu dans les grandes salles du Louvre, au premier, une exposition des produits de l'industrie nationale. Plus d'un million de Français et d'étrangers sont venus admirer les progrès de l'industrie en France.

Des Anglais instruits sont convenus que beaucoup d'objets fabriqués en France étaient supérieurs à tout ce qu'on pouvait faire de mieux en Angleterre.

(1820, 15 février.) Le corps du duc de Berri,

assassiné le 13 février par l'infâme Louvel, a été exposé pendant plusieurs jours au Louvre dans la même salle où Henri IV fut exposé en 1610, après avoir été assassiné par Ravaillac.

Le musée des antiques occupe les vingt-deux salles du rez-de-chaussée ; elles sont nommées ainsi :

Le vestibule. — Arcade de l'entrée de la salle des empereurs. — Salle des empereurs romains. — Des Saisons. — De la Paix. — Des Romains.— Des Centaures. — Arcade de l'entrée de la salle de Diane. — Salle de Diane. — Du candélabre du Tibre. — Arcade qui mène à la salle du héros combattant. — Salle du héros dit le gladiateur. — Salle de Pallas. — De Melpomène. — D'Isis, ou des monumens égyptiens. — De Psyché. — Arcade qui conduit à la salle d'Haruspice. — Salle d'Haruspice. — D'Hercule et Téléphe. — De Médée. — Corridor ou salle de Pan. — Des Cariatides.

Plus de neuf cents statues, bustes, groupes, bas-reliefs, etc., ornent ces vingt-deux salles.

(1820, décembre.) Louis XVIII, ne pouvant sortir, a fait l'ouverture de la session de la chambre des pairs et de celle des députés dans la salle des *Cariatides* au Louvre.

Nous nous faisons un devoir de consigner un fait dont nous avons été témoins lors de l'enlèvement des statues et des tableaux du musée par les Anglais, les Prussiens et les Autrichiens; tous les commissionnaires et hommes de peine se sont refusés à aider les étrangers à cet enlèvement.

Un général anglais présent à la conduite honorable de ces braves gens, dit : *Voilà des hommes dignes d'être Français.*

LOUVRE (Quai du).

Il commence au guichet Froidmanteau, et finit place et quai de l'École, ainsi nommé parce qu'il longe le palais du *Louvre*. En 1793, on le nommait quai du *Muséum*.

On avait planté sur ce quai un poteau relatif à la journée de la Saint-Barthélemy, où on lisait que c'était de la fenêtre au-dessus *que Charles IX avait tiré sur ses sujets*. Cette tradition est fausse, car la partie du Louvre où se trouvait encore, il y a deux ans, ce balcon, avait été construite par Henri IV, plus de vingt ans après cette fatale journée. Buonaparte, premier consul, a fait supprimer ce poteau en fructidor an IX (1800), dans la crainte de rapprochement de la journée du 13 vendémiaire, où il fit tirer sur les Parisiens, par ordre de la convention nationale.

LOUVRE (Place du).

En 1806 on lui donna le nom de place d'Jéna, en mémoire de la bataille d'Jéna;

en 1814 elle reprit son ancien nom. Cette place est encore encombrée de matériaux de construction.

En face du Louvre est l'église Saint-Germain-l'Auxerrois, que Buonaparte devait faire démolir pour faire une belle et grande place, et découvrir par ce moyen les belles colonnades du Louvre, et ouvrir une rue très-large, qui aurait conduit jusqu'au faubourg Saint-Antoine. Cette rue devait se nommer *Impériale*.

ÉGLISE SAINT-GERMAIN-L'AUXERROIS.

L'origine de cette paroisse est très-incertaine jusqu'à douze siècles. Elle porta le nom de Saint-Germain-le-Rond ; pillée et ruinée par les Normands, elle fut rebâtie par le roi Robert, au commencement du onzième siècle.

C'est la cloche de Saint-Germain-l'Auxerrois qui a donné le signal du massacre de la Saint-Barthélemi.

Le curé de cette paroisse, le jour de Pâques 1245, dit en chaire que le pape Innocent IV voulait que dans toutes les églises de la chrétienté on dénonçât comme excommunié l'empereur Frédéric II. « Je ne sais pas, ajouta-t-il, quelle est la cause de cette excommunication ; je sais seulement que le pape et l'empereur se font une rude guerre. J'ignore lequel des deux a raison ; mais autant que j'en ai le pouvoir j'excommunie celui qui a tort et j'absous l'autre. »

Frédéric II, à qui l'on raconta cette plaisanterie, envoya des présens à ce curé.

En 1766 on avait élevé dans cette église, en l'honneur du savant antiquaire le comte de Caylus, un cénotaphe qui était construit des trois marbres étrusque, grec et égyptien. Piron, qui était brouillé depuis long-temps avec le comte de Caylus, mécontent de l'inscription qu'on avait mise sur ce monument, fit l'épitaphe suivante :

> Ci-gît cet antiquaire acariâtre et brusque;
> Oh qu'il est bien logé sous cette cruche étrusque !

par allusion à l'ouvrage des antiquités étrusques, grecques et égyptiennes de ce savant académicien.

Cette église a servi de temple en 1794 et 1795 à la nouvelle secte des théophilanthropes.

Le 15 octobre 1798 (an 7), par arrêté du département, une inscription dut être posée sur le tombeau de Malesherbes, qui y est inhumé. Cette église fut nommée *Temple de la Reconnaissance*.

Le 5 fructidor de la même année il y fut célébré une fête à l'humanité, et fait une collecte en faveur des incendiés de la ville de Saint-Claude.

En 1786, madame la comtesse de Genlis, gouvernante des enfans du duc d'Orléans, avait établi dans le grand salon du chapitre du doyenne de Saint-Germain-l'Auxerrois un théâtre d'éducation pour de jeunes demoiselles.

Cette spéculation ne réussit pas, le nom de *théâtre* effraya bien des mères de famille; en outre, disait-on, madame de Genlis a tant d'esprit qu'on aime mieux la lire que l'entendre jouer la comédie.

A peu de distance de cette église, au n° 65, est l'établissement des Filles de la Providence, sous la protection de Mademoiselle, fille de la duchesse de Berri. Ce sont de jeunes filles pauvres, qui sont élevées aux frais de madame la duchesse d'Angoulême et de madame la duchesse de Berri.

LA FONTAINE DE LA CROIX DU TRAHOIR.

Placée autrefois rue de l'Arbre-Sec, au milieu de la même rue. François Ier l'avait fait construire en cet endroit en 1539 ; mais, comme elle gênait le passage, elle fut transférée, en 1636, à la place qu'elle occupe actuellement. Les opinions varient sur l'étymologie du mot Trahoir, et sur l'histoire qui y a donné lieu. On rapporte que ce fut dans cet endroit que Clotaire II fit traîner, à la queue d'une jument indomptée, Brunehault, épouse de Sigebert, premier roi d'Austrasie, et en secondes noces de Mérovée, fils de Chilpéric, roi de

France. L'historien *Daniel* est d'un avis contraire : le fait est que cette méchante femme perdit la vie par ce genre de supplice.

En 1805 il y eut dans cette rue une sédition à l'occasion d'une marchande que son curé ne voulait pas enterrer qu'on ne lui eût montré le testament qu'elle avait fait. Les évêques prétendaient être en droit de se faire représenter les testamens : ils défendaient de donner la sépulture à ceux qui mouraient *ab intestat*, ou qui n'avaient pas fait un legs à l'église. En 1533, pendant que la peste ravageait Paris, et que l'on n'avait guère le temps de songer à tester, les corps d'une infinité de personnes restèrent plusieurs jours sans sépulture, et achevèrent d'infecter l'air.

On a construit sur l'égoût de la petite place de l'Ecole une fontaine décorée d'un grand vase et d'un grand bassin.

Cette fontaine, étant sur l'égoût, fait un singulier contraste entre l'eau très-limpide qui coule de la fontaine et l'eau corrompue qui passe dessous pour retourner dans la rivière de Seine.

QUAI DE L'ÉCOLE.

Il aboutit au pont Neuf. Son nom lui vient d'une école tenue par le chapitre Saint-Germain, qui, dès le douzième siècle, portait le nom de *Schola sancti Germani* : chaque année le maître de cette école se rendait au chapitre, qui lui conférait solennellement les marques de sa dignité, une grosse férule de cuir et une poignée de verges, *ad bonum scholæ.*

Les écoles de chirurgie s'y tenaient anciennement.

Au coin de ce quai et de la rue de l'Arbre-Sec est le café Manoury, célèbre pour le jeu de dames. C'est la *cour de cassation* pour toutes les contestations de ce genre. Tous les jours ce *tribunal* est en fonctions. Le plus grand nombre des habitués sont des rentiers et des hommes de lettres. Il est des parties de dames qui durent deux heures ; on dirait qu'il s'agit du sort de l'Europe.

ROULE (Rue du).

On remarque principalement des marchands de nouveautés, à l'enseigne de la Fille d'honneur, de la Fille mal gardée ; ces tableaux sont peints par d'habiles artistes. Le magasin de parfumeries de M. Fargeon, où l'on trouve tout ce qui est nécessaire aux femmes qui veulent paraître jeunes, jolies et fraîches jusqu'à l'âge de soixante ans.

Plusieurs brillantes boutiques de lampistes-ferblantiers, etc.

BÉTHIZY (Rue), *près celle du Roule.*

C'est dans l'hôtel, n° 20, que l'amiral de Coligny fut assassiné dans la nuit du massacre de la Saint-Barthélemy, le 24 août 1572, par une troupe d'assassins, qui avaient le duc de Guise à leur tête. Cette maison fut occupée depuis par les seigneurs de *Montbazon.*

MONNAIE (Rue de la).

L'une des plus dangereuses pour les gens de pied, par la rapidité avec laquelle les voitures descendent en quittant le Pont-Neuf.

SAINT-GERMAIN-L'AUXERROIS (Rue).

De tous les temps il y a eu dans cette rue des teinturiers. Un abbé faisait la cour à une jolie femme de teinturier; le mari surprit sa femme en flagrant délit avec l'abbé, qui était en chemise; il obligea celui-ci de la quitter, et, aidé de ses garçons, le plongea trois fois dans une chaudière de couleur verte. Ce pauvre abbé ne put jamais faire disparaître cette couleur, ce qui lui avait fait donner le nom de l'abbé vert. Cin-

Place Vendôme. Côté des Thuileries.

quante chansons furent faites sur son compte ; il ne survécut que deux ans à sa mésaventure.

JEAN TISON (Rue),

Où était la chambre qu'occupait *la belle Gabrielle*, et où, avant son élévation, elle vivait bien modestement.

PLACE VENDÔME.

Cette superbe place fut commencée en 1687, et achevée en 1701, sur les dessins de Jules Hardouin Mansard, sur l'emplacement du vaste hôtel de *Vendôme*, qui avait été bâti par César de Vendôme, fils naturel de Henri IV et de Gabrielle d'Estrées. Le premier nom de cette place fut celui des *Conquêtes*, parce qu'elle a été construite à l'époque des conquêtes de Louis XIV; elle porta aussi celui de Louis-le-Grand ; la statue équestre de ce monarque fut élevée au milieu, en 1699; Louis XIV était représenté en héros de l'antiquité, sans selle et sans étriers, donnant des ordres de la main droite, et tenant de la gauche les rênes de son cheval.

Ce monument a été détruit après la journée du 10 août 1792 ; le piédestal ne fut démoli que deux ans après. On y a déposé pendant quatre heures, le 3 pluviôse an premier de la république (24 janvier 1793), le corps de Michel Lepelletier de Saint-Fargeau, sur le socle de marbre qui portait Louis XIV ; tous les membres de la convention nationale ont assisté à ses obsèques. La marche du cortége a duré trois heures, depuis la place Vendôme jusqu'au Panthéon. Son corps était découvert, on voyait le sang répandu lorsqu'il reçut le coup d'épée que lui avait porté Pâris, garde du corps du roi, chez Février, restaurateur. (*Voy*. Palais-Royal, galerie de pierre.)

Les façades des bâtimens qui environnent cette place sont décorées d'un grand ordre corinthien, en pilastres, qui comprend deux étages.

Jusqu'en 1774 la foire d'été, dite de Saint-Ovide, qui durait un mois, avait lieu sur cette place. On construisait des boutiques en bois et des salles pour les spectacles des boulevarts.

La place Vendôme fut nommée en 1793 place des *Piques*. Depuis 1791 le ministère de la justice est aux nos 13 et 15.

(1792, 11 août.) Louis XVI et sa famille sont sortis de l'hôtel du ministère de la justice pour être conduits dans la prison du Temple.

(1806, 1ᵉʳ janvier.) Un décret porte qu'il sera élevé sur la place Vendôme une colonne triomphale des victoires remportées par les armées françaises, et de la dernière victoire à Austerlitz.

Elle est de cent treize pieds sur douze de diamètre. Ce beau monument, construit sur le modèle de la colonne Trajane, est revêtu de bronze dans toute sa hauteur; son stylobate est entièrement garni de bas-reliefs composés de trophées d'armes de toutes espèces. A partir du fût de la colonne, commence la suite des bas-reliefs, qui présentent, dans un ordre chronologique, les principales actions de la campagne de 1805 jusqu'à la bataille d'Austerlitz, etc.

Ce monument a été construit par MM. Gondouin et Peyre, architectes, et fini en 1810. Il y a dans l'intérieur de la colonne un escalier qui conduit jusqu'au haut. Buonaparte fit le modeste pour consentir à ce qu'*on* plaçât sa statue colossale à la place de celle de Charlemagne qui devait y être placée. Il céda enfin à la sollicitation de tous les courtisans, dont plusieurs ont contribué à la renverser.

(1814, 31 mars.) A l'entrée des armées alliées, la statue a été renversée et remplacée par *le drapeau blanc*.

Louis XVIII respecte cette colonne, comme l'un des titres de la valeur française.

Le général Hullin, commandant de la place de Paris, demeurait dans son hôtel, sur cette place, au n° 22.

(1812, 23 octobre.) Le général Mallet, voulant délivrer la France de Buonaparte, pendant son voyage en Russie, se rendit seul chez Hullin, le somma de lui rendre son épée et de le suivre; sur sa résistance il lui tira un coup de pistolet à la mâchoire; mais Hullin n'en mourut pas.

PAIX (Rue de la).

Percée en 1805 sur l'emplacement du couvent et des jardins des capucins, en face de la place Vendôme d'un côté, et du boulevart dit des Capucines; elle portait le nom de rue de *Napoléon* jusqu'en 1814, époque de l'entrée de Louis XVIII à Paris. C'est une des plus belles et des plus larges rues de Paris; les superbes maisons qui la décorent ont été construites en moins de trois ans. On y voit des hôtels garnis du plus grand luxe; des cafés qui peuvent rivaliser avec les plus beaux cafés du Palais-Royal, et des magasins dans tous les genres de commerce.

La façade de l'hôtel du timbre royal figure mal dans cette belle rue, elle ressemble à la façade d'une prison. A peu de distance est la

NEUVE DES CAPUCINES (Rue),

Où était l'hôtel du lieutenant-général de police de Paris, et en 1790 l'hôtel de la mairie, qui fut occupé par Bailly, nommé premier maire en 1791 ; ensuite l'état-major du général La Fayette ; sous Buonaparte, le général commandant de la division; en dernier lieu, le ministère du trésor public.

LOUIS-LE-GRAND (Rue).

De 1793 à 1798, elle portait le nom de rue des *Piques*; en 1799, celui de rue de Vendôme ; elle reprit son premier nom en 1815.

On remarque au n° 21 l'hôtel d'Egmont, qui sert maintenant de dépôt pour la marine, et au n° 25 l'hôtel de l'administration générale de la régie des salines.

NEUVE-DES-PETITS-CHAMPS (Rue).

La duchesse de Bourbon avait un hôtel dans cette rue. On remarque aux n°ˢ 6 et 8

7*

le trésor royal, au n° 40 l'hôtel du ministre des finances, et au n° 42 l'administration générale des loteries. C'est le centre où aboutissent toutes les recettes de l'Etat, fruit de l'agriculture, des sciences, des arts et de l'industrie, enfin des sueurs du peuple. C'est sur le versement annuel de près d'un milliard que spéculent les sangsues de l'Etat, qui ne cessent d'encombrer les salons des Tuileries et les antichambres des ministres, pour solliciter des pensions ou des gratifications, etc. Ces affamés se disputent le patrimoine de l'Etat; leur patrie est la trésorerie.

Rien de plus curieux à voir les jours de tirage de la loterie, que les physionomies de la multitude impatiente, sur lesquelles sont écrits les tristes effets de la crainte et de l'espérance : il n'est pas difficile de reconnaître ceux dont le hasard a déjoué tous les calculs : le nombre des heureux est de un sur deux ou trois mille.

Tous les jours à quatre heures on voit sortir du ministère des finances, de la trésorerie et de l'administration de la loterie, une armée d'employés ; tous n'arrivent pas aussi exactement à leurs bureaux, principalement les chefs de division, qu'on rencontre le plus souvent à deux heures au café de Foy au Palais-Royal.

SAINTE-ANNE (Rue).

En 1792 on lui donna le nom d'*Helvétius*, en mémoire du célèbre auteur de l'*Esprit*, qui était né dans cette rue en 1715. Elle reprit son ancien nom en 1815.

Sur la gauche

NEUVE-SAINT-AUGUSTIN (Rue).

On y remarque l'hôtel de Richelieu, le jardin et les pavillons dit d'*Hanovre*, que le duc fit construire à son retour des guerres d'Hanovre. L'hôtel, le jardin et le pavillon ont été, pendant le cours de la révolution, des lieux de plaisirs publics; jeux, cafés, restaurans, bals, concert, feux d'artifices, panorama, fantasmagories, etc. Il y a actuellement dans le fameux pavillon d'*Hanovre* une fabrique de papier peint.

CHOISEUL (Rue de).

Elle porte le nom de *Choiseul-Stainville*, qui fut ministre de la guerre et ministre des affaires étrangères, mort en 1785; au n° 2 l'hôtel de l'administration générale de l'enregistrement et des domaines.

FAVART (Rue).

Ouverte depuis 1784 sur l'emplacement de l'hôtel de Choiseul, ainsi que les rues adjacentes. Son nom est en mémoire de *Favart*, excellent auteur de plusieurs opéras comiques, mort à Paris en 1793. Collot-d'Herbois, comédien, puis député à la convention nationale, demeurait dans cette rue à un quatrième étage.

MARIVAUX DES ITALIENS (Rue de).

Entre la rue Grétry et le boulevart des Italiens. Elle a été percée en 1784, sur l'emplacement de l'hôtel de Choiseul, elle porte le nom de *Marivaux*, de l'académie française, qui composa un grand nombre de pièces excellentes pour le théâtre de l'Opéra-Comique. Marivaux, né à Paris en 1688, y mourut en 1763.

Il y a dans cette rue, au n° 13, une maison de jeu.

GRÉTRY (Rue de).

On lui a donné le nom de Grétry, célèbre compositeur de musique, mort en 1813 à l'Ermitage, près de Montmorency.

PLACE, ET THÉATRE DES ITALIENS,

Construit en 1782. Monument isolé par trois faces ; la principale est décorée d'un avant-corps en saillie formant un péristyle composé de huit colonnes ioniques, dont six sur la façade et deux en retour, engagées dans le massif du bâtiment ; elles soutiennent un entablement surmonté d'un attique, etc.

L'opéra-buffa a occupé cette salle, qui a pris le nom de *Théâtre Royal Italien* ; mais depuis l'assassinat du duc de Berri, le 13 février 1820, ce prince sortait du bal de l'Opéra, ce dernier théâtre a été fermé, et les Italiens ont cédé provisoirement leur salle à l'Opéra.

CHABANNAIS (Rue).

Ouverte en 1777 sur l'emplacement de l'hôtel Chabannais.

Les maisons sont belles, bien construites, mais trop élevées ; ce qui rend la rue sombre et triste.

C'est dans cette rue, n° 11, que le général Pichegru fut arrêté le 28 février 1804, chez un de ses amis qui eut la lâcheté de le dénoncer.

C'est au coin de cette rue et de celle Saint-Anne que demeurait le célèbre Gluck, lorsqu'il a composé son *Armide*.

COLONNES (Rue des).

Cette rue, percée en 1790, doit son nom aux tristes *colonnes* qui règnent des deux côtés. Sur les trottoirs il y a des boutiques sombres qu'on ne peut louer facilement ; il y a des bains.

PALAIS DE LA BOURSE.
Rue des Filles-Saint-Thomas.

Ce monument a été construit sur l'emplacement des couvent, église et jardins des Filles-Saint-Thomas, d'après les plans de l'architecte Brongniard ; il a la forme d'un parallélogramme et a deux cent trente pieds de long sur cent quarante de large ; le stylobate ou soubassement des quatre faces du palais a huit pieds de hauteur ; au-dessus du soubassement s'élèvent soixante-six colonnes d'ordre corinthien, qui ont près de quatre pieds de diamètre : elles forment péristyle autour du palais. Ce monument est composé de deux étages compris dans la hauteur de l'ordre et de l'attique qui le surmontent. Son rez-de-chaussée contient les salles nécessaires à la tenue de la bourse. Le tribunal de commerce occupera l'étage supérieur. Ce bâtiment est isolé de toutes parts, au nord et au sud, par des espaces de cent six pieds de distance de la colonnade aux bâtimens environnans ; cette situation serait plus convenable pour la salle de l'Opéra, et dans ce cas on placerait la Bourse à l'ancienne salle rue de Richelieu. Le tribunal de commerce est plus dans le centre du commerce où il est depuis un siècle ; en outre il n'est pas décent qu'il soit au milieu de tous les agioteurs qui se réunissent tous les jours pour spéculer sur la misère publique, et dont le langage ne dérive pas du grec.

Par exemple, *marché fermé*, *marché à prime*, *dont deux*, *marrons*, etc. En voici l'explication : le marché fermé signifie l'obligation de livrer au jour indiqué l'objet convenu, peu importe que vous ayez été dupé ; le marché à prime donne la liberté de rompre la convention, moyennant une prime convenue ; ainsi, si vous achetez des rentes à 78 fr. dont deux, ce qui veut dire de payer d'avance la prime de deux jours à 78 fr., alors vous avez la faculté, si la rente baisse, de ne pas en exiger la livraison ; dans ce cas, la perte se borne à deux sur le prix, et si la rente était montée, vous avez le droit de vous faire livrer ou de vous faire payer la différence entre le prix d'achat et le prix du cours ; de manière que si vous achetez à 78 fr. et que la hausse porte la rente à 84 fr., vous devez l'excédant, et vous faites alors un bon à peu près en ces termes : le trente du courant fixe, ou *plutôt à volonté*, en me prévenant *vingt-quatre heures d'avance*, je paierai la somme de...... pour les *dont deux*, ou *dont un*, ou *dont quatre*, de la négociation de tel jour, etc.

Le mot *marron* signifie ceux qui font par contrebande des négociations qui appartiennent aux agens de change et aux courtiers de commerce.

Rien de plus curieux que la majesté inaccessible des agens de change et des courtiers de commerce de Paris, réunis dans leur parquet ; les souverains, réunis dans un congrès, ne représentent pas avec plus de dignité.

Un agent de change qui se conforme aux réglemens en ne faisant point de négociations pour son compte, est un homme utile et estimable. Ceux qui font des spéculations pour leur compte sont dangereux, par la confiance dont ils peuvent abuser, sous prétexte de leur cautionnement de cent mille francs, somme bien inférieure au grand nombre de victimes de leurs faux calculs ou de leur mauvaise foi. Les agens de change ou courtiers de commerce devraient être solidaires les uns pour les autres.

La Bourse se tient provisoirement rue Notre-Dame-des-Victoires. Il y a une entrée par la rue Feydeau.

FEYDEAU (Passage).

Des boutiques garnissent les deux côtés, elles sont très-sombres par l'obscurité du passage, ce qui est avantageux aux marchands qui veulent tromper. Il y a deux cafés, des libraires, des marchands d'estampes, des bouquetières, etc.

THÉATRE DE L'OPÉRA-COMIQUE,

Rue Feydeau.

Ce théâtre a été fermé, par arrêté du directoire exécutif du 8 ventôse an 4 (27 février 1796), pour cause d'opinion, et rouvert le 11 germinal (1er avril) de la même année.

La salle est belle, bien décorée, mais sombre par la multiplicité des colonnes, ce qui la rend peu favorable pour les femmes.

VIVIENNE (Rue).

On voit aux deux angles de cette rue les bureaux de l'administration du trésor public. On a réuni à cette administration le ci-devant bâtiment de la bourse, décoré par une suite d'arcades, flanquées à leurs extrémités de deux pavillons. Cet hôtel a été l'ancien palais Mazarin.

Avant la révolution cette rue était occupée par les premiers banquiers et la haute magistrature ; il n'y avait point de boutiques. Aujourd'hui c'est l'une des plus brillantes rues de Paris, par le faste des magasins, dont les tableaux, peints par d'excellens artistes, forment un musée en plein vent.

On y remarque les trois Sultanes au n° 16 ; l'hôtel Colbert au n° 13 ; l'hôtel Boston au n° 3 ; l'hôtel des Etrangers, garni, et l'ancien hôtel Talaru au n° 18 ; le cabinet littéraire de Galiani.

En 1628 un jardinier fouillant la terre pour déraciner un arbre dans l'endroit où se tenait encore la bourse en 1798, y trouva neuf cuirasses qui avaient été faites pour femmes; on ne pouvait douter, à la façon dont elles étaient relevées en bosse et arrondies sur l'un et l'autre côté de l'estomac, et qu'elles n'eussent été faites pour des héroïnes; mais on ignore dans quel siècle elles vivaient.

RUE SAINT-HONORÉ ET RUES ADJACENTES.

On remarque sur la gauche l'ancien monastère des dames de la Conception, fondé par Anne Petau en 1635, vis-à-vis les dames de l'Assomption, destiné en 1802 à servir de magasin pour l'opéra, ensuite conservé comme objet d'art, et remis en église, en remplacement de la paroisse de la Madelaine, aliénée pendant la révolution.

Le 6 janvier 1809 le pape Pie VII a visité cette église, auprès de laquelle on a construit une fontaine d'eau de la Seine. On y lit ces vers de Santeuil :

Tot loca sacra inter, pura est quæ libatur unda ;
Hanc non impuro quisquis es ore libas.

Un peu au-dessus de cette fontaine était le couvent des Feuillans.

En 1790 et 1791 le club *monarchique dit des Feuillans* tenait ses assemblées dans ce couvent; en 1792 ce club fut proscrit par le club des Jacobins, qui forcèrent les membres de se réunir à eux.

Robespierre aîné demeurait presque en face du monastère des Feuillans, chez un ancien menuisier du roi.

MARCHÉ DES JACOBINS

Ce marché est vaste et bien distribué.

C'est dans le couvent des Jacobins que la fameuse société du club dit des *Jacobins* tenait ses assemblées, à dater de 1790. Cette société fut d'abord dirigée par Mirabeau, les Lameths, etc., ensuite par Pétion, Vergniaud, Brissot, et en dernier lieu par Robespierre, Danton, Legendre, Collot-d'Herbois, Billaud-Varennes, Tallien, etc. Les puissances en guerre contre la France ont lancé dans cette société un nombre d'agens pour la porter à tous les excès révolutionnaires.

A l'époque de l'insurrection de la journée de prairial an 3 (1795) contre la convention nationale, les Jacobins étant le foyer de l'insurrection, Legendre, député, l'un des membres, eut le courage, assisté d'une force armée, de s'emparer de la sonnette du président, ferma la salle, et en déposa la clef sur le bureau du président de la convention nationale.

De l'autre côté est l'ancien hôtel de Noailles, où la convention nationale avait établi un comité militaire. Il fut en dernier lieu occupé par le ci-devant prince architrésorier (Lebrun).

ÉGLISE SAINT-ROCH.

Commencée en 1633 et achevée en 1736 par Jules-Robert de Cotte, architecte; le portail est formé d'ordres dorique et corinthien.

Ont été inhumés dans cette église le grand Corneille, la tendre Deshoulières, l'architecte Lenostre, Demaret, Maupertuis, etc.

(1790, 12 juillet.) *Talma*, comédien, adresse à l'assemblée nationale une pétition contre le curé qui lui avait refusé la bénédiction nuptiale.

(5 octobre 1796 — 13 vendémiaire an 4.) C'est dans ce temple du Seigneur que se réfugia une partie de la garde nationale, qui était aux prises avec la troupe de ligne, commandée par Buonaparte, qui défendait la convention nationale, et qui, ayant placé une pièce de canon en face du portail, força la garde nationale dont un grand nombre périt, à quitter ce retranchement. Buonaparte poursuivit le reste, ce qui fit dire, lorsque Saint-Napoléon fut placé dans le calendrier le 16 août, que Buonaparte avait chassé Saint-Roch à coups de canon.

La commission militaire fut installée le 19 vendémiaire dans l'église de Saint-Roch, pour juger les rebelles de la journée du 13; plusieurs furent condamnés à mort, d'autres à la déportation.

(1799.) L'église Saint-Roch fut appelée *Temple du Génie*. On éleva sur la tour un télégraphe décimal circulaire, dont les expériences avaient été répétées par les sourds-muets.

(1803.) Le curé de cette paroisse refusa la sépulture à mademoiselle Chamerois, danseuse à l'Opéra. L'archevêque de Paris, par ordre de Buonaparte, le condamna à trois mois de retraite. Pourtant ce curé avait reçu plusieurs fois des sommes de mademoiselle Chamerois pour le soulagement des pauvres de sa paroisse.

Le curé des Filles-Saint-Thomas lui fit avec pompe les cérémonies usitées.

Une très-jolie pièce de vers fut faite à cet égard; elle avait pour titre: *Querelle de Saint-Roch et de Saint-Thomas*.

Le curé de l'église des Filles-Saint-Thomas publie une lettre dans laquelle il annonce n'avoir pas reçu soixante louis pour le service de mademoiselle Chamerois; qu'il ne l'a fait que par esprit de charité chrétienne, et sachant que cette demoiselle était morte dans des sentimens chrétiens, puisque la veille elle avait fait dire une messe à Saint-Roch, sa paroisse.

En 1816 le curé de Saint-Roch refusa encore la sépulture à la célèbre tragédienne mademoiselle Raucourt, quoique cette *profane* eût envoyé nombre de fois des sommes pour les pauvres; plus de cinq cents personnes formaient le cortége funéraire; les portes sont fermées; on envoie une députation auprès du curé, et on ne peut rien obtenir.

L'un des assistans du cortége se procure un serrurier avec trois ouvriers, qui parviennent à ouvrir la grande porte; mais aucun prêtre ne se trouve dans l'église; une députation est envoyée au château des Tuileries; le roi donne l'ordre à ses chapelains de faire la cérémonie avec les assistans.

SAINT-ROCH (Rue Neuve).

Les sœurs de la Charité de la paroisse Saint-Roch sont au-dessus du presbytère. C'est dans leur maison qu'est le dépôt de l'élixir américain, nécessaire aux femmes en couche qui ne nourrissent pas leurs enfans.

(1795, 16 février.) Il y eut au coin de cette rue, dans la maison d'un chandelier, un incendie qui se communiqua presque de suite au haut de la maison; plusieurs personnes, dans la crainte d'être brûlées, se précipitèrent par les fenêtres du quatrième et du cinquième étage, et périrent; trois jeunes demoiselles et leur bonne furent brûlées en se sauvant dans les escaliers.

BUTTE DES MOULINS,

Aujourd'hui rue des Moulins.

C'est à la butte des Moulins que Jeanne d'Arc, dite la Pucelle d'Orléans, se distingua, et fut blessée en attaquant Paris, dont les Anglais étaient maîtres.

C'est dans cette rue que le respectable abbé de l'Epée a commencé son institution des Sourds-Muets. L'empereur Joseph II, pendant son séjour à Paris, a assisté plusieurs fois aux leçons de cet instituteur dont l'abbé Sicard suit les erremens ; c'est aussi dans cette rue que s'est tenu, au n° 14, le conciliabule pour l'exécution de l'assassinat de Buonaparte, qui devait avoir lieu le 19 vendémiaire an 9, dans la salle de l'Opéra. Démerville, et Carachi, italien, furent arrêtés dans le couloir de l'Opéra le 19 suivant.

Au coin de cette rue est celle des Moineaux, où l'on voit la fontaine d'Amour.

RICHELIEU (Rue de).

Cette rue a pris d'abord le nom de Royale, bientôt celui du cardinal de Richelieu ; de 1792 à 1805 elle porta les noms de rue de la Loi, de Châlier, qui a été décapité à Lyon en 1793 ; en 1806 elle reprit le nom qu'elle porte.

C'est l'une des rues les plus riches et des plus fréquentées de Paris ; il y a beaucoup de banquiers, de négocians, de restaurateurs, des cafés et de très-beaux hôtels.

Au n° 62 est l'hôtel Talaru, maintenant en garni sous le nom d'hôtel des Colonies ; au n° 97 l'hôtel du Nord, appartenant à M. Péan de Saint-Gilles, notaire ; au n° 6 celui de M. Sœhnée, négociant ; au n° 108 l'hôtel de Lecouteux, travesti depuis le commencement de la révolution en un superbe café et jardin public, sous le nom de *Frascati;* il y a dans cet hôtel un jeu public; au n° 109 l'hôtel des Princes, meublé ; au n° 71 le grand hôtel Valois et des Languedociens ; au n° 43, au coin de la rue Traversière, est la fontaine Richelieu.

La rue de Richelieu est très-dangereuse le soir, pour les personnes à pied, à l'heure du spectacle du théâtre Français.

BIBLIOTHÈQUE DU ROI,

Rue de Richelieu.

Cet établissement est composé, 1° de la bibliothèque proprement dite; 2° du cabinet des antiques ; 3° du cabinet des gravures ; 4° de la galerie des manuscrits.

On y compte environ quatre cent cinquante mille volumes.

Les curieux y vont voir le Parnasse français donné par Titon du Tillet ; les deux globes du jésuite Coronelli, construits en 1683, et le Tite-Live à moitié déchiré par une bombe pendant le siége de Lyon : c'est un des plus anciens imprimés qui existent. Le

CABINET DES ANTIQUITÉS ET MÉDAILLES

Est formé en grande partie avec le cabinet du célèbre Caylus. On y voit les fameuses tables isiaques, l'armure de François Ier, le fauteuil de Dagobert, un manuscrit égyptien sur du papyrus, le fameux calice d'agate, l'épée de la religion de Malte, et le cachet de Michel-Ange. Le

CABINET DES GRAVURES

Est formé de cinq mille volumes divisés en douze classes.

LA GALERIE DES MANUSCRITS

Est composée d'environ soixante-douze mille manuscrits.

Le 14 janvier 1805, le pape Pie VII a visité cette curieuse bibliothèque, ainsi que tous les souverains alliés en 1814.

Cette bibliothèque a fait une grande perte dans la personne de M. *Capperonnier*, conservateur et administrateur depuis cinquante ans, décédé en octobre 1820. Heureusement pour la bibliothèque et pour le public qui fréquente cette riche collection, M. *Van-Praet*, collègue de M. Capperonnier, peut encore lui survivre vingt ans. M. *Van-Praet* est l'homme le plus érudit de l'Europe.

ACADÉMIE ROYALE DE MUSIQUE.

Rue de Richelieu.

Cette salle, nommée aussi *Opéra*, fut construite en 1793 sur les dessins de Louis, et ouverte pour la première fois le 28 juillet 1794. L'académie était en 1671, rue Mazarine; en 1672, rue de Vaugirard, près le palais du Luxembourg. En 1673 au Palais-Royal, dans la partie méridionale de la cour des Fontaines, incendiée en 1763; en 1764 elle était au palais des Tuileries; en 1770 on bâtit une nouvelle salle, cour des Fontaines, Palais-Royal, d'après les dessins de Moreau, sur les débris de l'ancien Opéra; il fut encore incendié, le 8 juin 1781; et la même année, le 27 octobre, on fit l'ouverture de la salle provisoire de la porte Saint-Martin, construite sur les dessins de Le Noir, en six semaines, et qui existe encore. On y a joué l'opéra jusqu'au 28 juillet 1794, que l'on prit possession de celle de la rue de Richelieu, qui n'a rien de remarquable.

La pompe, la richesse des décorations, l'effet plus qu'enchanteur qu'elles produisent, le luxe et la sévérité des costumes, l'art étonnant du machiniste, sont portés au plus haut degré de perfection. Les nombreux musiciens du premier mérite qui composent l'orchestre, et la supériorité des talens que l'on y voit briller dans le chant et la danse, enlèvent l'admiration des spectateurs, et font de ce théâtre le premier spectacle de l'Europe. *Goldoni* appelait ce spectacle, le paradis des yeux, l'enfer des oreilles.

L'abbé *Perrin* fit les premiers opéras, que Lambert mit en musique ; ensuite *Lulli*, *Rameau*, *Gluch*, *Piccini*, etc.

L'Opéra a quitté les plumes d'autruche, et a adopté le vrai costume. M. Adrien, qui se montra toujours sévère dans son costume, est le premier qui, dans l'opéra d'*Astyanax*, ait adopté le *pilidion* dans le rôle d'Ulysse. Cette innovation eut un heureux succès, et a été imitée au théâtre Français, dans le même rôle.

Dans le carnaval les bals masqués à l'Opéra attirent toujours un grand concours d'étrangers et des premières sociétés de la capitale.

Le 18 vendémiaire an IX (17 octobre 1800), le premier consul *Buonaparte* étant à l'Opéra, *Demerville*, *Cerarchi*, *Aréna* et *Topineau Lebrun*, dénoncés comme ayant le projet d'assassiner Buonaparte, furent arrêtés dans les couloirs; on les trouva, dit-on, munis de poignards; ils furent tous quatre décapités le 10 nivôse suivant.

Le 13 février 1820 le duc de Berri a rendu les derniers soupirs dans cette salle en présence de la famille royale, accourue à la nouvelle de son assassinat. (*Voyez* rue Rameau.)

Derrière la salle de l'Opéra, *rue de Louvois*, est la salle de théâtre construite vers la fin du siècle dernier, pour la troupe dirigée par M. Picard, qui a été réunie au théâtre de l'Odéon en 1800. Elle a servi de magasin de l'Académie de Musique, où est provisoirement l'Opéra Buffa. Depuis long-temps on désirait voir l'Opéra éloigné de la précieuse bibliothèque royale. On construit une nouvelle salle. (*Voyez* boulevard Italien, rue Lepelletier).

RAMEAU (Rue).

Située entre les rues de Richelieu et Sainte-Anne. Cette rue a été ouverte en 1788 sur une partie du terrain de l'hôtel Louvois. Elle eut d'abord le nom de *Neuve-Lepelletier*, qu'elle conserva jusqu'en 1806: elle prit alors, à cause de sa proximité du théâtre de l'Opéra, celui du célèbre *Rameau*, né à Dijon en 1683, et mort à Paris en 1764. C'est au coin de cette rue que, le 13 février 1820, le monstre Louvel a assassiné le duc de Berri dans les bras de la princesse son épouse, en sortant à minuit du bal de l'Opéra ! ! !

TEÉATRE FRANÇAIS.

La construction de cette salle est de l'architecte *Louis*; son péristyle est d'ordre dorique, et formé de onze entrecollonnemens ; au-dessus est un ordre piastre-corinthien ; le vestibule intérieur est de forme elliptique, et orné de trois rangs de

Théatre Français.

colonnes doriques, accouplées au premier rang, et isolées aux deux derniers, etc. La salle est bien disposée, mais les changemens faits depuis douze ans, d'après les dessins de l'architecte *Moreau*, ne sont pas heureux; les deux rangs de colonnes l'une sur l'autre en avant des loges, dont elles formaient la séparation, produisent un mauvais effet.

Cette salle, commencée en 1787 aux frais du duc d'Orléans, et ouverte au public le 15 mai 1790, fut alors occupée par la troupe des *Variétés-Amusantes*. C'est là que *Bordier*, *Volange* et *Beaulieu*, alors à la mode, faisaient rire les spectateurs.

Les comédiens français s'établirent rue Saint-Germain-des-Prés, ensuite rue Mauconseil, après dans la salle des Tuileries; en 1782, au théâtre de l'Odéon; et en 1799, rue de Richelieu. L'ouverture se fit par *le Cid* et *l'École des Maris*.

C'est à ce théâtre que les Français et les étrangers viennent admirer les chefs-d'œuvre de Corneille, de Racine, de Voltaire, de Molière, de Regnard, de Destouches.

C'est à Lekain et à mademoiselle Clairon que l'on doit l'introduction du vrai costume sur nos premiers théâtres; néanmoins ils se bornèrent à peu près alors à en exclure les paniers des actrices et le chapeau à plumet des acteurs, à introduire la peau de tigre dans les rôles scythes et sarmates, l'habit turc dans les asiatiques, et l'habit français du seizième siècle, seulement pour les hommes, dans les sujets relatifs à la chevalerie : le reste était suivant l'ancienne coutume. C'est Talma qui l'a le premier véritablement introduit. Le premier exemple du costume exactement suivi dans toutes ses parties, date de la pièce de Charles IX, et, pour les sujets tirés de l'antiquité, *de Virginie*, par la Harpe, des *Gracques*, de Chénier. Alors les dames grecques et romaines parurent pour la première fois coiffées et vêtues à l'antique; et c'est de là que le goût des habits et des coiffures à l'antique s'est répandu dans la société. Dans le *Henri VIII* de Chénier, le *Macbeth* et l'*Othello* de Ducis ; l'*Agamemnon* de Lemercier, et d'autres pièces, le costume a été suivi avec une extrême sévérité.

SAINT-THOMAS-DU-LOUVRE (Rue).

Au n° 13 est l'hôtel Longueville, maintenant les Écuries du roi, construites pour le duc de Chartres, ensuite duc d'Orléans. M. Poyet, architecte, a donné à ce bâtiment un caractère convenable à son objet. Une partie du terrain de l'hôtel Longueville est réunie aux Écuries du roi.

En 1784, pour tenir lieu l'hiver du Wauxhall de la foire Saint-Germain, qui venait d'être abattu, M. Lenoir-Leromain architecte, imagina, pour balancer la dépense avec le produit qu'on en pouvait tirer, en raison de la cherté du terrain, à l'angle formé par la rue Saint-Thomas-du-Louvre et la rue de Chartres, de construire ce Panthéon au premier étage du bâtiment. Ce moyen fournit aux voitures la facilité d'y descendre à couvert, sous un vestibule décoré de colonnes doriques sans bases.

Des trottoirs construits autour de ce vestibule mettent les gens à pied à l'abri des voitures.

La principale façade est rue de Chartres ; elle est décorée de six colonnes doriques sur plate-bande et sans base.

En 1790, M. Lenoir imagina de construire la salle du

THÉATRE DU VAUDEVILLE.

Cette salle fut ouverte le 12 janvier 1792. Le spectacle fut fondé à cette époque par Piis, Barré, Radet, Desfontaines et Rosières, auxquels se joignirent bientôt Deschamps, Ségur, Bourgueil, Prévôt, d'Ivry, Dupaty, etc. C'était à peu près l'ancien théâtre de la foire, ou notre opéra-comique dans son origine, mais avec une meilleure musique.

La gaîté franche des pièces que l'on y joue, la bonté de son ensemble, y attirent le public.

Après la mort de Marat, non-seulement son buste était dans tous les salons, mais dans tous les spectacles. En 1793; le buste de Marat du théâtre du Vaudeville fut par mégarde enlevé par l'une des cordes des décorations, et renversé par terre; cet événement faillit proscrire les auteurs, acteurs et spectateurs.

(1801, 14 mai.) Un fameux procès qui n'a pas encore été jugé, entre les poulardes de la Flèche et celles du Mans, et dans lequel les avocats Billecoq et Chauveau-Lagarde figurent, donna lieu à une petite pièce jouée sur ce théâtre, qui obtint beaucoup de succès.

Le fameux bureau d'esprit connu sous le nom d'hôtel de *Rambouillet*, et où se trouvait mademoiselle Scudéri, se tenait rue Saint-Thomas-du-Louvre, où était aussi l'église de Saint-Louis, qui est démolie depuis 1810.

Piron a demeuré dans cette rue, après avoir fait la Métromanie.

CHATEAU-D'EAU,

Place du Palais Royal.

L'entrée du Château-d'Eau occupe le fond de cette place ; il est au coin de la rue Froidmanteau. Il fut élevé en 1719 sur les dessins de Cotte, architecte ; ce château contient des réservoirs d'eau de la Seine et d'Arcueil. Un avant-corps formé par quatre colonnes doriques est couronné par un entablement et un fronton, au-dessus duquel est un fleuve et une naïade, par Coustou le Jeune : des bossages rustiques et vermiculés ornent son architecture. Dans la niche du milieu, décorée de congellations, est une fontaine. A gauche du Château-d'Eau, est le

CAFÉ DE LA RÉGENCE,

Célèbre pour les joueurs d'échecs : c'est là que J.-J. Rousseau jouait avec Philidor ; c'est dans ce café que l'empereur de Russie père d'Alexandre, voyageant sous le nom de comte du Nord, fit un pari d'un louis qu'il gagna par un coup d'échec qui présentait beaucoup de difficulté. Le comte du Nord, inconnu, donna ce louis au garçon limonadier, et sortit de suite. Cette générosité le fit reconnaître.

A côté est l'hôtel d'Angleterre, maison de jeu où se réunissent toutes les nuits ce qu'il y a de plus crapuleux, joueurs, filous, voleurs sans domicile, que la police y trouve souvent. Le propriétaire de cette maison reçoit tous les matins cent cinquante fr. pour la location seulement de trois salles. C'est un ancien huissier qui a fait fortune.

PALAIS-ROYAL.

Ce fut le cardinal de Richelieu qui le fit commencer en 1729 par Jacques Lemercier : on le nommait alors *Palais-Cardinal*. Il fut construit sur les ruines des hôtels de Mercœur et de Rambouillet, et achevé en 1686. Richelieu, à sa mort, en fit cadeau à Louis XIII. Après la mort de ce prince, Anne d'Autriche, reine de France et régente du royaume, quitta le Louvre pour venir habiter le Palais-Cardinal avec ses deux fils, Louis XIV et le duc d'Anjou : alors il fut nommé *Palais-Royal*. Louis XIV en céda l'usufruit à *Monsieur*, son frère unique, et en donna la propriété à son petit-fils le duc de Chartres. Il y existe mainte-

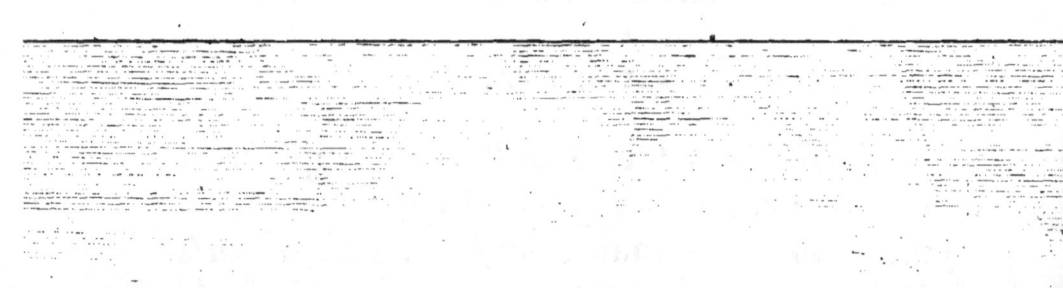

nant très-peu des bâtimens construits par le premier architecte.

Lors de la reconstruction de la salle de l'Opéra qui fut brûlée en 1781, on bâtit la façade du Palais-Royal du côté de la rue Saint-Honoré, sur les dessins de Moreau. Cette façade offre deux pavillons ornés de colonnes doriques et ioniques, et couronnés d'un fronton chargé de figures sculptées par Pajou. Un mur percé de portiques unit de chaque côté les pavillons aux trois superbes portes qui servent d'entrée. Les deux ailes sont ornées de deux ordres, l'un dorique, au rez-de-chaussée, surmonté de l'ionique au premier étage, couronnés de frontons triangulaires, dont les tympans sont ornés de chiffres et de figures. L'avant-corps du fond de la première cour est percé de trois arcades dont le dessous forme un vestibule décoré de colonnes qui conduisent au grand escalier, remarquable par sa forme imposante et par ses belles proportions. La rampe de cet escalier est un chef-d'œuvre de serrurerie; la seconde cour est fermée provisoirement par des galeries sous lesquelles est un vestibule qui conduit au jardin. Les appartemens du palais, qui sont d'une grande beauté, renfermaient autrefois une collection de tableaux de toutes les écoles et des plus grands maîtres : cette collection, qui avait coûté des sommes immenses au régent, fut vendue par Philippe d'Orléans, savoir, une partie à *Edouard Valkens*, pour soixante-quinze mille francs ; ceux des écoles flamande et hollandaise, en 1792, à un Anglais nommé *Plade* ; les pierres gravées au nombre de quatorze cent soixante-huit, furent achetées quatre cent soixante mille francs par le *baron* de *Grimm*, pour le compte de l'impératrice de Russie.

Les appartemens de ce palais ont subi plusieurs métamorphoses pendant le cours de la révolution. Après la mort de Philippe d'Orléans, on en fit des salles de vente, des cafés, des tabagies et des salles de jeu ; on y donna aussi des bals.

En l'an 4 une commission militaire y fut installée.

On fit construire ensuite une jolie salle pour les membres du tribunat. Le président et les deux questeurs logaient dans ce palais, qui fut nommé *Palais du Tribunat*.

Par arrêté du conseil-général de la commune de Paris, du 15 septembre 1792, le duc d'Orléans fut autorisé de porter à l'avenir le nom de *Louis-Philippe-Joseph Égalité*; son Palais Égalité : le jardin fut nommé *jardin de la Révolution Égalité.*

Au retour de Louis XVIII en 1814, le duc d'Orléans prend possession du Palais-Royal; il le fait meubler.

Pendant l'interrègne de Louis XVIII, par le retour de Buonaparte de l'île d'Elbe, le 11 août 1815, son frère *Lucien Buonaparte* arrive à Paris et s'installe au Palais-Royal; et malgré qu'il eût affiché le républicanisme le plus outré, au retour de son frère, il se qualifie de *prince de Canino,* s'affuble de plusieurs grands cordons, reçoit en prince les ministres et les grands dignitaires, dont un grand nombre avaient prêté serment de fidélité à Louis XVIII M. le *prince de Canino* (ou des chiens) commença à vendre les vins des caves du duc d'Orléans, et avant de partir enleva les plus beaux meubles pour en faire de l'argent.

Des deux côtés de la première cour, en face le café du Commerce, sont des boutiques de bijoutiers, de libraires, de pâtissiers, de marchands de musique, etc. Dans la seconde cour à droite, des libraires, des marchands d'estampes, et un cabinet littéraire. La salle du théâtre Français occupe le côté gauche.

Le duc d'Orléans est rentré dans sa propriété de la salle et du terrain du théâtre Français.

Un fleuriste a établi dans cette cour une grande et belle serre vitrée où l'on trouve les fleurs et es arbustes les plus rares.

L'entrée du jardin du Palais-Royal est masquée par deux immenses galeries de bois. On compte cent vingt-cinq boutiques divisées en plus de quatre cents. Elles sont construites en planches de sapin, que la moindre étincelle pourrait consumer en quatre minutes, incendie qui ruinerait tous les marchands qui les occupent, et exposerait en outre les bâtimens voisins.

Les marchands des galeries de bois ont reçu plusieurs fois, depuis quatre ans, l'ordre de déménager, sous prétexte de la démolition de ces galeries, et en 1820 le duc d'Orléans a fait un bail pour trois années, à raison de plus de trois cent mille francs par an, on lui a payé une année d'avance.

En 1786, lorsque le duc d'Orléans fit construire les trois galeries de pierre autour du jardin, il devait faire une quatrième galerie du côté du palais, malgré qu'une superbe grille qui laisserait apercevoir le jardin serait préférable à une masse de pierres. Le duc d'Orléans ayant fait une spéculation d'argent, imagina la construction des deux cent vingt boutiques en bois, plus une galerie vitrée de vingt-deux boutiques du côté du théâtre Français, etc. Dans l'origine, chaque boutique de bois se louait 500 livres : elles sont portées aujourd'hui à 3,000 francs : il est reconnu que le pied carré revient à 100 fr. par année. Ce revenu considérable appartient au duc d'Orléans depuis 1816, que la ville de Paris lui a rétrocédé ses droits. On nomme les galeries de bois, *Camp des Tartares.*

Il y a beaucoup de marchandes de modes où les bonnets et les chapeaux des femmes sont exposés en étalage, comme les jambons et les cervelas aux boutiques de charcuterie. La plus jolie fille de boutique occupe la place du comptoir la plus voisine de la porte. On remarque quelques jolis minois qui sont d'un accès facile.

On se procure au Palais-Royal tout ce qui peut rendre une femme parfaite du côté du physique : des faux cheveux, des paupières et des poils...... blonds ou bruns, des yeux bleus ou bruns, des dents factices, des épaules, des gorges et des hanches, des pommades pour brunir ou blanchir la peau, des petits pots, pour former des veines sur la gorge et faire disparaître les rides, et du vinaigre qui a la vertu de......

Les hommes y trouvent des fausses cuisses et des mollets, etc., etc.

Au bout des galeries de bois, du côté du

théâtre Français, est la *galerie vitrée* nommée *camp des barbares*. Il y a des cafés, des restaurateurs, des marchands d'habits, des artistes-décrotteurs, des marchands de comestibles, ce qui donne une odeur aigre, par la réunion du poisson de mer, des fromages, fruits, gibier, pâtes, viandes cuites, etc.

Il a encore plusieurs dépôts de vins de tous les pays du monde, des contrées mêmes qui n'en produisent point, des dépôts de liqueurs des *îles* fabriquées à Paris.

Dans les souterrains de la galerie vitrée il y a plusieurs cafés dans lesquels on joue la comédie; les premiers acteurs gagnent cinquante centimes et un verre d'eau-de-vie par soirée.

L'une des meilleures spéculations du Palais-Royal est l'entreprise des *latrines publiques* ou *cabinets d'aisance*. Il n'en coûte que quinze centimes par séance, et le papier gratis : ce sont ordinairement des feuilletons de journaux. L'entrepreneur fait par jour des recettes de trois à quatre cents francs.

GALERIES DE PIERRE DU PALAIS-ROYAL.

ƒ Composées de trois corps de bâtimens uniformes, décorés de festons, de bas-reliefs, de grands pilastres composites cannelés, qui portent un entablement dans la frise duquel on a percé des fenêtres ; une balustrade dont les piédestaux supportent des vases de distance en distance, couronne ce bâtiment dans toute son étendue ; il y a quatre étages; au rez-de-chaussée, une galerie voûtée en pierre, percée de cent quatre-vingts arcades, donne le jour et l'entrée à autant de boutiques décorées avec élégance. Le soir les cent quatre-vingts arcades, sont éclairées par cent quatre-vingts reverbères, qui, avec le grand nombre de quinquets qui éclairent chaque boutique, produisent l'effet d'une illumination publique. Dans les caves des galeries sont des restaurateurs, des petits spectacles et des cafés, qui ont des orchestres et une musique des plus bruyantes pour attirer les promeneurs. Dans plusieurs entre-sols des arcades, et jusque dans les greniers, sont des colonies de femmes galantes, sous la domination de plusieurs mères-abbesses, qui leur fournissent des vêtemens à un prix fixé par chaque jour, et selon la beauté des hardes et l'intelligence de la belle, pour produire une bonne recette sur laquelle on prélève, 1° la location des hardes; 2° la nourriture; 3° une somme pour le loyer de l'appartement par chaque jour. Le superflu est partagé ; néanmoins ces filles ne gagnent rien le premier mois du noviciat.

Les jeux occupent une partie des beaux salons des galeries, dans l'autre partie sont les cordons-bleus des restaurateurs, et les plus beaux cafés.

En 1786 et 1787 chaque arcade fut louée 1200 livres ; aujourd'hui la cave seule rapporte 1,500 à 1,800 francs ; une boutique avec deux petites pièces à l'entresol 3,000 à 4,000 francs.

C'est chez le restaurateur Février, dans l'une des caves à droite, galeries de pierre, que *Páris*, garde du corps du Roi, assassina *Michel Lepelletier*, ex-président au parlement de Paris, et membre de la convention nationale, pour avoir, le matin, voté la mort de Louis XVI. Il fut surpris par *Páris* dans un des cabinets où il dînait : il lui passa son épée au travers du corps. Lepelletier mourut le lendemain. (*Voyez* place Vendôme).

Sans la révolution le duc d'Orléans aurait plus que quadruplé ses capitaux : les cent quatre-vingts arcades ont été vendues comme propriété nationale, ce qui a fait la fortune des premiers acquéreurs : un propriétaire de trois arcades loue 40 francs par jour trois pièces au premier à un limonadier qui a employé plus de 100,000 francs pour la décoration de son café ; mais comme tout ce qui brille n'est pas d'or, le *modeste* propriétaire va tous les soirs prendre sa demi-tasse de café, la paie au comptoir, au même moment on lui met dans la main deux pièces d'or de 20 francs. Les propriétaires des arcades où il y a des jeux se font payer aussi tous les soirs, indépendamment d'un intérêt dans la banque des jeux.

Les choses les plus nouvelles se trouvent chez les marchands de nouveautés du Palais-Royal ; là, est déposé tout ce que l'art produit journellement. Les plus belles étoffes, les plus beaux bijoux sont exposés dans les galeries de pierre, derrière des devantures de belles boutiques vitrées et ornées de grandes glaces transparentes depuis le bas de la porte jusqu'au plafond.

JARDIN DU PALAIS-ROYAL.

Ceux qui ont connu l'ancien jardin du Palais-Royal regrettent encore l'ancienne allée des maronniers. Elle occupait toute la longueur de ce jardin, et procurait un couvert impénétrable aux rayons du soleil : aussi les femmes y paraissaient-elles toutes jolies. C'était le rendez-vous de toutes les courtisanes, et même des femmes de qualité, qui, le soir, se faisaient un plaisir de passer pour des grisettes. Dans ce temps, les hommes ne pouvaient s'y promener qu'en grande tenue et avec l'épée.

Le cardinal de Richelieu dépensa plus de 300,000 livres pour faire courber les branches des maronniers. Il fit à cet effet poser des cercles de fer à chacune des principales branches.

Ce nouveau jardin date de 1786 ; on en a changé plusieurs fois la distribution, on y compte quatre cent quatre-vingt-huit arbres. Dans la belle saison il est embelli par beaucoup d'orangers.

La plantation est en général bien ordonnée, mais les arbres viennent avec peine : la hauteur des bâtimens au milieu desquels

ils se trouvent, concentre l'air, les étouffe, et empêche la végétation.

M. Louis, architecte du Palais-Royal, demandait à un de ses amis comment il trouvait les bâtimens du jardin; il lui répondit : *Ils seraient beaux sans toits.*

Un étranger dit, en entrant pour la première fois dans ce jardin : « Voilà une belle cour, *c'est dommage qu'il y ait des arbres dedans.* » Le duc d'Orléans avait fait construire en 1791, dans le milieu du jardin, un bâtiment souterrain, appelé le *Cirque*, ou étaient une salle de spectacle et autres curiosités, et plus de cinquante boutiques : au-dessus de ce bâtiment était un joli jardin. Ce monument a été consumé en entier le 15 novembre 1798. On eu le temps d'enlever une ménagerie où se trouvaient un lion et des machines précieuses pour les arts. Le beau et le premier modèle d'échelle à incendie de M. Désaudray y fut brûlé.

En 1817 on a construit au milieu de ce jardin une grande pièce d'eau : dix-neuf jets d'eau forment une superbe gerbe, dont l'eau s'élève à cinquante pieds. Le bassin circulaire a soixante-deux pieds de diamètre et deux pieds de profondeur. De chaque côté est une pièce de gazon.

C'est dans ce jardin que se sont faits en 1789, à l'époque de la révolution, les premiers rassemblemens. On y arbora la cocarde nationale.

Le 3 mai 1791 on brûla l'effigie du pape.

Le 27 juillet 1792 on y brûla aussi l'effigie du marquis de La Fayette, commandant général de la garde nationale parisienne ; et à la même époque, M. d'Espremenil, conseiller au parlement de Paris, y fut déshabillé et plongé dans le bassin.

En l'an 3, 7 pluviôse (26 janvier 1795), on y a brûlé un mannequin représentant un membre du club des Jacobins ; les cendres en furent ensuite jetées dans l'égoût Montmartre, avec cette inscription : *Panthéon de la société des Jacobins.*

PROMENADES DU JARDIN DU PALAIS-ROYAL, ET MOEURS DES PROMENEURS.

Dès l'ouverture du jardin on y aperçoit des hommes et des femmes qui cherchent dans les endroits où l'on s'est assis la veille les objets qui pourraient y avoir été perdus. Vers neuf heures, les employés de la trésorerie, etc., le traversent sans s'arrêter excepté les chefs de division et de bureau qui, moins pressés, prennent le chocolat au café de Foy.

De neuf à onze heures, des désœuvrés

s'y promènent nonchalamment ; ensuite des joueurs en linge sale, l'œil hagard, le teint livide, et qui ont perdu la veille tout ce qu'ils avaient, rêvent en se promenant à pas lents, les mains derrière le dos, aux moyens de se procurer de l'argent pour la journée.

A la même heure des femmes galantes, qui ont passé la nuit en ville, prennent avant de rentrer chez elles, en été, la carafe de groseille. On reconnaît ces femmes au désordre de leur toilette et à leur air fatigué. On remarque qu'elles changent toujours cinq francs ; elles vont ensuite acheter un chapeau de trente francs, qui en vaut douze, donnent les deux tiers comptant, et paient le surplus par *tempéramens*. Au sortir du jardin, elles se retirent chez elles pour y reposer leurs charmes et prendre de nouvelles forces, jusqu'à quatre heures.

Vers midi, paraissent sur la terrasse du caveau des négocians, des gens d'affaires, qui proposent telle ou telle marchandises, ou tel effet à négocier, ainsi que des ordonnances. D'autres offrent plusieurs sommes d'argent à prêter à un ou deux pour cent par mois, première hypothèque, avec les intérêts en dedans.

Dans le milieu du jardin, sous les galeries, des femmes honnêtes, des étrangères, viennent faire des acquisitions en chapeaux, en rubans, etc. Il est rare, lorsqu'elles sont une fois entrées dans une boutique de marchande de modes, qu'elles puissent résister aux minauderies et aux paroles mielleuses des nymphes de la boutique, qui affectent de faire beaucoup de complimens sur le bon goût des maris ou des étrangers qui accompagnent ces dames. Lorsqu'ils ont acheté, payé, et qu'ils sont sortis, nos nymphes s'écrient en riant : *Ah! que cet homme est gaudiche !*

De trois à quatre heures et demie, vous rencontrez beaucoup de jeunes gens à moustaches, des commis et des militaires qui ont donné rendez-vous à leurs belles, mises en bourgeoises, pour de là aller dîner aux Champs-Élysées, chez *Doyen*.

On voit ensuite des parasites qui attendent l'heure du dîner chez les grands fonctionnaires publics, et qui se promènent pour gagner de l'appétit.

C'est de cinq à huit heures que tous ceux qui ont dîné au Palais-Royal prennent la demi-tasse et le petit verre. Alors les nuances disparaissent, tout est confondu. Vous ne voyez plus qu'hommes, femmes de tous les états, bonnes (1), enfans, militaires, solliciteurs, négocians : c'est une macédoine universelle. Mais enfin, le soleil couché, toutes les nymphes descendent de leurs demeures et se précipitent dans ce jardin, au nombre de plusieurs centaines, divisées en trois classes. Celles qui se promènent sous les galeries de bois et dans les petites allées du jardin, s'appellent les *demi-castors*, celles des galeries sont les *castors*, et celles de la terrasse du caveau sont les *castors fins*.

Dans cet instant l'affluence du monde est immense. Ce sont, 1° des étrangers et autres amenés par la curiosité, 2° les gardes du corps de nos nymphes, et que l'on appelle *MM. les joueurs*; 3° les employés des jeux; 4° les jeunes gens; 5° les vieux libertins; 6° les militaires; 7° les calculateurs de martingales; 8° les marchands de mouchoirs; 9° les marchands de montres d'occasion ; 10° enfin les filous, grands et petits, et dans

---

(1) Nous recommandons aux mères de famille de surveiller les personnes auxquelles elles confient leurs enfans, qui souvent sont livrés à eux-mêmes pendant que les gouvernantes vont retrouver des militaires ou autres à qui elles ont donné des rendez-vous.

toutes les parties. Cette confusion générale dure jusqu'à dix heures, que ce peuple vide le jardin et se rejette dans les maisons de jeu, chez les prostituées, et dans tous les repaires qui environnent et avoisinent l'enceinte de ce jardin.

Une femme honnête doit donc s'interdire, le soir, la promenade dans cet endroit. Le père de famille doit y surveiller ses fils, et leur défendre de s'y trouver à cet instant.

C'est le moment du jour le plus actif pour la police.

La variété et la mobilité des tableaux qu'offre à l'observateur, à chaque instant du jour, une enceinte aussi circonscrite, seront pour lui une ample matière de réflexions.

Physionomie des maisons de jeu, dont le Palais-Royal est le point central.

Tout est mystère dans les maisons de jeu : rien de plus curieux que l'intérieur de ces vastes appartemens.

On voit en entrant dans la première pièce des hommes qu'on nomme *bouledogues* : leur consigne est de ne pas laisser entrer ceux qui leur sont consignés. A côté sont des hommes à qui on remet son chapeau et sa canne; ils vous donnent un numéro que vous rendez en sortant.

Vous entrez ensuite dans les pièces de jeux, où il y a de grandes tables ovales, autour desquelles sont assis ou debout les joueurs, que l'on nomme *pontes*. Ils ont chacun une carte et une épingle pour marquer la rouge et la noire, afin d'organiser leur jeu.

A chaque bout de la table est un homme assis, appelé *bout de table*, dont les fonctions sont de ne rien dire, mais seulement de pousser l'argent à la banque : il a un air grave comme un président des cours royales.

Au milieu de la table est celui qui tire les cartes. On appelait ces hommes-là, sur la fin du règne de Louis XIV, *coupeurs de bourses;* mais on a adouci le mot : on les nomme *tailleurs*.

Ces hommes, qui tirent les cartes pour le *trente* et *quarante*, après avoir dit : *Faites votre jeu, Messieurs ; Messieurs, faites votre jeu ; le jeu ne va plus*, d'un air assuré, prononcent les arrêts par ces mots : *Rouge gagne et couleur...—Rouge perd et couleur...*

A la roulette, les *tailleurs* sont ceux qui, d'une main sûre, mettent en mouvement la fatale boule, et répètent sans cesse : *Rouge, impair et manque ; — Noir, impair et passe.*

Au *passe-dix*, chaque fois que le joueur renverse le cornet, s'il a amené, par exemple, *douze*, ils disent jusqu'à ce qu'il ait gagné, et souvent jusqu'à huit fois : *J'ai dix, j'ai douze, j'ai treize*, etc., etc.

En face du tailleur, à sa droite et à sa gauche, sont placés des hommes qu'on appelle *croupiers*; leur métier est de payer et de ramasser l'argent. Ils sont obligés, toutes les fois qu'ils touchent à l'argent, de secouer leurs mains, comme aussi de mettre leur mouchoir entre l'habit et le gilet, et d'une manière apparente.

Derrière les *tailleurs* et les *croupiers* sont des inspecteurs de jeu, dont les fonctions sont d'examiner si on paie bien. Tous ces hommes sont doublés, et font deux séances de trois heures par jour, ce qu'ils appellent *faire leur quart.*

Il y a ensuite des inspecteurs secrets, qui ne sont connus de personne : le nombre n'en est point déterminé ; leurs fonctions sont de ne rien dire, mais de surveiller et de faire leur rapport à l'administration.

Ensuite, les *messieurs de la chambre*: leur métier est de distribuer les cartes aux pontes, et de les abreuver de bière.

Viennent après ceux qu'on appelle les *maîtres de maison;* ceux-là sont supérieurs, ou ce sont eux qui sont appelés pour juger les différends. *Quels juges* !!!

Des lampistes à chaque table.

Des monteurs de bière.

Ensuite le *grand-maître*, qui fournit le local, l'huile, le tapis, la bière, etc.

Le reste de la pièce est composé de pontes, que l'on divise entre Jean qui pleure et Jean qui rit. On y voit des individus de tout âge. Il se trouve toujours à côté des nouveaux joueurs des hommes qui ont l'air de les protéger, et qui leur disent sans conséquence : « Si c'était moi, je jouerais la rouge ou la noire, ou l'inverse. » Comme ces hommes ont l'air de connaître le jeu, les étrangers suivent leurs avis : s'ils perdent, les conseillers disparaissent ; s'ils gagnent, ils s'approchent d'eux, les félicitent, leur font entendre qu'ils ont gagné par leurs conseils, et finissent par leur demander

10 fr. à emprunter. Beaucoup d'habitués de ces maisons ne subsistent que de ce genre de commerce.

Quand un homme arrive au jeu, les tailleurs et tous les employés ont le tact de deviner ce qu'il a dans sa poche. Lorsque la somme est digne de fixer leur attention, on lui fait beaucoup de politesses, on lui offre un siége, on le place commodément; et s'il ne paraît pas au courant du jeu, on lui explique les *bonnes chances*, c'est-à-dire les écueils.

Il y a encore une pièce garnie de canapés, qu'on appelle la *chambre des blessés*. Ceux qui ont perdu leur argent sont étendus sur ces canapés, pâles, défaits, dormant la bouche béante, en attendant que quelqu'un vienne leur donner 30 sous pour dîner le lendemain.

Nous avons remarqué au n° 9, dit partie des *arcades*, qu'on y joue au trente et un, à la roulette et au craspe; heureusement les femmes n'entrent plus dans cette maison. Il faut être muni d'une carte de l'administration pour y entrer. Ils'y joue assez gros jeu; on y fait néanmoins la partie de 3 fr.: on appelle ceux-là *carotteurs*; ceux qui jouent

50 et 100 louis d'un coup s'appellent *brû-leurs*.

A côté du jeu n° 9 était encore il y a quatre ans le bal du prix fixe, que les jeunes gens appelaient *Pince c.. moral et sentimental.* Ce bal commençait à minuit ; il communiquait aux salles de jeux, qui se prolongeaient, ainsi que le bal, jusqu'à cinq à six heures du matin.

Les femmes qui composaient cette réunion étaient exclusivement des filles publiques habituées.

Il n'y avait pas de tableau plus curieux et plus hideux que ces femmes, à six heures du matin ; leurs débauches étaient peintes dans tous leurs traits déformés par la liqueur, le punch, etc., etc., etc.

Le restaurateur qui y était établi vendait dix fois plus cher que les autres, étant obligé de payer une forte rétribution au propriétaire du jeu, et des gratifications à chacune des filles qui procuraient du débit.

Tous les amans ou les souteneurs de ces filles (dits maq.......) fréquentaient ce bal, ainsi que des joueurs, des filous, des voleurs et des assassins. Malheur aux jeunes gens qui ont fréquenté deux fois seulement ce séjour d'immoralité, ils sont perdus moralement et physiquement pour la vie : plus de vingt mille en ont été victimes.

Les filles qui fréquentaient les maisons de jeu demandaient toujours 3 liv. ou 6 liv. pour jouer, ou proposaient de jouer à ceux qui n'étaient pas habitués.

On remarque que les banquiers traitaient ces femmes avec les égards qu'on doit aux femmes honnêtes.

Ces filles sont prévenues par leurs affidés lorsqu'un joueur a gagné, surtout si c'est un étranger ou un provincial. Au bas de chaque escalier des jeux il se trouve sept à huit nymphes qui l'entourent et l'accablent de caresses. La plus rusée lui dit qu'elle le connaît, qu'il est de tel endroit, qu'elle en est aussi ; elle va jusqu'à lui nommer même quelques personnes : alors il tombe tout-à-fait dans le piége. On l'entraîne au café Borel, ou à celui des Aveugles. Là, on prend force punch ; la tête s'échauffe : le limonadier, au fait de ce stratagême, dit à ses garçons : Servez donc madame. Les autres nymphes viennent de temps en temps faire une incursion au bowl de punch ; ensuite il en vient d'autres ; les caresses, les minauderies échauffent l'imagination de notre provincial; elle saisit cet instant pour lui dire qu'elle est bien malheureuse, qu'elle a été bien établie, mais que les banqueroutes l'ont ruinée; que tous ses effets sont en gage, et qu'elle n'a plus d'autre ressource que de se jeter à l'eau : ému, attendri, il lui donne quelque argent; mais, comme elle sait ce qu'il a gagné, pour avoir le reste elle l'invite à souper.

N° 113. Maison de jeu composée de huit grandes pièces; il y a six tables à la roulette, une table de passe-dix et une de biribi. On commence la partie à dix heures du matin et on ne quitte qu'à minuit : chaque table coûte 700 francs de frais : il est difficile de se figurer le genre d'individus qui composent ce rassemblement. On y voit des ouvriers de toutes les classes, qui jouent trente sous, et laissent leurs enfans manquer de pain.

N°. 129. On y joue au trente et un et à la roulette.

N°. 154. Maison de jeu où l'on joue au trente et un; c'est là que se font les grandes parties. On voit jouer 30,000, 40,000 et 50,000 fr. Pendant le séjour à Paris des armées alliées, on y jouait le Pharaon, jeu favori des Russes et des Prussiens.

Il y a aux environs de chaque maison de jeu des prêteurs sur gages. Il est des joueurs dont les montres, d'une valeur de 600 fr., ont payé 600 francs d'intérêts dans le courant d'un mois. Aujourd'hui le banquier, pour ruiner plus promptement les joueurs, prête sur gages.

On a remarqué, dans l'un des bâtimens d'une maison de jeu, un traiteur, un couvent de filles, une maison de prêt, un armurier, et un prêtre logé au quatrième; de manière qu'un joueur ruiné, qui avait quelque souvenir de religion, pouvait se confesser avant de se suicider.

Un ponte nouveau pour le tailleur se présente-t-il, surtout au biribi, ou au passe-dix; y débute-t-il par ponter gros, et sans suivre ce que l'on appelle *les cabales*, aussitôt on lui fait un accueil distingué. Messieurs, dit le tailleur, reculez-vous, s'il vous plaît; faites place à monsieur. — Monsieur, placez-vous là; vous y serez plus commodément; votre cuillère est trop longue, prenez-en une plus petite; messieurs de la chambre, une petite cuillère à monsieur. S'il se trompe en plaçant son argent, on le reprend avec aménité, on l'instruit avec douceur : — Monsieur, cette

chance rapporte seize fois la mise, celle-c
huit fois, et là seulement quatre fois. —
Garçon, voilà deux fois qu'on vous demande
à boire, monsieur a demandé de la bière.
Le ponte est étonné, confus de se voir
l'objet de tant de soins ; souvent la tête lui
tourne....

Qui croira qu'un espace de terrain d'environ cent cinquante arpens renferme plus de matières hétérogènes que dans neuf mille neuf cent dix arpens que comporte la ville de Paris.

Malheureusement un très-grand nombre de jeunes gens sans expérience passent leurs plus beaux jours dans cette contrée, où le climat est plus funeste que dans le fond de l'Arabie.

Il est des étrangers qui viennent en France pour connaître tout ce qu'il y a de plus curieux dans cette capitale, et pendant un séjour de six mois ils n'ont connu que le Palais-Royal. Il est vrai de dire que c'est un lieu unique au monde. Les souverains alliés ont électrisé leurs troupes en leur promettant de leur faire voir le Palais-Royal. Du fond de la Russie les Cosaques disaient : Nous allons au Palais-Royal.

PASSAGE DU PERRON *du Palais-Royal.*

Ce passage, qui n'a pas huit pieds de largeur, contient douze petites boutiques; marchandes de modes, magasins de pâtisserie, artistes décrotteurs, etc. Si l'on faisait payer cinq centimes à tous ceux qui traversent ce passage, où l'on reçoit sans cesse des coups de coude, la recette par chaque journée se monterait à plus de quinze cents francs. Il est des marchands qui louent quatre pieds carrés de terrain huit cents fr. par année.

C'est au Perron qu'une partie des nouveaux riches ont fait leurs premières études, lors du commerce de l'argent. Nous en avons vu plusieurs qui avaient des sabots, un mauvais pantalon et un bonnet de poil. Là on vendait des maisons et des terres sur échantillon.

Combien de ces marchands d'argent ont actuellement de beaux châteaux, de beaux hôtels à Paris, de belles voitures qui éclaboussent leurs camarades moins heureux, et qui sont réduits à vendre au même endroit la liste des numéros sortis de la loterie, les journaux, etc., etc.

Le *passage* dit *Radzivill*, qui donne rue des Bons-Enfans, est aussi très-fréquenté. Si l'on n'en avait pas ferré les marches, il aurait fallu les renouveler tous les huit jours. On y voit des marchands en tous genres ; gravures, porcelaines, figures en bronze, ou l'imitant; grosse mercerie, objets en cuivre doré ou en ayant la couleur, et toujours des marchands de comestibles, ainsi que des artistes décrotteurs. Ce passage est très-sombre ; les filous ne manquent pas de le fréquenter.

Le coutelier qui est à l'entrée du côté du Palais-Royal, est très-renommé depuis plus de trente ans.

Cette maison a douze étages d'élévation ; elle renferme une légion de prostituées.

VALOIS (Rue de).

Ci-devant du Lycée républicain. On voit au n° 2 l'*Athénée de Paris*, où la Harpe faisait son cours de littérature, le poète Chénier son cours d'histoire et de littérature ; l'abbé Delille y lisait aussi des vers. On y entend des professeurs du premier mérite.

CHARTRES (Rue de).

C'est l'une des rues désignées par saint Louis pour les femmes prostituées. Cette rue était alors hors de Paris. On y rencontre tous les soirs un essaim de filles publiques, plus dégoûtantes les unes que les autres; c'est le rebus des magasins de prostitution du Palais-Royal.

Vis-à-vis est l'un des plus anciens et des meilleurs restaurateurs de Paris, à l'enseigne du *Fidèle-Berger*.

GALERIES MONTESQUIEU.

Construites en 1811 dans le cloître Saint-Honoré. L'église a été démolie en 1792. On lui a donné le nom de Montesquieu, communiquant à la nouvelle rue de ce nom. Ces galeries représentent un petit Palais-Royal. Des marchands de draps, de nouveautés, des cafés, des restaurateurs, la librairie des livres d'éducation de Pierre Blanchard, auteur; et le spectacle mécanique de M. Pierre.

Au-dessous d'une des galeries est un café souterrain où l'on fait de la musique; c'est un rendez-vous de *femmes galantes* en quatrième ligne.

MONTESQUIEU (Rue).

Percée depuis quelques années. Elle porte le nom du célèbre auteur de l'*Esprit des lois*, mort à Paris en 1755. On remarque dans cette rue les bains dits de Montesquieu, les enseignes des divers marchands, dont la première, à l'angle à droite du magasin de bas, représente M. *Dumolet;* à un marchand de draps, l'*Avocat patelin;* une autre donne une idée de l'éruption d'un volcan, et a pour titre au *Mont-Vésuve*, enseigne qui n'a point d'analogie avec un marchand de draps : entre les deux passages se trouve la *Baigneuse galante;* à côté de la boutique d'une lingère, est la boutique d'un charcutier, où l'on voit un comptoir en marbre, de grandes glaces, un superbe lustre, des grilles dorées, et cinq à six cents cervelas peints et dorés, des jambons, etc., qui décorent l'extérieur. Jamais les marchands n'ont autant prodigué l'or pour parer leurs magasins, afin d'attirer les acheteurs.

BONS-ENFANS (Rue des).

Au n° 19 est l'hôtel de la chancellerie du duc d'Orléans.

On voit un grand tableau qui annonce le magasin du célèbre Schmidt, facteur de pianos et de harpes.

CROIX-DES-PETITS-CHAMPS (Rue).

Le corps-de-garde dit de la Barrière-des-Sergens, au coin de cette rue, est démoli depuis quinze ans. Cette barrière était la troisième clôture de Paris, en 1204, sous Philippe-Auguste.

Le café de la Barrière-des-Sergens est rue Saint-Honoré, près de cette rue.

COQ (Rue du).

Toutes les maisons sont neuves et bien bâties. La congrégation de l'Oratoire a fait construire les maisons du côté gauche peu d'années avant la révolution.

On remarque dans cette rue le grand magasin de couleurs pour la peinture, etc., de M. Giroux, peintre, et élève de David. Il tient aussi un assortiment considérable de tableaux des premiers maîtres. Du même côté est le café où se réunissent tous les soirs les auteurs des spectacles du Vaudeville, des Variétés, de la Porte-Saint-Martin et des boulevarts du Temple; plusieurs libraires, MM. Grabit et Jouhanos.

Tous les passans s'arrêtent devant la boutique de librairie de M. Martinet. On y voit tous les jours de nouvelles caricatures qui fixent l'attention des *gobe-mouches*, ou *musards*, dits de la rue du Coq. Il n'appartenait qu'à M. Martinet, excellent dessinateur, de faire ce genre de commerce, devenu considérable.

ÉGLISE DE L'ORATOIRE.

De la ci-devant *congrégation de l'Oratoire*, qui fut supprimée en 1790; aujourd'hui un des temples du culte protestant. Cette maison était le chef-lieu de l'ordre qui fut institué en 1011, par Pierre de Bérulle. Il est sorti de cette congrégation des hommes du premier mérite.

Bossuet a dit : *C'est un corps où tout le monde obéit, et où personne ne commande.*

La caisse d'amortissement occupe le bâtiment des anciens oratoriens.

De l'autre côté de la rue de l'Oratoire, au n° 2, était l'hôtel d'Angivillers, dont le jardin occupait une partie du terrain de la place du Louvre.

ORATOIRE (Place de l'),

Située entre la place du Louvre et la rue de la *Bibliothèque;* on la nomma en 1793 place de la *Liberté;* en 1806, place de *Marengo*, en mémoire de la bataille de Marengo; en 1814, place de l'Oratoire.

GRENELLE-SAINT-HONORÉ (Rue de).

Jeanne d'Albret, mère de Henri IV, mourut le 9 juin 1572 au n° 49. Au n° 45 est l'ancien hôtel des Fermes : au seizième siècle cet hôtel appartenait à Isabelle Gaillard, femme du président Baillot. En 1578, à Françoise d'Orléans, veuve de Louis de Bourbon; en 1612, au duc de Bellegarde; en 1634, au chancelier Séguier. L'académie française y a tenu ses séances jusqu'en 1673; et à la fin du dix-septième siècle, elle devint la propriété des fermiers-généraux, où ils tenaient leurs assemblées. Il y a un passage qui conduit rue du Bouloy. Le théâtre de M. Comte, physicien du roi, se trouve dans cet hôtel. Le bureau et l'imprimerie des Petites-Affiches de Paris s'y trouvent aussi.

J.-J. Rousseau a demeuré sept ans dans la rue de Grenelle. Cette rue est célèbre pour les bals d'hiver qui ont lieu au *Tivoli d'hiver*, n° 9.

D'ORLÉANS-SAINT-HONORÉ (Rue).

Au n° 13 est l'hôtel d'Aligre, maintenant occupé par une maison de roulage. Il y a des bains publics : les bals d'été et d'hiver sont renommés pour être le rendez-vous des femmes coquettes, et même un peu plus.

BOURDONNAIS (Rue des).

On remarque une maison qui a pour enseigne *la Couronne d'or*, où Philippe, duc d'Orléans, frère du roi Jean, a demeuré.

Il se fait dans cette rue un grand commerce en gros de soieries, toileries, draperies et rouenneries.

PROUVAIRES (Rue des).

En 1476 Alphonse V, roi de Portugal, vint à Paris. Louis XI lui fit rendre de grands honneurs, et le logea dans cette rue chez Laurent Herbelot, épicier. Les temps sont bien changés, aujourd'hui un sous-préfet ne logerait pas dans la maison d'un épicier.

D'après la démolition d'une partie des maisons de cette rue on y a établi provisoirement des halles à la viande.

VIEILLES-ÉTUVES (Rue des).

Les étuves ou bains des femmes, qui existaient dans cette rue, lui ont fait donner cette dénomination. Au quatorzième siècle l'usage des étuves était aussi commun en France qu'il l'est et l'a toujours été dans la Grèce et dans l'Asie : saint Rigobert fit bâtir des bains pour les chanoines de son église. Grégoire de Tours parle des religieuses qui avaient quitté leur couvent parce qu'on s'y comportait dans le bain avec peu de modestie. Le pape Adrien recommandait au clergé de chaque paroisse d'aller se baigner processionnellement tous les jeudis, en chantant des psaumes.

FERRONNERIE (Rue de la).

Saint Louis ayant permis à de pauvres ferronniers (marchands de fer) d'occuper des places le long du charnier des Innocens, lui fit donner le nom qu'elle porte : elle était fort étroite et embarrassée lorsque Henri IV y fut assassiné par François Ravaillac, le 14 mai 1610, à quatre heures du soir. Elle fut considérablement élargie en 1671. Cette rue est renommée pour le commerce de dorure sur cuivre.

QUAI DE LA MÉGISSERIE OU DE LA FERRAILLE.

Il fut nommé de la *Mégisserie* à cause du grand nombre de mégissiers qui y demeuraient. Il fut construit sous le règne de François Ier; ce quai est plus connu sous le nom de la Ferraille, à cause du grand commerce qui s'y fait de toutes sortes de batteries de cuisine, d'ustensiles de fer, etc.: on y trouve aussi beaucoup de marchands d'oiseaux, de graines et d'horlogerie, etc.

PLACE DU GRAND-CHATELET.

Ainsi nommée parce qu'elle est formée en partie sur l'emplacement du grand Châtelet, démoli en 1802. On a construit sur le terrain une fontaine, qui en porte le nom; c'est une colonne surmontée d'une statue en bronze doré, et représentant la Victoire: elle a plutôt l'air d'une femme qui appelle les passans.

On a abattu toutes les maisons sur cette place, du côté du quai de Gèvres, ce qui la rend plus grande et plus régulière.

On vient d'abattre aussi les deux maisons qui se trouvaient adossées à la prison, et qui étaient occupées par un traiteur, à l'enseigne *du Veau qui tette*; où l'on allait manger en partie fine des pieds de mouton *à la sainte Menehould, à l'anglaise, à l'égyptienne*, etc.

Derrière ces deux maisons se trouvaient encore deux établissemens du même genre. Un quatrième traiteur aux pieds de moutons est établi sur la place, à gauche, dans le grand bâtiment provenant des débris des salles du tribunal du Châtelet, qui est actuellement la propriété des notaires de Paris, et où ils tiennent leurs assemblées. Au-dessous est un beau café en réputation pour la quantité de sucre qu'on y donne.

M. Martin, l'un des traiteurs, vient de faire construire un superbe bâtiment qui fait face à la fontaine et au Pont-au-Change. L'intérieur de ce bâtiment est décoré avec le plus grand luxe; il y a un salon garni de glaces, qui peut contenir trois cents personnes, indépendamment d'une grande quantité d'autres pièces. Ce restaurateur peut dire avoir le plus immense restaurant de Paris.

On calcule que les quatre traiteurs aux pieds de moutons, en débitent par jour plus de cinquante mille ; on ignore les moyens qu'ils emploient pour s'en procurer une aussi grande quantité, comparée avec le nombre de moutons qui entrent à Paris chaque semaine.

C'est sur cette place que l'on fait les ventes par autorité de justice ; tous les matins vous y voyez des huissiers et des fripiers se disputer le matelas du malheureux ; et de crainte que les frais de justice n'absorbent pas toute la recette, ils ont attention d'écrire le mémoire des frais en style grec, et de porter la dépense du déjeuner qu'ils font *au Veau qui tette*, qui est pour ces messieurs le *Veau qui suce*.

Plusieurs écrivains ont prétendu que le *grand Châtelet* avait été bâti par Jules César. C'est une erreur qui vient de ce qu'une des chambres s'appelait la *chambre de César;* il y avait trop de différence entre l'architecture romaine et celle de ce bâtiment gothique ; il datait de 1684, à l'exception de quelques tours construites sous Charles V, qui les fit bâtir pour servir de porte à la ville, et tenir les habitans de Lutèce dans l'obéissance. C'était le lieu où l'on payait le tribut.

Au bas de l'escalier des salles était la *morgue*, qui donnait un air pestilentiel.

1666, 27 avril. Le lieutenant-criminel et sa femme furent assassinés en plein midi par deux nobles égarés par le désespoir de la misère. Le peuple prit cet événement pour une punition de Dieu, les connaissant pour être fort riches et fort avares. Ce lieutenant-criminel recevait de toutes mains. C'est de sa femme que Racine parle dans sa pièce des *Plaideurs* :

> Elle eût du buvetier emporté les serviettes,
> Plutôt que de rentrer au logis les mains nettes.

1790, 19 février. La cour du Châtelet a condamné le marquis de Favras, comme conspirateur contre l'état, à être pendu place de Grève.

QUAI DE GÈVRES.

Le marquis de Gèvres fit construire, couvrir et garnir de petites boutiques, qui ne furent supprimées qu'en 1786 : alors la rue de *Gèvres*, qui était au nord du quai, fut abattue pour l'élargir. Il y a beaucoup de marchands, de chiffons ; de vieille féraille, de vieux souliers, etc.

QUAI PELLETIER.

On voit sur ce quai, beaucoup trop étroit, des orfèvres et bijoutiers qui étalent des milliers de montres en argent.

Nous allons revenir à la rue Saint-Denis, et à la

LOMBARDS (Rue des).

Elle tire son nom des *usuriers lombards* qui vinrent de la Lombardie s'établir dans cette rue, vers la fin du douzième siècle. Ces usuriers ne prêtaient qu'à des intérêts exhorbitans, c'est-à-dire, à 10 et 12 pour 100 par année : ils en furent chassés au quatorzième siècle, par Charles IV, pour cause d'usures.

Les temps et les mœurs sont bien changés, car aujourd'hui les nouveaux *Lombards* se trouvent dans tous les quartiers de Paris. Un grand nombre sont propriétaires des plus beaux hôtels ; ils ont la réputation de gens comme il faut, c'est-à-dire, comme il n'en faudrait pas : ces *honnêtes gens* prêtent jusqu'à 4 et 5 pour 100 par mois, souvent sur nantissement : ainsi l'on doit réparation d'honneur aux anciens Lombards.

La rue des Lombards est très-renommée pour le commerce de l'épicerie, de la droguerie, et pour les confiseurs: les principaux magasins sont à l'enseigne *du Grand Monarque*, *du Fidèle Berger*, et *à la Renommée*, où l'on peut se procurer les bonbons qui, depuis 1789, ont porté les noms de tous les gouvernemens, et des hommes puissans qui se sont succédés.

BATAVE (Cour), au n° 124,

Construite de 1792 à 1795, sur l'emplacement et dépendances de l'église du Saint-Sépulcre, terrain acheté par des banquiers hollandais, MM. Vandnyvert, établis à Paris à l'époque de la révolution, et qui en ont commencé la construction ; mais le 17 novembre 1793 (27 frimaire an II), le père Vandnyvert et ses deux fils furent décapités, sous prétexte qu'ils avaient fourni des capitaux à la courtisane Dubarry, à M. Rohan-Chabot, et à l'archevêque de Rouen M. de la Rochefoucault. Cette cour a été nommée *Batave*, en 1795, c'était le nom que portait la nouvelle république de Hollande. Les corps de bâtimens de cette cour sont immenses ; il y a plus de cinquante boutiques. C'est un passage qui conduit au cul-de-sac de Venise.

MARCHÉ DES INNOCENS.

Formé sur le terrain de l'église des *Saints-Innocens*, démolie en 1795, et le cimetière du même nom, où pendant des siècles on a enterré les Parisiens, sans distinction de rang, de dignités et de fortune. Tous les restes ont été portés dans les catacombes de Mont-Rouge. (Voir cet article).

Ce marché est le centre où arrivent, tous les jours les provisions de Paris, et où viennent s'approvisionner les autres marchés, à l'exception de la volaille.

C'est depuis minuit jusqu'à six heures du matin qu'il faut aller pour avoir une idée de l'immense quantité de denrées nécessaires à la consommation de la grande population de la capitale. Les particuliers ont seuls le droit d'acheter jusqu'à cinq heures en été, et six en hiver, ce qui est annoncé par une cloche pour l'enlèvement ; mais avant l'ouverture, les marchands, d'un clin d'œil, ont accaparé la plus grande portion des provisions.

Les Parisiens se sont amusés pendant

très-long-temps, des expressions burlesques et des juremens des poissardes : on copiait leur langage. *Vadé* s'est distingué dans ce genre; mais le règne des calembourgs a fait passer le langage des halles et marchés au théâtre des Variétés ; en outre, la révolution ayant changé les mœurs, les dames parlent politique, lisent les journaux, commentent les lois, et critiquent les discussions sur la liberté de la presse. C'est aux halles et aux marchés que les députés des deux chambres et le ministre de la police devraient aller pour connaître l'opinion publique, et non dans les salons.

Avant la révolution, les dames des halles avaient le privilége, à la naissance d'un fils de France, au premier jour de l'an, etc., d'aller à Versailles complimenter le roi, la reine et les princes ; on leur servait ensuite un très-bon dîner au grand-commun ; un des premiers officiers de la maison du roi était chargé de faire les honneurs.

Ces dames ont obtenu la jouissance de leur ancien privilége au retour de Louis XVIII.

Buonaparte n'a jamais voulu recevoir les complimens des dames de la halle, il craignait la franchise de leur langage, dont elles n'ont cessé de jouir durant le despo-

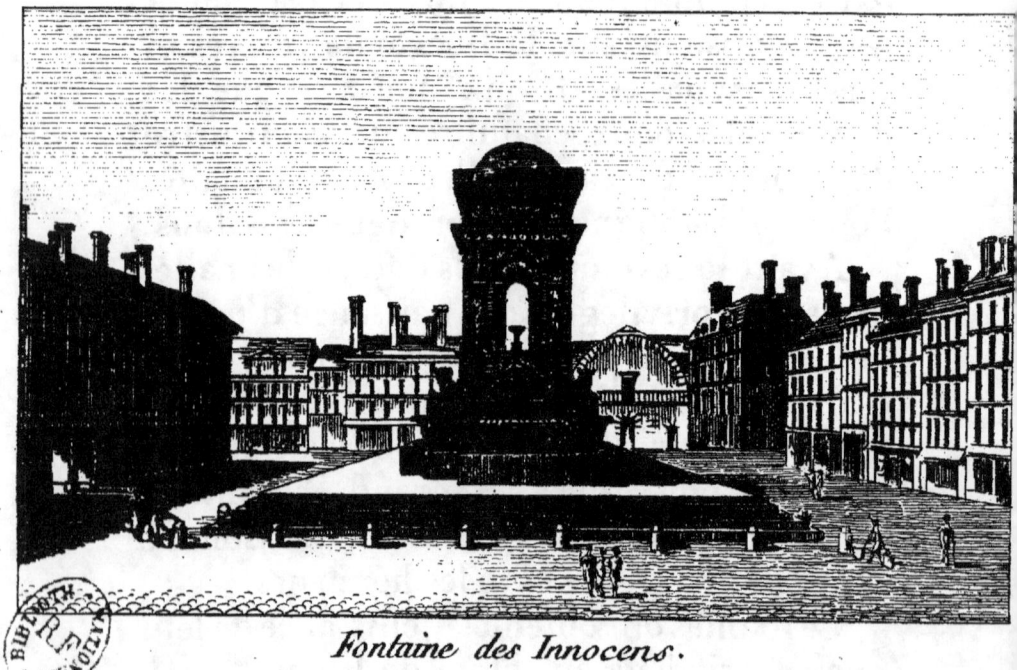
Fontaine des Innocens.

tisme des divers gouvernemens. Une chose remarquable, c'est que, même sous le régime de la terreur, les tyrans n'ont pas osé en frapper une seule.

Il règne parmi les dames des halles un bon sens, un esprit de justice et de charité qui peuvent servir de leçon à beaucoup de femmes riches.

Le 8 octobre 1820 les dames des halles et des marchés qui n'ont pas été du nombre de celles invitées au banquet que la ville de Paris a donné en réjouissance de la naissance du duc de Bordeaux, aux diverses corporations, n'ont pas voulu que la fête se fît sans qu'elles en prissent leur part ; elles se sont cotisées pour dîner toutes ensemble. Des tables ont été placées sur le carreau de la halle aux poissons ; le soir elle ont dansé sur le carré de la halle au beurre : le public a admiré l'ordre qui a régné dans cette fête de famille.

FONTAINE DES INNOCENS,

Située au milieu de la place de ce marché ; c'est l'une des plus belles fontaines de Paris ; elle était anciennement au coin des rues Saint-Denis et aux Fers : aux quatre faces du soubassement sont quatre carrés sur lesquels sont posés quatre vastes bassins en plomb de forme antique, avec leur patte en forme de lion, du même métal. Au-dessus, et sur les quatre angles du socle, sont quatre lions égyptiens, aussi en plomb, moulés à Rome sur ceux de la fontaine *Termini*, qui doivent fournir chacun un jet, et le verser dans les bassins dont nous venons de parler. Au-dessous et dans le vide de la fontaine, on voit à travers les quatre portiques un bassin de métal élevé sur un pied-douche très-svelte. On lit sur de petites tables en marbre noir, cette inscription, qui annonce que ce beau monument avait été dédié aux nymphes des fontaines :

Fontium Nymphis.

On y a aussi gravé ces deux beaux vers latins, composés en 1689 par le poète Santeuil :

Quos duro cernis simulatos marmore fructus
  Hujus nympha loci credidit esse suos.

La sculpture de ce beau monument est de Jean Goujon.

CHARNIERS DES INNOCENS.

On a parlé long-temps des écrivains des charniers des Innocens, qui faisaient des placets pour cinq sous : ceux pour le roi et pour les ministres se payaient douze sous, attendu, disaient-ils, qu'il y entrait de la bâtarde, et que le style en était plus relevé. Ils vendaient aussi des billets de confession pour le même prix.

Il y a trente ans, les lingères de ce quartier et de la rue Saint-Denis avaient une toilette d'une coquetterie simple ; toutes avaient de petits bonnets ; aujourd'hui leur mise est la même que celle des filles de boutique du Palais-Royal.

PILIERS DES HALLES.

Situés entre les rues Saint-Honoré et de la Tonnellerie.

C'est aux piliers des halles que Charles V, encore dauphin, haranguait la multitude contre Charles-le-Mauvais, roi de Navarre.

Les piliers des halles datent du règne de Louis XI : l'emplacement fut augmenté sous Philippe-Auguste, et ces halles se multiplièrent tellement, en raison de la population, que tous les marchands de Paris y avaient leur marché particulier. Tous les magasins des anciens piliers sont obscurs. Les garçons fripiers des halles ont l'art de persuader, en vous faisant hausser ou baisser, selon le besoin, que l'habit ou redingote est juste à votre mesure, malgré la différence de trois ou quatre pouces de moins.

Un rusé garçon fripier dit à un particulier, en lui frappant sur l'épaule : « Je vous réponds que vous avez fait une excellente acquisition, et que vous avez une bonne pièce. » Le particulier, de retour chez lui, aperçoit une large pièce carrée sur l'épaule droite.

Ces piliers ne sont plus renommés pour ce genre de commerce depuis la construction du Palais-Royal et du passage Montesquieu. L'intelligence des garçons fripiers s'est encore perfectionnée.

C'est à l'entrée la rue des Pilliers-des-Halles, du côté de la rue Saint-Honoré, dans la seconde maison à gauche, que le célèbre Molière est né. M. Lenoir, conservateur du Musée français, a fait mettre sur cette maison l'inscription suivante :

Jean-Baptiste Pocquelin de Molière *est né dans cette maison en* 1620.

Hâlle au blé.

Le père de Molière, qui tenait la boutique de cette maison, était valet-de-chambre-tapissier de Louis XIV.

HALLE AU BLÉ ET A LA FARINE.

Située sur le terrain de l'ancien hôtel de Soissons. Elle fut construite sur les dessins de Camus de Mézières, architecte.

La coupole en bois, construite par M. Roubo, fut incendiée en 1802; elle a été rétablie en fer coulé et en cuivre; cet ouvrage, qui excite l'admiration, a été commencé en 1811, et terminé en 1812.

Catherine de Médicis fit bâtir, d'après les dessins des Bullans, la grande colonne d'ordre dorique que l'on voit à l'extérieur, et qui lui servait d'observatoire. Cette colonne cannelée renferme un escalier à vis, et est chargée en quelques endroits de couronnes, de trophées, de C H entrelacés, de miroirs dorés et de lacs d'amour déchirés, signes allégoriques du veuvage de cette princesse. Au bas de ce monument est une fontaine.

Un décret de Buonaparte, de 1811, ordonne le démolition de plus de mille maisons des rues adjacentes des halles, pour agrandir les issues de la halle au blé et à la farine, qu'il nommait le musée du peuple.

La halle est entourée de bâtimens réguliers en forme de rotonde; les entresols sont en partie occupés par des filles publiques.

ÉGLISE SAINT—EUSTACHE.

La construction en fut commencée le 19 août 1582, et achevée en 1642. L'architecture est un mélange des genres grec et gothique; l'intérieur est d'une hardiesse étonnante; le portail n'est pas encore achevé : le maître-autel et la chaire étaient des chefs-d'œuvre, ainsi que les accessoires : tout a été détruit en 1793. Cette église contient les cendres de plusieurs hommes illustres, tels que Colbert, Voiture, Vaugelas, etc. Le 30 janvier 1790 a été inhumé dans cette église Jean Jacob, âgé de cent-vingt ans deux mois vingt-huit jours, demeurant rue de Marivaux : il était arrivé à Paris vers le milieu de 1789; il fut présenté à la cour, dont il reçut des bienfaits, ainsi qu'à l'assemblée nationale.

Le 28 décembre 1804 le pape Pie VII visita l'église Saint-Eustache.

MONTMARTRE (Rue).

Elle commence à la pointe Saint-Eustache, où l'on voit une fontaine.

Après la mort de Marat, cette rue fut nommée *Mont-Marat.* Le 9 janvier 1795 (21 pluviôse an III), l'on retira du Panthéon les restes de Marat, qui furent jetés dans l'égout Montmartre.

On voyait encore dans cette rue, du temps de Henri IV, un pan de muraille d'un temple qu'on dit avoir été consacré à Mars.

C'est dans l'église Saint-Joseph, démolie depuis 1800, que Molière et La Fontaine ont été enterrés : on a construit sur le terrain de cette chapelle le

MARCHÉ SAINT-JOSEPH (rue Montmartre).

Sa construction n'est pas heureuse ; il manque d'élévation, de jour et d'air, ce qui donne une mauvaise odeur dans ce quartier. On remarque du même côté l'ancien hôtel du duc d'Uzès, construit sur les dessins de Ledoux. Il est occupé par l'administration des douanes. Près des boulevarts le magnifique hôtel de Montmorency, construit en 1704, sur les dessins de Lassurence, architecte, avec un superbe jardin sur le boulevart. La fontaine de Montmorency est en face de la rue Saint-Marc.

L'entreprise générale des messageries royales est dans cette rue.

EUSTACHE (Rue NEUVE-SAINT-).

Située entre les rues Montmartre et du Petit-Carreau. Cette rue, bâtie vers l'an 1634, sur l'emplacement des fossés de l'enceinte de Paris faite sous Charles V et Charles VI, fut nommée d'abord *Saint-Côme*: en 1641 on lui donna le nom qu'elle porte. On y remarque des maisons bâties solidement, mais ce qu'il y a de plus curieux dans cette rue est la maison n° 46, le bureau d'agence générale de M. Villiaume, qui a acquis une grande célébrité par le grand nombre de couples heureux qu'il fait tous les jours.

Il dit dans sa circulaire :

« Pour se marier il faut voir le monde, mais les cercles qu'on y fréquente sont circonscrits; ce qu'on souhaite ne s'y rencontre pas toujours; et puis, que de fausses démarches avant d'obtenir un résultat! Tel, par exemple, trouve en société une demoiselle qui lui plaît, ira-t-il, dès qu'il sera reçu chez ses parens, leur demander combien ils lui donnent? Non. Il commencera par lui rendre des soins, et ne la demandera qu'après quelques mois ; mais il arrive qu'elle a plus ou moins de fortune qu'il n'avait prévu, et les convenances n'y étant pas, la rupture s'ensuit. Ceci peut s'appliquer à bien des maris qui ne le sont devenus qu'après mainte épreuve de ce genre, et à nombre de célibataires qui n'ont renoncé au mariage que par les difficultés qu'il présente.

» Ces inconvéniens ne sont pas à craindre par les moyens que j'emploie. Fixé sur le personnel, l'avoir et les vues des personnes qui s'adressent à moi, je ne les mets en rapports qu'avec celles qui leur conviennent, et après les avoir consultées chacune séparément. Leurs noms ne sont connus que de moi seul, et le secret le plus inviolable est toujours gardé. »

On assure que M. Villiaume garantit de la fidélité de votre femme pendant les deux premiers mois de votre mariage. Nous pensons qu'une compagnie d'assurance à ce sujet ne manquerait pas d'actionnaires.

Nous ajouterons que si le mari découvre quelques difformités de la nature, il peut avoir recours au génie de M. Delacroix, rue des Vieux-Augustins, à la suite de cet article.

AUGUSTINS (Rue des VIEUX.)

Elle prit le nom des moines dits *Grands Augustins*, qui s'y établirent en 1250, alors hors de Paris, et qui quittèrent cette rue en 1285.

C'est à l'hôtel de la Providence que Charlotte Corday logea en arrivant à Paris, en juin 1793 ; elle poignarda Marat le 13 juillet suivant.

Au n° 18 est l'établissement du sieur Delacroix, chirurgien-mécanicien-herniaire du roi.

On remarque un *mât*, des *colonnes*, un *balancier*, des *barillés*, une *balançoire*, un *puits*, une *échelle*, une *manivelle*, un *cheval*, l'*escrime*, un *jeu de balle*, le *tube*, le *fauteuil*, le *soufflet*, les *plombs*, etc.

Le *mât* est une colonne en forme de mât de cocagne, autour duquel se trouvent des échelons servant à monter pour développer les hanches et la poitrine. — Les *colonnes* ou filières, exercice servant à mettre le corps droit. — Le *balancier* sert à redresser la colonne vertébrale ou épine du dos. — Les *barillés*, pour redresser la tête, les épaules et les hanches. — La *balançoire* est pour maintenir la tête et les reins droits quand on est assis. — Le *puits*, la *balle* et la *manivelle* pour donner de la force à une épaule faible. — L'*échelle*, pour redresser les épaules. — Le *cheval* est pour apprendre à y monter et tenir le corps dans un état naturel. — Le *tube*, pour redresser la tête et donner des grâces. — Les *plombs*, pour apprendre à marcher avec grâce. — Le *fauteuil*, pour élever un côté de la poitrine qui serait plus bas que l'autre. — Le *soufflet* est pour donner un exercice régulier à toutes les parties du corps.

M. Delacroix fournit des corsets élastiques

et mécaniques, pour réformer les vices de la nature sans que l'on puisse se douter que la personne en porte ; de manière que chaque corset contient une épaule, une hanche, une gorge, même un derrière : il fournit encore des mollets et des cuisses pour les hommes.

Ce mécanicien habile fait des mains dont les doigts ont les mouvemens naturels. D'après un rapport des célèbres médecins Hallé et Thillan, professeurs à la faculté de médecine de Paris, il est prouvé que M. Delacroix a vaincu toutes les difficultés pour suppléer à l'action des muscles, extension des doigts de la main, détruite par une paralysie de ces organes.

Il est beaucoup de demoiselles qui doivent craindre que ceux qui les recherchent en mariage ne s'informent à M. Delacroix si elles n'ont pas eu recours à sa science ; mais qu'elles se rassurent, ce savant mécanicien est très-discret. Il est aussi des jeunes gens qui doivent plus redouter des informations auprès de ce mécanicien sur leurs fausses cuisses et mollets, que la morsure d'un chien, qui ne peut leur faire aucune blessure en leur enlevant l'une de ces parties fausses.

Les corsets élastiques de M. Delacroix sont d'une grande utilité et procurent des soulagemens salutaires à beaucoup de femmes enceintes ou puissantes.

Un autre mécanicien dans cette rue, M. Danjou, a construit un nouveau lit portatif, monté sur des ressorts, destiné à transporter des malades, à la ville ou à la campagne : une seule personne fait mouvoir cette machine.

PLACE DES VICTOIRES.

En 1684 François d'Aubusson, duc de la Feuillade, comblé d'honneurs et de biens par Louis XIV, voulut élever cette place en l'honneur de son souverain. Il acheta le terrain 500,000 livres, et dépensa une bien plus forte somme pour le monument; mais comme la dépense était au-dessus de sa fortune, la ville de Paris contribua pour une portion.

Au centre de la place, le 28 mars 1686, on posa la statue pédestre de Louis XIV, de treize pieds de hauteur, posée sur un piédestal de marbre blanc veiné, de vingt-deux pieds de hauteur, avec une inscription latine. La statue, en bronze doré, représentait Louis XIV debout, revêtu des habits de son sacre; il foulait à ses pieds un Cerbère, pour marquer la triple alliance dont ce prince triompha; au bas étaient ces mots :

Viro immortali.

Derrière la statue, une Victoire de même hauteur, et aussi dorée, les ailes déployées, un pied en l'air, et posant la pointe de l'autre sur un globe saillant, tenait d'une

Place des Victoires.

main une couronne de laurier, dans l'action de la poser sur la tête du roi, et de l'autre un faisceau de palmes et de branches d'olivier. La figure du roi et de la Victoire, avec Cerbère et le globe, formaient un groupe de douze pieds de hauteur. Il y avait derrière les deux figures un bouclier, un faisceau d'armes, une massue d'Hercule et une peau de lion. Ce beau groupe avec tout ce qui l'accompagnait avait été fondu d'un seul jet; il pesait plus de trente milliers. Les dessins étaient de Martin Desjardins; le piédestal sur lequel le groupe était placé était orné de bas-reliefs, avec des corps avancés en bas, aux quatre coins desquels étaient enchaînés quatre captifs ou esclaves en bronze, de stature gigantesque, qui représentaient les nations dont la France avait triomphé. Ces captifs avaient chacun onze pieds de proportion, et étaient accompagnés d'un grand nombre de trophées, avec les armoiries, qui désignaient les nations vaincues. Les principaux bas-reliefs, de six pieds de hauteur sur quatre pieds de largeur, étaient du même Desjardins, ainsi que les autres ornemens. Ils représentaient 1° la préséance de la France reconnue par l'Espagne, en 1662; 2° le passage du Rhin; 3° la dernière conquête de la Franche-Comté, en 1674 ; 4° la paix de Nimègue, en 1678. Des inscriptions en expliquaient les sujets. On voyait autour du piédestal, sur une espèce d'empattement, deux autres inscriptions latines, l'une pour célébrer l'abolition des duels, et l'autre l'extinction de l'hérésie, etc. Les quatre bas-reliefs que nous avons décrits ont été placés dans le muséum des monumens français, et les quatre figures représentant les quatre nations aux Invalides.

Ce beau monument avait été inauguré le 10 août 1692, et le 10 août 1792 il a été renversé.

En 1793 (an 1er de la république), on fit construire sur cette place une pyramide en planches, sur les quatre côtés de laquelle on lisait les noms de tous les départemens et les victoires remportées par les armées républicaines. La place fut nommée place des Victoires nationales. Un arrêté du directoire exécutif, en date du 11 brumaire an 8 (1er novembre 1799,) ordonne la confection d'un char de la Victoire, auquel seraient attelés les quatre chevaux pris à Venise, pour être placé sur cette place. En 1808 Buonaparte y fit élever un monument à la mémoire du général Desaix, statue colossale en bronze, par M. Dejoux. Ce général était nu et debout sur un tertre formé des ruines d'un obélisque et d'autres monumens égypliens. Il était dans l'attitude du commandement, une main appuyée sur son épée, l'autre étendue vers l'Orient, pour rappeler que l'Egypte fut le théâtre de ses services, et l'Italie de sa mort glorieuse. Le mauvais goût et l'indécence de cette statue furent cause qu'on la couvrit d'une toile aussitôt qu'elle parut : elle a été renversée en 1814; et depuis, Louis XVIII a ordonné d'y placer une statue équestre de Louis XIV. Ce monument est confié aux talens de M. Boizot.

Les bâtimens qui environnent cette place sont d'ordre ionique; ils étaient occupés, avant la révolution, par des magistrats, de riches financiers; aujourd'hui ce sont des magasins de soiries, de draps, etc.

VRILLIÈRE (Rue de la),

Où était l'hôtel du duc de la *Vrillière*, bâti en 1620 ; le comte de *Toulouse* en ayant fait l'acquisition en 1713, le fit agrandir et décorer avec magnificence ; le duc de *Penthièvre* l'a possédé jusqu'à l'époque de la révolution.

L'imprimerie royale, qui était au Louvre, fut transportée, en 1800, à l'hôtel de Pentièvre ; les imprimeurs et les compositeurs travaillaient dans de superbes salons ornés de lambris dorés, et de glaces immenses.

La banque de France a fait l'acquisition de ce palais en 1810, et y a établi son administration et ses bureaux en 1812. Elle était auparavant à l'hôtel *Massiac*, place des Victoires.

Au moyen de constructions nouvelles, on a disposé le service de la banque de manière à ce que le service de l'administration, des bureaux et des caisses soit facile et très-distinct : les logemens sont entièrement séparés. On a conservé et retracé la magnifique galerie où se tiennent les assemblées générales des actionnaires. Le style d'architecture d'entrée de cet édifice public est conforme à sa nouvelle destination. Le tout a été dirigé par M. Delaunoy, architecte, ancien pensionnaire du roi.

NOTRE—DAME—DES—VICTOIRES (Église).

Ci-devant église des Petits-Pères de la place des Victoires, Augustins réformés, après la suppression des couvens en 1790. Cette église fut occupée quelques années par la Bourse de Paris; ainsi le temple du Seigneur a été, pendant plusieurs années, la réunion de tous les agioteurs. L'église des Petits-Pères a été rendue au culte.

BOULOI (Rue du).

Les constructions qui se sont faites il y a plusieurs années sur une partie de l'ancienne douane, près du Bouloi, en face du roulage, ont mis à découvert un souterrain dont le décor est remarquable par le genre et l'exécution de la sculpture : c'est une portion des bains que Catherine de Médicis fit ériger au rez-de-chaussée, dans le palais où elle prenait ses grands ébats, devenu depuis hôtel de Soissons, et démoli en 1769, et où naquit, en 1669, le prince Eugène, qui humilia l'orgueil de Louis XIV.

PLATRIÈRE (Rue).

En 1790 elle fut nommée J.-J. Rousseau, en mémoire de ce célèbre écrivain, qui a habité long-temps une chambre au troisième dans la maison n° 2, deux ans avant sa mort à Ermenonville en 1778.

On y remarque l'hôtel de l'administration générale des Postes aux lettres ; au n° 9, l'ancien hôtel Bullion, qui appartenait à M. de Bullion, surintendant des finances de Louis XIV ; on y fait des ventes publiques, de livres, tableaux, meubles, etc. Au n° 20 était le couvent des Filles-Sainte-

Agnès ; le bureau de rédaction de l'Almanach du Commerce, par M. de la Tyna. On voit au n° 12, au fond du jardin, les restes d'une tour des murs de l'enceinte de Paris sous Philippe-Auguste : son élévation est d'environ vingt-quatre pieds ; au n° 7, le dépôt des eaux minérales de France et des pays étrangers, tenu par MM. Arnauld et Poulard ; à côté, une fabrique de porcelaine ; l'imprimerie de M. Balard, imprimeur du roi et du département.

VERDELET (Rue).

C'est dans cette rue que demeurait le président Montigny, qu'on surnomma le *Boulanger*, nom glorieux qu'on donnait à un général après une victoire, en reconnaissance du carnage qu'il avait fait de trente ou quarante mille hommes. Jean de Montigny était premier président au parlement et fut surnommé le *Boulanger*, en reconnaissance des blés qu'il fit venir à Paris pendant une famine, et qui conservèrent la vie à vingt-cinq ou trente mille personnes. *Voilà des actions*, dit Mézeray, dont je voudrais qu'on tâchât d'éterniser la mémoire par des médailles.

Jean de Montigny et sa famille ont quitté

le nom de Montigny pour adopter celui de *Boulanger*.

J.-J. Rousseau a demeuré dans la maison n° 4.

COQ-HÉRON (Rue).

Le premier établissement formé par Mesmer, sur le magnétisme, l'a été dans cette rue. On remarque au n° 3 l'hôtel Chamillard, qui appartient depuis la révolution à M. Delessert, banquier; au n° 5, l'hôtel Enfantin, et au n° 18, l'hôtel qui dépend de l'administration générale des Postes; un bel hôtel garni et un bureau de diligence pour la Normandie.

JOUR (Rue du).

Anciennement on la nommait du Séjour, à cause d'une maison de plaisance que Charles V y avait fait élever, et qu'on nommait Séjour de roi.

L'hôtel de Royaumont servait anciennement à tous les bretailleurs de la cour : ils s'y rassemblaient, y buvaient, y rompaient des fleurets; le comte de Bouteville, chef de ces spadassins, en fut le dernier locataire; mais ne payant pas exactement les loyers, l'archevêque de Bordeaux, propriétaire de cet hôtel, en sa qualité d'abbé, lui donna quittance gratuite de deux années pour l'en faire sortir.

MONTORGUEIL (Rue).

Au treizième siècle elle se nommait *Montorgueilleux*; elle conduit effectivement sur une hauteur ou petit mont.

Cette rue est renommée pour la grande consommation d'huîtres; on dirait que la mer y a passé; par l'immense quantité de coquilles qu'on voit s'amonceler tous les jours en forme de pyramides de dix pieds de haut. Dans le nombre des marchandes d'huîtres, il en est de très-jolies et très-grivoises; rien n'égale la légèreté et le jeu adroit du poignet de l'écaillère pour ouvrir l'huître.

Il y a vingt-cinq ans l'on ne mangeait des huîtres dans cette rue que dans les salles sombres des marchands de vins; ils ont aujourd'hui des salons décorés, mais il est du bon genre d'aller au Rocher de Cancale et au rocher d'Étretat, où l'on trouve le plus grand luxe dans les appartemens, et des petits cabinets qui annoncent les mystères des parties fines; vous y mangez des huîtres, des matelotes, des goujons, des poissons de mer les plus recherchés, des poulardes du Mans et de La Flèche, etc.

C'est dans ces deux maisons que l'on peut juger en dernier ressort le fameux procès sur la préférence à accorder aux poulardes du Mans ou à celles de La Flèche. L'on y déjeûne *modestement* depuis 12 jusqu'à 300 francs par tête.

Six amateurs d'huîtres ayant calculé ce qu'ils dépenseraient pour manger des huîtres bien fraîches et bien choisies, partirent en poste pour la ville de Caen. Ils trouvèrent une économie de 50 pour 100.

Lors de l'entrée des alliés à Paris, en 1814, quatre Anglais ont dépensé au rocher de Cancale, depuis midi jusqu'à minuit, 2,329 francs. Nous avons connu un abbé, conseiller au parlement de Paris, qui faisait deux parties d'huîtres par année; il en mangeait à lui seul deux cents douzaines, en buvant deux verres de lait froid.

Petit coco, cela va bien, disaient les écaillères, *nous espérons que vous aurez soin de nous pour notre promptitude à ouvrir nos huîtres.*

Crébillon fils mangeait cent douzaines d'huîtres en buvant du lait chaud. Il est reconnu que c'est le seul dissolvant des huîtres.

Le rocher de Cancale est le rendez-vous des auteurs de l'*Almanach des Gourmands* et de tous les poètes lyriques. M. Grimod de la Reinière en est le doyen.

MARIE STUART OU TIRE-BOUDIN (Rue).

Le plus ancien nom de cette rue, habitée par des filles publiques, était Tire-V... Marie Stuart, femme de François II, passant dans cette rue, en demanda le nom : il n'était pas honnête à prononcer ; on substitua à la dernière syllabe le nom *boudin*, et ce changement a subsisté.

De toutes les rues affectées aux femmes publiques, celle-ci et la rue Brisemiche étaient les mieux fournies en nombre, mais non en beautés. En 1387 le prevôt de Paris rendit une ordonnance qui chassait ces femmes de la rue Brisemiche, à la requête du curé de Saint-Méri, *et attendu l'indécence de leur domicile si près d'une église et d'un chapitre*. Des bourgeois s'oppo-

et d'un chapitre. Des bourgeois s'opposèrent à l'exécution de cette ordonnance. Le curé de Saint-Méri trouva le moyen de se venger de l'un de ces bourgeois, en le faisant condamner à faire amende-honorable, un dimanche, à la porte de la paroisse, pour avoir mangé de la viande un vendredi.

MAUCONSEIL (Rue).

On la nommait avant *Mauvais conseil*, parce qu'on y tenait, dit-on, en 1407, un conseil où il fut résolu d'assassiner le duc d'Orléans. De 1792 à 1806 on la nomma Bonconseil, ainsi que la section où elle est située. On voit dans cette rue la *halle aux cuirs*, construite sur le terrain de l'ancienne comédie italienne, en 1784.

SAINT-DENIS (Rue).

C'est l'une des plus longues rues de Paris, des plus commerçantes et des plus passagères par les voitures de commerce.

C'est la route qui conduit directement du pont au Change à la ville de Saint-Denis, dont elle a pris le nom.

On y remarque l'église de Saint-Leu-Saint-Gilles, paroisse ; au n° 124, la Cour

Batave ; au n° 264, une fontaine au coin de la rue Greneta ; au n° 324, au coin de la rue du Ponceau, la fontaine dite du Ponceau ; et, près la rue Sainte-Foi, la fontaine Saint-Denis.

Il y avait à l'époque de la révolution la congrégation des Dames de l'Union chrétienne de Saint-Chaumont, pour l'instruction des nouvelles catholiques ;

L'hôpital de la Trinité pour les enfans des deux sexes nés à Paris, orphelins de père ou de mère seulement, valides ;

L'église du Sépulcre, collégiale fondée par des pélerins qui avaient fait vœu d'aller visiter le Sépulcre ;

Les religieuses de Saint-Magloire, sous le nom de Filles-Pénitentes. Jean Tisseran, cordelier, prêcha avec tant de force et d'éloquence contre le libertinage, que deux cents filles publiques s'amendèrent et vinrent se jeter dans ses bras ; le nouvel apôtre les reçut, les consola et les cloîtra. Alexandre VI confirma cet établissement, autorisé par Charles VIII en 1495.

C'est dans cette église que Turlupin Gautiers, Granville, Gros Guillaume, Guillot Gorgu, célèbres acteurs comiques, ont été n umés, ainsi que Raymond Poisson, comédien, et le poète Vergier.

aux ours (Rue).

On la nommait rue aux Oies, et par corruption aux Ours.

Au coin de cette rue et de celle Salle-au-Comte, était enfermée dans une grille de fer une Notre-Dame, dite de la Carole, devant laquelle, jusqu'en 1789, on entretenait une lampe allumée. L'histoire dit que le 14 juillet 1418, sous Charles VI, un soldat, dans un état de désespoir, ayant perdu son argent au jeu, avait frappé d'un couteau cette Notre-Dame ; on insinua à la multitude qu'il en était sorti du sang. Ce soldat fut condamné à mort par arrêt du parlement ; il fut lié à un poteau devant la vierge depuis six heures du matin jusqu'au soir, et frappé de verges ; ses entrailles sortirent de son corps ; il eut la langue percée d'un fer chaud, fut ensuite brûlé, et ses cendres jetées au vent.

Tous les ans à pareil jour le peuple promenait un mannequin d'osier sur lequel on répétait les mêmes flagellations que le malheureux soldat avait éprouvées, et il était ensuite brûlé. Cette cérémonie durait trois jours.

Le 24 juin 1790 un arrêté du département fit cesser cette triste cérémonie. Le 23 octobre 1793 la commune de Paris ordonna que le buste de Marat remplacerait la statue de la Vierge.....

SAINTE-APOLLINE (Rue).

Au n° 18 est le *Bureau des Nourrices*, qui place annuellement cinq à six mille enfans ; et au n° 2 M. Hazar Miraulo, émailleur du Muséum d'histoire naturelle. Il fabrique des yeux artificiels.

AUBRY LE BOUCHER (Rue).

En 1309 un homme qu'on menait au supplice fut délivré dans cette rue par le cardinal de *Saint-Eusèbe*. Les cardinaux ont prétendu pendant long-temps qu'ils avaient le privilége, comme autrefois les Vestales à Rome, de donner la vie à un criminel, en affirmant qu'ils ne s'étaient rencontrés que par hasard sur son passage.

RUE QUINCAMPOIX (Rue).

Fameuse dans l'histoire par la réunion de tous les agioteurs pour changer le numéraire contre les billets de banque du fameux Law, écossais de nation, que le régent avait nommé directeur de la banque de France en 1718, et contrôleur-général des finances en 1720. Ces billets, qui montèrent jusqu'à six milliards, produisirent de grands malheurs et de nouveaux millionnaires, résultat de l'infâme agiotage de la rue aux Ours, comme sous le règne des assignats au perron du Palais-Royal.

Sous le règne de Charles IV, des Lombards et autres Italiens demeuraient dans cette rue ; ils furent chassés de France comme des usuriers.

Si le gouvernement voulait aujourd'hui chasser de Paris tous les usuriers, un grand nombre d'hôtels seraient déserts. De 1807 à 1810 on avait établi dans la rue Quincampoix une maison de jeu, piége infernal pour ruiner une partie des fabricans et négocians qui occupent cette rue.

TIXERANDERIE (Rue de la).

Paul Scarron et sa femme (depuis madame de Maintenon) logeaient au deuxième étage de la maison n° 27. Ils n'avaient que deux petites pièces.

En 1388 Louis de France, duc d'Anjou,

logea à son arrivée à Paris à l'hôtel d'Anjou, où furent établis en 1604 les premiers qui apportèrent le secret de filer l'or, façon de Milan.

TROUSSE-VACHE (Rue).

C'est dans cette rue que le cardinal de Lorraine, revenant du concile de Trente, voulut faire une espèce d'entrée dans Paris : le gouverneur de cette capitale lui envoya dire qu'il ne le souffrirait pas ; le cardinal répondit avec hauteur, et continua sa marche. Montmorenci le rencontra vis-à-vis des charniers des Innocens, fit main-basse sur l'escorte du cardinal, et son éminence se sauva dans l'arrière-boutique d'un marchand de cette rue, où il resta caché jusqu'à la nuit sous le lit de la servante, d'où il ne sortit que lorsque celle-ci voulut se coucher.

PLACE DE LA JUSTINE.

Cette place fut formée sous Charles IX, par la démolition d'une maison appartenante à Philippe Justine, calviniste, et riche négociant, qui fut pendu par arrêt du parlement du 30 juillet 1571, pour avoir prêté sa maison pour le prêche des protestans ; elle fut démolie, et ses biens confisqués : une somme fut distraite pour être employée à faire à perpétuité le service du Saint-Sacrement de Sainte-Opportune, qui était la paroisse de Justine.

On voyait encore en 1791 dans cette église un candélabre de bronze à dix-huit branches dont l'empereur Charles-Quint lui fit présent lors de son voyage à Paris sous le règne de François Ier.

SAINT-MARTIN (Rue).

C'est la rue de Paris la plus désagréable pour les piétons, par le grand nombre de voitures de commerce.

On y voyait avant la révolution la prison Saint-Martin, pour les filles prostituées. Le premier vendredi de chaque mois on les conduisait dans la grande salle du Grand-Châtelet, où elles étaient jugées par le lieutenant de police, et partaient pour la prison de la Salpétrière.

Le monastère de Saint-Martin-des-Champs, qui avait une bibliothèque de quarante mille volumes. Ces religieux étaient seigneurs de leur enclos ; ils avaient un bailliage et une prison ; leur revenu était considérable.

Du même côté, l'hôpital de Saint-Julien-des-Ménestriers, fondé en 1330 pour les pauvres de profession.

Aux n°s 105 et 107 le théâtre de Molière, qui est fermé depuis quelques années ; il doit sa naissance à la révolution. M. Boursault, comédien, ensuite député à la convention nationale, depuis entrepreneur des boues de Paris, de la poudrette (vidange), et des jeux, a été le directeur du théâtre de Molière.

Entre les n°s 208 et 210, à l'ancienne abbaye Saint-Martin, est la mairie du sixième arrondissement. Entre les n°s 232 et 234 la fontaine Saint-Martin.

C'est dans l'église de Saint-Nicolas-des-Champs qu'ont été inhumés Jean Chapelain, de l'académie française, mort en 1674 ; Jourdain de l'Isle, époux de la mère du pape Jean XXII, pendu par arrêt du parlement, pour avoir tué deux huissiers qui lui signifiaient un arrêt de la cour. Il fut enterré aux frais du curé et des chanoines, qui voulurent marquer au saint Père leur profonde vénération.

CONSERVATOIRE DES ARTS ET MÉTIERS.

Cet établissement existe depuis la révolution dans l'ancien monastère et abbaye Saint-Martin-des-Champs. Il occupe les vastes bâtimens des ci-devant moines. Ce musée précieux, renferme une collection immense qui s'augmente tous les jours des différentes machines dont on se sert dans les arts mécaniques, et qui peuvent rivaliser avec les mécaniques anglaises.

Tous les anciens modèles de mécaniques existant jadis à l'académie des sciences sont réunis dans ce nouveau local, qui est public les dimanches et vendredis, depuis dix heures jusqu'à quatre. D'après une ordonnance du roi, il y a un enseignement public et gratuit pour l'application des sciences aux arts industriels : trois cours, un de mécanique, un cours de chimie appliquée aux arts, et un cours d'économie industrielle. Il y a une bibliothèque. Le 14 février 1805 Pie VII a visité ce musée, et les souverains alliés l'ont visité en 1814.

MARCHÉ SAINT-MARTIN.

Situé sur le vaste jardin de l'ancienne abbaye Saint-Martin, en face du Conservatoire. La première pierre a été posée le

15 août 1811, et les travaux furent achevés depuis 1815, par M. Peyre, neveu, architecte : il est composé de deux vastes hangars bien bâtis, et de deux pavillons au milieu, dont l'un pour le bureau, et l'autre pour le corps-de-garde. C'est l'un des plus beaux marchés après celui Saint-Germain.

Le 8 octobre 1820, la ville de Paris, en réjouissance de la naissance du duc de Bordeaux, a donné à dîner aux diverses corporations de Paris. Trois cents charbonniers des ports ont été réunis à deux heures sous les travées du marché Saint-Martin, qui ont été disposées en plusieurs magnifiques salles, décorées des plus belles tapisseries, de glaces, de lustres, etc. On y avait dressé une table de trois cents couverts, servie de tout ce qu'il y avait de plus recherché, et avec luxe; des domestiques à livrée servaient MM. les charbonniers, qui avaient à leur table le maire de l'arrondissement et autres magistrats. Une grande et belle musique jouait pendant le repas, qui a duré jusqu'à sept heures. La société la plus brillante assistait à cette fête. Des chansons analogues ont été chantées ; la gaîté la plus franche et la plus sincère y a régné : on admirait la conduite décente de MM. les charbonniers, qui pouvait servir de modèle à une réunion composée des plus illustres habitans de la capitale.

A sept heures le bal a commencé. Les dames avaient été choisies et invitées par MM. les charbonniers. Ils ont prouvé leur bon goût en réunissant un grand nombre de très-jolies femmes.

Le préfet de Paris, par respect pour la classe du peuple, a chargé MM. les charbonniers de distribuer les billets pour le bal aux dames qu'ils désireraient choisir; M. le préfet était bien convaincu de leur discernement à cet égard. Cette fête s'est prolongée jusqu'à sept heures du matin.

MESLAY ou MESLÉ (Rue).

Le chevalier Dubois, commandant de la garde du Guet de Paris, demeurait dans cette rue, le 24 août 1787; par suite de l'insurrection du même jour à la place Dauphine, une multitude se porta rue Meslay, vers dix heures du soir, pour incendier sa maison; mais un grand nombre de soldats du guet s'emparèrent des deux bouts de la rue, et cernèrent la multitude. Quarante-deux individus périrent.

VERRERIE (Rue de la).

C'était la demeure du peintre Gringoneur, inventeur des cartes à jouer, sous le règne de Charles VI. Elles furent inventées pour lui procurer quelque soulagement pendant sa longue maladie.

MAUVAIS GARÇONS-SAINT-JEAN (Rue des).

Fut d'abord nommée rue de *Chartron*, ensuite de *Craon*, du nom de Pierre Craon, chambellan et favori du duc d'Orléans, qui y avait un hôtel ; mais s'étant caché avec vingt assassins pour poignarder le connétable Clisson, la rue fut appelée des *Mauvais Garçons*.

ÉCRIVAINS (Rue des).

Elle porte son nom depuis 1439 à cause des écrivains qui s'y établirent dans des échoppes, le long de l'église de Saint-Jacques-de-la-Boucherie.

C'était la paroisse de Nicolas Flamel, écrivain-copiste de son métier, qui trouva la pierre philosophale dans l'amour d'un travail assidu ; il employa sa fortune à soulager la veuve et l'orphelin, à fonder des hôpitaux, à réparer des églises. La cupidité fouilla, à plusieurs reprises, sa maison, au coin de la rue Marivaux et des Écrivains, et sa tombe, jusqu'en 1756 ; son attente fut constamment trompée ; il laissa à sa mort 60 sols parisis pour boire et manger le jour de son enterrement ; on but largement : le vin, de son temps, coûtait six deniers la pinte. Il mourut en 1418.

SAINT-JACQUES-DE-LA-BOUCHERIE (Rue).

L'église Saint-Jacques a été détruite depuis la révolution, à l'exception de la tour, monument précieux, construit sous François Ier. Cette tour a été vendue à un particulier qui l'a louée à un Anglais pour y établir une fonderie de plomb pour les fusils et pistolets. Il ne permet à personne de pénétrer dans la tour où il demeure.

TOURNIQUET-SAINT-JEAN OU DU PET-AU-DIABLE
(Rue du).

Elle portait le nom de *Pet-au-Diable*, qui lui venait d'une tour carrée fort ancienne, qui servait autrefois de synagogue aux Juifs, et que, par mépris pour les Israélites et leur sabbat, on appelait hôtel du *Pet-au-Diable*. Cette tour existe encore.

GRENIER-SAINT-LAZARE (Rue).

Piron demeurait dans cette rue, chez un marchand de vin, pendant qu'il travaillait pour la foire Saint-Germain.

TACHERIE (Rue de la).

Les juifs y avaient une synagogue en 1306; lorsqu'ils furent chassés par Philippe-le-Bel, on nomma cette rue *Tacherie*, en place du nom de la Vieille-Juiverie qu'elle portait.

MAUBUÉE (Rue).

Au coin de cette rue, n° 48, est la fontaine *Maubuée*, qui existe depuis le quatorzième siècle.

Le 16 brumaire an IX (17 novembre 1800), un principal locataire d'une maison de cette rue s'opposa pendant quatre jours à l'enterrement d'un de ses locataires, sous le prétexte qu'il lui devait deux ans de loyer; il voulait obtenir une contrainte par corps sur le décédé; il fallut employer la force armée pour protéger la sortie de son débiteur.

QUATRIÈME PROMENADE.

DU NORD-OUEST AU CENTRE.

BOULEVARTS DU NORD, PLACES ET RUES ADJACENTES.

Boulevart de la Madeleine. — des Capucines. — des Italiens. — Montmartre. — Poissonnière. — Bonne-Nouvelle. — Saint-Denis. — Saint-Martin. — Bondy. — du Temple. — des Filles-du-Calvaire. — Saint-Antoine. — Bourdon.

Nous allons parcourir cette immense promenade, où se trouve au milieu une large allée pavée pour les voitures ; deux contre-allées sablées, ombragées par de grands arbres, rendent cette promenade agréable dans la belle saison ; de beaux bâtimens de chaque côté, dont plusieurs ont de superbes jardins. Depuis vingt-cinq ans, les boutiques et les magasins les plus élégans forment une foire perpétuelle ; on y voit en outre un grand nombre de restaurateurs et plus de cent cafés très-brillans. Cette promenade est éclairée la nuit par de nombreux réverbères, et arrosée durant l'été pour préserver de la poussière.

BOULEVART DE LA MADELEINE,

Ainsi nommé parce qu'il commence à l'église de ce nom, et se termine au boulevart des Capucines. Le boulevart de la Madeleine est embelli par les superbes jardins de plusieurs beaux hôtels.

BOULEVART DES CAPUCINES.

Ce nom lui vient du couvent des Capucines, dont le jardin aboutissait à ce boulevart. On remarque au n° 15 le bel hôtel du général Berthier, nommé par Buonaparte prince de Neufchâtel, ensuite de Wagram après la bataille gagnée par les Français.

L'empereur d'Autriche a logé dans cet hôtel en 1814 et 1815. Le gouvernement en a fait l'acquisition. On lit sur la porte :
Hôtel de Wagram.
On y a installé le ministère des affaires

étrangères. Au n° 17, le panorama de M. Prévôt. La fabrique de porcelaine de M. Trégent.

BOULEVART DES ITALIENS.

Il commence rues de Richelieu et Grange-Batelière, et finit rues de Louis-le-Grand et de la Chaussée-d'Antin.

Son premier nom était boulevart *du Dépôt*, parce que le dépôt du régiment des Gardes-Françaises était au coin de la rue de la Chaussée-d'Antin et du boulevart.

En 1782 il prit celui qu'il porte, par la construction du théâtre des Italiens. A droite est un grand salon adossé au théâtre Italien, où est un restaurateur. Avant la révolution on le nommait le Salon des Princes ; on y trouvait jeux, journaux, restaurant où l'on ne pouvait dîner à moins de 24 francs, pour empêcher les bourgeois d'y aller ; en face, le *café Hardy*. C'est le rendez-vous de tous les agioteurs de la bourse ; les croupiers des banquiers s'y réunissent dès huit heures du matin, et spéculent sur les vins, les eaux-de-vie, les huiles, les savons, les laines, les cotons, le sucre, les liqueurs, etc., etc., même sur l'air, si cela était possible. Là, on décide de la hausse et la baisse des effets publics ; là, une négociation passe dans dix à douze mains pendant que le déjeûner à la fourchette se prépare : rien de plus curieux que toutes ces physionomies sur lesquelles on reconnaît les dupeurs et les dupés, etc.

A côté du café Hardy est le restaurant de Leriche, etc. ;

Au n° 2, la fabrique de porcelaine de M. Schoelcher.

Ce boulevart est la promenade des élégantes qui viennent s'y asseoir depuis deux heures jusqu'à cinq, et depuis huit jusqu'à onze heures du soir : elles sont passées en revue par les promeneurs qui font foule, ce qui est avantageux pour les filous, malgré le nombre de belles lanternes que la loueuse de chaises a fait placer pour aider les amateurs à signaler les plus jolies femmes. Ce boulevart a été pendant plusieurs années nommé *Coblentz*, c'est-à-dire, la réunion des royalistes.

BAINS CHINOIS.

Il règne sur la totalité des bâtimens, au lieu d'un comble, une terrasse formant jardin ; des colonnes tronquées, des arcs de triomphe en treillage, des pyramides,

des ruines y font décoration ; deux petits ponts servent à traverser un ruisseau qui, après avoir formé une île dans son cours sur ce jardin-terrasse, distribue ses eaux dans la salle à manger et dans ses bains : à droite sont les bains des hommes et à gauche ceux des femmes. Il y a des chambres et des lits pour les personnes qui veulent se reposer. On y trouve aussi un restaurateur et un café. Les bains Chinois existent depuis trente ans.

Le 29 juillet 1803 ce superbe établissement fut sur le point d'être dévoré par un violent incendie qui se manifesta dans une écurie voisine, et qui dévora en un instant le magasin d'un riche marchand de meubles et l'atelier d'un sellier-carrossier.

Le *Pavillon d'Hanovre*, à côté des bains Chinois était une dépendance d'un hôtel appartenant au maréchal de Richelieu. Ce pavillon et le jardin de l'hôtel ont été pendant le cours de la révolution un lieu public, où on trouvait jeux, café, restaurateur, bal, concert, feux d'artifices, panoramas, fantasmagorie, expériences de physique, danse de cordes, enfin, bastringue. Aujourd'hui il est la propriété de M. Simon, fabricant de papiers peints.

CHAUSSÉE D'ANTIN.

Tout ce quartier est absolument neuf ; on a commencé à le bâtir en 1779, et en moins de quatre années ont été construits de beaux hôtels et de charmantes maisons.

Ce quartier étant devenu à la mode, les loyers ont augmenté successivement de 500 pour 100.

On insera dans les journaux de 1803 la lettre ci-après, écrite par une vieille femme, elle donnera une idée de l'augmentation successive des loyers dans ce quartier.

« Lorsque je vins demeurer à Paris il y a qua-
» rante-cinq ans, à la Chaussée-d'Antin, ce
» quartier n'était pas alors le plus beau de Paris;
» j'occupais un logement au premier, et assez
» joli pour y recevoir bonne compagnie: les temps
» sont bien changés, non que je sois ruinée par
» les circonstances, comme chacun dit, j'ai au-
» tant de revenu qu'auparavant, mais quarante-
» cinq ans de plus; et d'étage en étage, je suis
» montée du premier au quatrième. L'histoire de
» mes déménagemens serait curieuse à conter ; je
» vous en fais grâce ; je montai au second en 1779,
» époque où la fureur de bâtir dans ce quartier
» saisit tous les capitalistes et tous les cordons
» bleus de la ferme générale.

» Je montai au troisième en 1781, où la fureur

» de loger dans ce quartier saisit toutes les ac-
» trices et les courtisans du haut parage. Je mon-
» tai enfin au quatrième en 1799, lorsque la fu-
» reur de se promener sur le boulevart des Ita-
» liens, ce qui lui fit donner le nom de *Coblentz*,
» nous amena dans le quartier toutes les merveil-
» leuses nouvellement décrassées, les nouveaux
» riches du perron du Palais-Royal, et tous les
» élégans *à paole saquée*.

» Je ne sais pas où cela s'arrêtera, mais je n'ai
» plus qu'un étage à monter pour être sous les
» toits; et ce qui vous paraîtra singulier, c'est
» que je paie mon quatrième beaucoup plus
» cher que je ne payais il y a quarante cinq ans
» mon premier. Ce que c'est que de vouloir loger
» dans le quartier *à la mode*, qui étend son em-
» pire sur les quartiers comme sur les ajustemens,
» comme sur le langage, comme sur les goûts,
» comme sur tout. »

LYCÉE BOURBON, OU COLLÉGE ROYAL,

Établi rue Sainte-Croix, dans le bâtiment des ci-devant Capucins de la Chaussée-d'Antin, qui avait été construit en 1782, sur les dessins de M. Brongniard, architecte; ce couvent fut supprimé en 1790. Le gouvernement, en 1800, y fit faire les changemens nécessaires pour y placer l'un des quatre lycées. C'est le plus beau lycée de la capitale.

CHAUSSÉE-D'ANTIN (Rue de la).

On lui donna en 1791 le nom de *Mirabeau*, en mémoire du comte de Mirabeau, député à l'assemblée nationale, mort dans cette rue le 2 avril 1793. Elle fut nommée *Mont-Blanc*, en mémoire du département de ce nom réuni à la France en 1792 : en 1816 on lui rendit le nom de Chaussée-d'Antin.

On remarque au n° 3 l'hôtel de Montmorency, appartenant à M. Sommariva ; au n° 9, la maison que mademoiselle Guimart, danseuse de l'opéra, a fait bâtir : elle représentait le temple de Terpsichore, déesse de la danse, elle a été achetée par MM. Perrégaux et Lafitte : n° 40, l'hôtel Montesson. Madame de Montesson recevait de Buonaparte 50,000 fr. par année pour tenir une table de vingt couverts où elle recevait des nobles émigrés rentrés en France, ce qui en faisait une maison d'espionage. Ce superbe hôtel appartient au millionnaire *Michel* : il est occupé par l'ambassadeur d'Autriche ; n° 43, l'hôtel de MM. Barthélemy frères, banquiers ; n° 70, l'hôtel de Montfermeil, qui a été quadruplé et embelli par le cardinal Fesch, ci-devant capucin, oncle de Buonaparte et frère de Madame mère. Le cardinal a employé plus d'un million en constructions, et plus de quinze cent mille francs pour la meubler. On y comptait plus de 3000 fauteuils, etc. ; on y pourait loger une forte partie de la garde royale.

SAINT-LAZARE (Rue).

Elle se nommait il y a trente ans des Porcherons, parce qu'elle conduisait aux fameuses guinguettes de ce nom, où se réunissait la classe du peuple la plus pauvre. Cette rue était alors hors des limites de Paris : elle prit le nom qu'elle porte en 1790.

On remarque au n° 78 l'entrée du jardin de Tivoli, où l'on donne des fêtes publiques, feux d'artifice, jeux, bals d'été et d'hiver, etc. Ce jardin, qui a quarante arpens, appartenait à M. Boutin, trésorier de la marine. N° 88, l'hôtel des eaux thermales et minérales de MM. Tryaire et Jurine. La maison des frères Ruggiéri, italiens, célèbres artificiers : ils ont un jardin très-vaste, où ils donnent dans la belle saison de charmantes fêtes et de beaux feux d'artifice.

CHANTEREINE (Rue de).

On y remarque l'hôtel qui appartenait à madame de Beauharnais, devenue épouse de Buonaparte et où elle demeurait en 1799; on la nomma rue de la Victoire, parce que Buonaparte y logea en arrivant d'Egypte.

C'est dans cette maison que l'abbé Sieyes, alors membre du Directoire, a conspiré avec Buonaparte pour renverser ses collègues, et préparer la fameuse journée de Saint-Cloud. Au n° 30, le théâtre Olympique, salle de forme circulaire, et l'une des plus élégantes salles de Paris. On y a souvent donné des concerts et des fêtes.

PROVENCE (Rue de).

Elle fut ainsi nommée en l'honneur du comte de Provence, alors *Monsieur*, maintenant Louis XVIII. On remarque le magnifique hôtel de *Thélusson*, sur les dessins de Ledoux, construit en 1780 pour madame Thélusson, veuve du riche banquier de ce nom. Il a appartenu au comte de Pons-Saint-Maurice, ensuite au général Murat: la gravure ci-jointe donnera l'idée de son entrée. Au n° 40 est l'hôtel de la légation de Saxe; n° 54, l'hôtel de Regnault-de-Saint-

Porte d'entrée de la Maison Thelusson.

Jean-d'Angely ; et n° 56, l'hôtel des Petites-Écuries d'Orléans, appartenant à M. Répond.

D'ARTOIS (Rue).

En 1792, la ville de Paris lui donna le nom *Cerutti*, en mémoire de l'abbé de *Cerutti*, ancien jésuite, qui, à l'époque de la révolution, publia un ouvrage périodique, sous le titre de *Feuille villageoise*, et qui mourut en février 1792. Les plus beaux hôtels sont, n° 1, l'hôtel Cérutti; n° 3, celui de Choiseul-Stainville ; n° 7, celui de la duchesse de Saint-Leu ; n° 13, l'hôtel de l'Empire, garni, etc.

LEPELLETIER (Rue).

Elle commence boulevart des Italiens et finit rue de Provence. Ouverte en 1786, elle porte le nom de *Lepelletier* de Morfontaine, qui fut prévôt des marchands de 1784 à 1789. Depuis l'horrible assassinat du duc de Berry, le roi a ordonné la construction d'un nouveau

THÉATRE DE L'OPÉRA OU ACADÉMIE DE MUSIQUE.

Situé dans la rue Lepelletier jusqu'à la rue Pinon, qui va rejoindre celle Grange-Batelière. Le terrain sur lequel est construite cette salle est beaucoup plus vaste que celui de la rue de Richelieu, et les issues sont moins dangereuses. Le théâtre est plus profond et plus large, l'extérieur de cette salle se présente avec plus de majesté que dans la rue de Richelieu : il y a une entrée par la rue Grange-Batelière. Sur le terrain est l'hôtel de Choiseul réuni à l'Opéra. La circulation des voitures n'est pas funeste pour le public comme dans la rue de Richelieu.

PINON (Rue).

Elle porte le nom du président *Pinon* père, qui demeurait à l'hôtel Grange-Batelière en 1780. Lorsqu'on ouvrit cette rue, c'était un fief qui appartenait à cette famille d'où relevait tout le terrain de la Chaussée-d'Antin, qui a produit des redevances considérables à la famille Pinon lorsqu'on a construit le nouveau quartier. L'hôtel Grange-Batelière fait face à la rue de ce nom ; il est aujourd'hui un hôtel garni. Les bâtimens et les jardins sont immenses ; ils représentent plutôt un palais digne de loger un souverain avec une suite de trois ou quatre cents personnes.

Grange-Batelière (Rue),

Entre le boulevart et la rue Pinon. On y remarque au n° 3 l'hôtel Choiseul; au n° 1, l'hôtel Vindé; au n° 2, l'hôtel de Laage; et au n° 6, l'hôtel d'Oigny, maison de jeu connue sous le nom de *Cercle* dit *des Étrangers*.

Montmartre (Barrière),

Située au bout de la rue Pigale; elle est décorée d'un bâtiment à quatre façades, avec colonnes et massifs vermicelés.

Hors de la barrière est le cimetière Montmartre, l'un des cinq hors de Paris.

Montmartre (Abattoir),

Situé entre les rues de Rochechouart, de la Tour-d'Auvergne, des Martyrs, et les murs de Paris. Cet édifice, commencé en 1811 sous la direction de M. Poidevin, architecte, a cent quatre-vingts toises de longueur et soixante-huit de largeur; il contient quatre bergeries et quatre bouveries. Chaque abattoir est composé de six places, en outre un joli bâtiment pour les administrateurs.

MONTMARTRE (Boulevart),

Il commence rue et faubourg Montmartre, et finit rues Richelieu et Grange-Batelière.

On y remarque de superbes hôtels, des magasins en tous genres et une librairie ambulante qui règne jusqu'au boulevard Saint-Antoine. Ces libraires sont presque tous des Normands, ainsi que les marchands d'estampes ; l'un de ces libraires dit ne pas savoir lire lorsqu'on observe un tome double ou des feuillets qui manquent dans un ouvrage bien relié qu'il vous a vendu, ou ne reconnaît pas l'ouvrage. Plusieurs cafés des plus élégans. Au n° 9, la fabrique de porcelaine de M. Levasseur. Au n° 2, le

THÉATRE DES VARIÉTÉS,

Construit en 1807 sur les dessins de l'architecte Celleries. L'extérieur ressemble à une bonbonnière. Les Talmas de ce théâtre ont été *Brunet*, *Tiercelin*, *Bosquier*, qui font assaut de calembours, niaiseries et lazzis, qui y exercent enfin *l'art de désopiler la rate*. Le prince archichancelier *Cambacérès* était l'un des habitués de ce spectacle. Napoléon lui dit un jour: *Prince, vous allez* souvent aux *Variétés*.—*Sire,* lui répondit-il, *c'est le spectacle des vieux garçons.*

PASSAGE OU GALERIE DES PANORAMAS,

Ainsi nommé parce que la rotonde où l'on voit des panoramas a son entrée par cette galerie du côté du boulevart.

Cette galerie, qui conduit rue Saint-Marc, est un petit Palais-Royal pour l'élégance des boutiques, le genre de commerce et la toilette des demoiselles des comptoirs ; on remarque au coin de ce passage, sur le boulevart, au-dessus d'un magasin de nouveautés, un tableau ayant pour inscription, *A l'Eclipse de* 1820. Ce tableau représente une grande et jolie femme donnant le bras à son mari qui regarde avec une lorgnette l'éclipse. Pendant ce temps-là un jeune cavalier baise furtivement l'autre main.

SAINT JOSEPH (Rue),

Au coin de la rue du Gros-Chenet ; madame de Montespan y demeurait et y mourut en 1709 ; elle n'allait plus à la cour ; son fils, le duc du Maine, lui avait porté l'ordre du roi de ne plus s'y présenter.

Cette rue se nommait, au dix-septième siècle, rue du *Temps-perdu.*

BOULEVART POISSONNIÈRE,

Entre les boulevarts Montmartre et Bonne-Nouvelle.

On y remarque de superbes maisons : au n° 22, l'hôtel Saint-Phar ; n° 23, l'hôtel Montholon, appartenant à M. de la Grange; n° 4, les magasins de porcelaine de M. Dagoty, qui a sa fabrique rue Neuve-des-Petits-Champs, n° 40 : on remarque aussi des bijoutiers, des orfèvres, des magasins de souliers pour femmes, et des librairies ambulantes.

POISSONNIÈRE (Rue du Faubourg).

Cette rue est très-belle, on y voit l'hôtel des Menus-Plaisirs du roi, c'est-à-dire l'entrepôt des machines employées pour les divertissemens destinés pour la cour. On y avait construit une jolie salle de spectacle qui servait à faire les répétitions des opéras et ballets qui devaient se donner à Versailles. Cet hôtel sert encore de magasin pour toutes les décorations et machines de l'Opéra. Au n° 76, la caserne dite de la Nouvelle-France.

- BERGÈRE (Rue),

On y distingue au n° 2 l'hôtel du *Con-*

servatoire de musique, nommé depuis 1817 *École de chant et de déclamation*, pépinière d'où il sort des sujets du premier mérite, pour alimenter la chapelle du roi, l'Opéra, ou Académie royale de musique, le théâtre Italien, l'Opéra-Comique, etc.

N° 15, l'hôtel des Douanes royales. En 1812 et 1813, époque du règne des licences pour l'Angleterre, on voyait dans la rue Bergère jusqu'au boulevart des montagnes de marchandises de toutes espèces sortant de toutes les manufactures et magasins de la capitale. Une partie des spéculateurs ont été ruinés par le commerce frauduleux que faisait le gouvernement en rendant des prix exorbitans les brevets de licence, que le gouvernement anglais n'avait pas approuvés.

D'ENGHIEN (Rue),

Commencée vers 1785; on lui donna le nom d'*Enghien*, qui était celui du fils du *duc de Bourbon*, fusillé à Vincennes par ordre de Buonaparte le 22 mars 1804. Il était né le 2 août 1772.

Elle fut nommée *Mabli* en 1792, en mémoire du célèbre abbé de ce nom; il y mourut en 1785; elle reprit son premier nom en 1815.

BOULEVART BONNE-NOUVELLE,

Entre ceux Poissonnière et Saint-Denis.

Ce boulevart n'a de remarquable qu'une quantité de magasins et fabriques de meubles, de souliers de femmes, des marchands d'estampes et de livres, etc., et le

THÉATRE DU GYMNASE DRAMATIQUE,

Salle qui a été construite en trois mois, avec beaucoup d'élégance, dans le genre de la salle Feydeau, mais elle est beaucoup plus avantageuse aux femmes. L'ouverture du Gymnase a eu lieu le 23 décembre 1820. On a donné une première représentation d'un prologue intitulé : *Bonne-Nouvelle*; *Une visite à la compagnie*, et la reprise de la *Maison en loterie*, de M. Picard. Ce spectacle reussira, car ce sont des capitalistes juifs qui en sont les entrepreneurs, tous les individus qui composent l'administration et les bureaux sont des enfans d'Israël!!!

BARRIÈRE SAINT-DENIS.

Ainsi nommée parce qu'elle conduit directement à la ville de Saint-Denis, qui était en 1793 appelée *Franciade*. Cette barrière est décorée d'un bâtiment à quatre façades, d'un attique et d'un couronnement.

Louis XVIII a fait son entrée à Paris par cette barrière le 3 mai 1814 : il était accompagné de madame la duchesse d'Angoulême, du prince de Condé et du duc de Bourbon.

FAUBOURG-SAINT-DENIS (Rue du).

Au n° 103, dépôt de la manufacture de porcelaines de Chantilly de MM. Chalot et Bougon ; au n° 85, celle de M. Bremont et celle de M. Flaman-Fleury ; au n° 117, la prison de Saint-Lazare, destinée à la réclusion des femmes condamnées par la cour d'assises : le nombre en est toujours considérable; elles sont occupées à la couture, à la filature et à la broderie, qu'on y a portées au plus haut degré de perfection.

C'était avant la révolution la maison des prêtres de Saint-Lazare ; on y enfermait des jeunes libertins : néanmoins *Caron de Beaumarchais*, *Silvain Maréchal* y ont été détenus, non comme libertins, mais comme hommes de lettres.

Le 17 juillet 1789 une multitude se porta dans cette maison pour demander du blé et de la farine; les lazaristes répondirent qu'ils n'en avaient que pour leur consommation: on fit perquisition et on en découvrit cinquante voitures qui furent conduites à l'Hôtel-de-Ville.

L'indignation s'empara de la multitude, qui voulait pendre les lazaristes ; ceux-ci eurent le bonheur de se sauver.

Des forcenés mêlés parmi le peuple se portèrent à des excès ; ils s'enivrèrent des vins et des liqueurs dont les moines avaient de grandes provisions ; le feu prit aux granges : sans de prompts secours, tout le faubourg Saint-Laurent eût été incendié.

Au n° 84 la pharmacie de M. Albelpeyres, à qui l'on doit la découverte précieuse d'un papier dit *épispastique*, puisque la santé, ou la volonté des médecins, exige qu'on ait dans certaines circonstances recours à des vésicatoires. M Albespeyres a rendu un grand service en substituant un papier au pansement fait avec de la poirée, du beurre ou de la pommade. Non-seulement ce papier préserve de toute odeur, mais entretient une suppuration abondante, sans irritation, et permet de se panser soi-même dans son lit ou en voyage. Ce papier remplit le triple but de la plus grande propreté, de la sécrétion la plus naturelle, et de l'économie. Le prix de vingt-cinq feuilles est de 1 fr. pour faire cinquante pansemens. Cette découverte a l'approbation des plus célèbres médecins de la capitale.

Au n° 88 la fabrique de porcelaine de MM. Perrot, Delvincourt et compagnie.

Porte St. Denis.

Entre les nos 114 et 116 est la fontaine dite Saint-Lazare.

PORTE SAINT-DENIS,

en 1793 nommée Franciade.

La ville de Paris voulut par ce beau monument, élevé en 1672 sur les ruines de l'ancienne porte du même nom, éterniser la mémoire du fameux passage du Rhin, de la prise de quarante villes fortifiées, et de trois provinces réduites au pouvoir de Louis XIV dans l'espace de deux mois.

Cet arc-de-triomphe est de François Blondel, architecte : on remarque du côté des boulevarts, au pied des pyramides, la figure de la *Hollande* ; de l'autre, celle du *Rhin* ; le bas-relief placé dans la frise représente le *Passage du Rhin à Tholuys.* Du côté du faubourg Saint-Denis, les pyramides posent sur des lions couchés, le bas-relief représente la ville de *Maëstricht* ; des *renommées* occupent les tympans triangulaires de l'arc : tous ces ornemens sont de François Augier, sculpteur.

Le temps avait dégradé une partie de tous ces ornemens, et pendant le cours de la révolution les inscriptions avaient été mutilées ; depuis 1815 M. Célérier a été chargé de la restauration des ornemens et des anciennes inscriptions. On y revoit celle de *Ludovico Magno* qui dédie cet arc-de-triomphe à Louis XIV.

C'est par cette porte que les rois de France ont toujours fait leurs entrées dans la capitale, ainsi que Louis XVIII, le 3 mai 1814.

BOULEVARD SAINT-DENIS.

Il commence à la porte Saint-Denis et finit à la porte Saint-Martin ; on remarque sur ce boulevart encore des librairies ambulantes, des fabriques de souliers de femmes, des cafés, etc. Ce qui fixe l'attention, c'est le magasin de soieries et de nouveautés au coin du boulevart et de la rue Saint-Denis ; il a pour enseigne, *Au Serment*. Ce tableau représente une jolie femme élevant trois schalls ; en face d'elle, trois jeunes gens d'une forte stature ayant l'aune d'une main lèvent l'autre, et jurent que les schalls sont français. Ce tableau, supérieurement peint, a été pendant plusieurs mois couvert d'une toile ; la chronique a dit que c'était par ordre, attendu que les schalls étaient bleus, blancs et rouges, et que

Barrieres St Martin, de la Villette et de Pantin.

le serment était pour les couleurs nationales. Le tableau a été découvert depuis le 28 décembre 1820; les schalls ne sont plus que de deux couleurs ; le serment est que les schalls sont de fabrique française, et qu'ils n'en vendront pas de fabriqués en Angleterre. On voit au coin du tableau un Anglais furieux qui menace avec ses deux poignets les prêteurs de serment; il semble leur dire : tous les Français ne sont pas patriotes comme vous ; nous leur vendrons encore des objets fabriqués en Angleterre.

Nous allons remonter aux barrières de la Villette, Saint-Denis et Saint-Martin.

BARRIERE SAINT-MARTIN, DE LA VILLETTE ET DE PANTIN.

Le point de vue est très-pittoresque; voir la gravure ci-contre.

Le 30 mars 1814, l'armée des alliés, forte de deux cent mille hommes, a attaqué à 6 heures du matin les hauteurs de Belleville, les buttes Saint-Chaumont et Montmartre. Après une canonnade jusqu'à 3 heures et demie et un combat sanglant dans les plaines de la Villette contre trente mille Français, il fut signé une suspension d'armes à 5 heures et demie du soir. Les élèves de l'école polytechnique, placés sur la butte Saint-Chaumont avec douze pièces de canon, se sont immortalisés par leur courage ; leur artillerie a fait un ravage effroyable à l'ennemi. L'empereur de Russie a fait l'éloge de leur bravoure.

Le lendemain 31, à midi, Alexandre, empereur de Russie, le grand-duc Constantin son frère, le roi de Prusse avec ses deux fils, le prince Schwarzemberg, etc., à la tête d'une armée de cent mille hommes, sont entrés à Paris par la barrière de la Villette.

Le 12 avril 1814 est entré à Paris, par la barrière de Pantin, le comte d'Artois, Monsieur, frère du roi.

BASSIN DE LA VILLETTE,
Entre la barrière de ce nom et celle de Pantin.

Ce vaste bassin a 612 toises 2 pieds 9 pouces de longueur, 61 toises de largeur ; de chaque côté quatre rangées d'arbres forment un charmant point de vue et une promenade des plus agréables. Dans la belle saison on a le plaisir de pouvoir naviguer à la voile sur cette im-

Bassin de la Villette.

mense nappe d'eau. Dans les grands froids des milliers de patineurs, des femmes les plus élégantes de la capitale s'y rendent pour parcourir ces vastes voûtes de glaces : combien de rendez-vous y font naufrage ! Il doit partir de ce bassin deux autres branches de canal navigables, dont l'une, traversant les faubourgs de Paris jusqu'à l'arsenal, servira à descendre les bateaux dans les fossés de la Bastille, ce qui formera une garde sûre pour les bateaux de la Seine ; l'autre se dirigeant vers Saint-Denis, abrégera de six lieues et demie le trajet par eau de Saint-Denis à Paris. Le canal de l'Ourcq, qui fournit de l'eau au bassin de la Villette, a 24 lieues de longueur depuis sa prise d'eau à Lizy. Il amène à lui seul, à 83 pieds au-dessus du niveau des basses eaux de la Seine, au-delà de 1350 pouces d'eau, produisant en 24 heures 672,000 muids.

RUE DU FAUBOURG SAINT-MARTIN.

Au n° 165 est la maison de santé, dans l'ancienne communauté du nom de Jésus, où l'on reçoit les malades qui veulent s'y faire traiter, pour le prix de 2 francs par jour dans les salles communes, et 3 fr. dans des chambres particulières. M. Dubois en est le médecin. Cette maison est administré eau compte du gouvernement.

N° 166, l'hospice des Incurables-hommes, établi dans le ci-devant couvent des Récollets, qui furent supprimés en 1790. Il y a quatre cents lits. Il faut être âgé de 70 ans pour y entrer. C'est dans cette église qu'est la sépulture de madame de Créqui, femme du duc de Sully, grand-maître d'artillerie de France, morte en 1679; de Gaston de Roquelaure, duc et pair de France, connu par ses bons mots, mort le 13 mars 1680; de Antoine Gaston de Roquelaure, duc et maréchal de France, fils du précédent, le dernier de cette maison, décédé en 1738, et Marie-Louise Laval, son épouse, morte en 1785. Au n° 174, la fontaine dite des Récollets.

ÉGLISE SAINT-LAURENT,

rue du faubourg Saint-Martin.

Le portail et le maître-autel est de Lepautre : ont été inhumés dans cette église madame Gras, fondatrice et supérieure des Filles de la Charité, morte en 1660 ; de Charlotte Gouffier, épouse du duc de la Feuillade, pair et maréchal de France, décédée en 1683. Tous les ans les prêtres de Saint-Laurent faisaient une procession, qu'on appelait Procession du Grand-Pardon : le cortége était immense; la marche durait cinq heures, seulement pour faire le tour des faubourgs Saint-Denis et Saint-Laurent : en 1786 un orage surprit la procession ; il fallut mettre à couvert le Saint-Sacrement et le curé; un épicier et un marchand de vin se prirent au collet pour obtenir la préférence.

ENTREPRISE DES INHUMATIONS,

rue du faubourg Saint-Martin, n° 29.

Cette entreprise existe depuis que les prêtres ne peuvent à Paris exercer leurs fonctions hors de l'église. On a réglé un mode uniforme pour les derniers devoirs à rendre à chaque individu ; le pauvre ou le riche est assuré d'aller en carrosse après sa mort.

L'entreprise se charge de tout ce qui concerne le transport du défunt, soit à l'église, soit au cimetière ; elle a des magasins considérables de voitures de deuil, de corbillards, de catafalques, de tentures unies ou brodées en argent, de bières en sapin, en chêne et en acajou ; des cercueils de plomb, et des écuries remplies de chevaux.

Cette entreprise fournit encore les billets d'enterrement, et se charge de faire embaumer, etc.

Malgré les prix fixés d'après un tarif, ceux

pour les cérémonies de luxe sont arbitraires; ils varient selon le nombre et la qualité des chevaux, la beauté des voitures, des draperies, et la hauteur des plumes qu'on désire avoir sur la tête des chevaux qui traînent le corbillard, etc.

Il est des convois qui coûtent 6,000 fr., plusieurs même jusqu'à 10,000 fr., non compris les frais de l'église.

Il est du bon ton d'avoir quinze ou vingt voitures de deuil.

Il est prudent de faire son prix avant de mourir. Il ne faut pas craindre de marchander avec l'entreprise comme avec l'église, qui demandent toujours plus que moins, crainte de se tromper. Dans le cas où l'on ne pourrait pas s'arranger, il faut menacer de retarder l'époque de sa mort.

Cette entreprise, l'une des meilleures spéculations à Paris, rapporte beaucoup plus que celle des spectacles. Elle est obligée de fournir gratis à l'indigent un cercueil avec un linceul.

Cet établissement compte sur des trépas périodiques; il connaît les mois de l'année où la recette doit quadrupler; les temps humides, qui sont ordinairement malsains, lui sont favorables, ainsi que l'ignorance de certains médecins ou charlatans.

Les prêtres connaissent aussi les époques de l'année où les cierges de deux, trois ou quatre livres sortiront de la boutique de l'épicier; non-seulement ils calculent l'argent que produira la mortalité, mais encore les naissances et les mariages.

Porte S.t Martin.

PORTE SAINT-MARTIN,

Bâtie en 1614 en forme d'arc de triomphe, et détruite sous le règne de Louis XIII pour y élever celle qui subsiste depuis 1674, à la gloire de Louis XIV, sur les dessins de Blondel, exécutée par Bullet, architecte. Ce monument est moins riche que celui de la porte Saint-Denis. On remarque sur les bas-reliefs, du côté du faubourg, la prise de Limbourg et la défaite des Allemands, sous la figure d'un aigle repoussé par le dieu de la guerre. Depuis 1815 les lettres et les ornemens ont été restaurés.

Sous le règne de Louis XVI deux autres arcs de triomphe, élevés sous le règne de Louis XIV, aux portes *Saint-Antoine* et *Saint-Bernard*, ont été abattus comme gênant la circulation du commerce.

BOULEVART SAINT-MARTIN.

Entre le boulevart Saint-Denis et celui du Temple, on voit le théâtre de la porte Saint-Martin, ci-devant de l'Opéra depuis 1781 jusqu'en 1794, qu'il fut transporté rue de Richelieu après le dernier incendie de la salle de l'Opéra au Palais-Royal. Cette salle fut bâtie en 1781, en soixante-quinze jours, par l'architecte Lemoine, afin de ne pas priver long-temps le public ; et malgré sa construction en charpente, elle conserve toute sa solidité.

On y a tenu pendant la révolution des assemblées de citoyens, des conseils de guerre et des commissions militaires ; en l'an X (1801), cette salle fut réparée ; on y joua des pantomimes, et fut fermée en 1803 ; mais ce vaste théâtre, où l'on donne aujourd'hui des mélodrames pompeux, des ballets presque aussi brillans qu'à l'Opéra, attire un grand nombre d'amateurs par sa position dans un quartier très-populeux. On remarque dans le café du théâtre de la porte Saint-Martin une pendule d'un très-grand prix, qui était autrefois dans les appartemens du château de Versailles. On donne dans ce café de très-grandes tasses et de gros morceaux de sucre.

Fontaine de l'esplanade du

CHATEAU D'EAU, *boulevard Bondi.*

Cette vaste fontaine, construite en 1811, est de treize mètres de rayon, formant le pourtour extérieur du bassin du château d'eau. Les eaux tombent en nappe de bassin en bassin : au niveau de la troisième cuvette sont quatre socles carrés, dont chacun sert de piédestal à deux lions accouplés qui lancent de l'eau par la gueule.

Aux quatre coins de ce boulevart et des rues aboutissantes, quatre cafés-limonadiers sous les noms de *Lebrun*, *Leblanc*, *Lenoir* et *Leblond* (noms des propriétaires). Le café de ce dernier, sous le nom du Château d'eau, est décoré avec élégance, et ce qu'il y a de plus beau, ce sont les énormes morceaux de sucre que l'on donne pour une demi-tasse de café.

BOULEVART DU TEMPLE.

Il commence rue du Temple, et se termine au boulevard des Filles du Calvaire. Ce boulevart avait beaucoup perdu de sa réputation dans les premières années pour les plaisirs de la multitude, depuis l'établissement des galeries du Palais-Royal, en 1786, qui, à son tour, n'est plus aussi fréquenté, tandis que le boulevart du Temple l'est plus que jamais ; en outre, sa position est avantageuse, étant au milieu des quartiers du Temple, du Marais et du faubourg Saint-Antoine, peuplés de plus de deux cent mille individus. On y voit constamment une multitude et un mélange de tous les peuples.

A droite sont les beaux cafés Turc, Français, et celui de *Allez*, qui sont fréquentés dans la belle saison par les plus jolies femmes françaises et étrangères ; l'été elles occupent deux rangs de chaises devant ces cafés, à l'ombre des arbres de la contre-allée.

Près du café Turc est le beau jeu de paume, connu sous le nom de Charier, n° 37.

A gauche, de l'autre côté, sont un grand nombre de cafés, des spectacles. Nous allons commencer par le plus ancien.

THÉATRE DE LA GAIETÉ,

Élevé au milieu du dix-huitième siècle, par Nicolet, pour une troupe de danseurs de corde, de sauteurs, tours de force et pour des pantomimes. Depuis la révolution on n'y joue plus que des comédies et des mélodrames, etc., qui attirent constamment une foule d'amateurs. Nicolet y a fait une grande fortune ; sa veuve, morte en janvier 1817, âgée de quatre-vingt-quatre ans, affaiblie par l'âge, se refusait un morceau de pain. Elle a laissé un mobilier évalué à plus de 50,000 francs, et 200,000 en or, indépendamment de plusieurs maisons et terres, à deux enfans ; et par son testament elle a fait une pension viagère à son chat.....

Il y a vingt ans qu'un Anglais, à Londres, a fait en mourant une pension viagère à son chien.

THÉATRE DE L'AMBIGU COMIQUE.

Audinot, ancien acteur de l'Opéra comique, en est le fondateur. On y joue le même genre de pièces qu'au théâtre de la Gaieté. Il a été ensuite dirigé par Corse, excellent acteur et compositeur, décédé en 1815.

Ces deux théâtres sont fréquentés dans la semaine par les étrangers ; le dimanche le lundi et le mardi par un peuple avec lequel il ne faut pas plaisanter, qui jouit de toute la plénitude de ses droits. Les spectateurs s'y jettent des pommes de terre, des noix et des châtaignes ; souvent les coups de poing remplacent les sifflets, et tous les jours de l'année la même affluence deux heures avant l'ouverture des bureaux, de manière à ne pouvoir contenter que le quart des amateurs.

Sur la même ligne de ce boulevart douze ou quinze petits spectacles, où les prix des places sont depuis 10 centimes jusqu'à 60. Les avant-scènes sont à la porte; rien de plus curieux que la physionomie des premiers acteurs et actrices, ainsi que les lourdes plaisanteries des paillasses et de M. Bobèche.

Une chose qu'on aura peine à croire, c'est que le plus grand nombre des figurans dans les petits spectacles ne reçoivent pour salaire que 3 francs par mois.

Le café d'*Apollon*, où l'on jouait la comédie pendant que les spectateurs s'enivraient de *punch*, de *bière* et d'*eau-de-vie*, avec les nymphes du boulevart, est converti en un

THÉATRE DES ACROBATES,

Dirigé par madame Saqui, la plus célèbre danseuse de corde : on y voit également des tours d'adresse et de physique, etc.

CAFÉ DU THÉATRE DE LA GAIETÉ.

Grande affluence d'agioteurs qui rivalisent la bourse de Paris; c'est sur les vins, les eaux-de-vies, les huiles, les savons, les liqueurs et denrées coloniales que spéculent les *négocians* voyageurs habitués sur le boulevart ; il est des soirées où l'on ne parle que par millions ; assez ordinairement l'on entend dire : j'ai gagné 10,000, 15,000 ou 30,000 francs ; ils ont des estafettes pour correspondre de quart-d'heure en quart-d'heure avec les spéculateurs du *café Hardy*, boulevard des Italiens.

Les agens-de-change et les courtiers de commerce les qualifient de *marrons*, c'est-à-dire courtiers de contrebande, et néanmoins ils font journellement des affaires avec eux.

Le café de la Gaieté est le rendez-vous des filles du boulevart du meilleur ton, que les étrangers, même les Parisiens, prennent pour des femmes très-honnêtes, et croient avoir fait une bonne fortune en méritant un tendre regard de ces dames ; le soir, dans les entr'actes, les jeunes gens du bon genre, et de bons bourgeois, lorsqu'ils sont seuls, viennent convenir avec ces déesses des rendez-vous à la sortie des spectacles.

CAFÉ VINCENT,

Du côté opposé du théâtre de la Gaieté, sur la même ligne. Ce café est l'un des plus beaux, des meilleurs et des plus brillans de Paris ; la société la mieux choisie s'y réunit : c'est dans ce café où vont se rafraîchir pendant les entr'actes les pères, les mères de famille, et les maris lorsqu'ils sont avec leurs épouses, ainsi que toutes les personnes qui répugnent de se trouver avec des filles. Ces deux cafés (la Gaieté et Vincent) appartiennent à M. Vincent, qui a acquis une grande réputation par la bonne qualité des objets de consommation, et la manière honnête dont on est servi.

Il y a encore beaucoup d'autres cafés du même côté ; nous citerons seulement le café de l'Ambigu comique et le beau café Chinois.

On a construit sur le terrain du café du Bosquet un nouveau spectacle, sous le nom du

THÉATRE DU PANORAMA DRAMATIQUE.

L'ouverture a eu lieu le 15 janvier 1821. La salle est très-élégante ; la façade extérieure est d'un mauvais style ; les fleurs de lys placées au haut du frontispice représentent une croix, ce qui ne convient nullement à une salle de spectacle.

Ce boulevart est riche en restaurateurs ; dans le nombre on distingue le *Cadran bleu*, celui *de la Galiotte*, les restaurateurs Bertrand et Goupy, etc.

Les samedis, jour de repos des Juifs, toutes les familles juives qui habitent le quartier du Marais vont se promener sur ce boulevart.

C'est sur le boulevart du Temple que stationnaient *Marguerite Moine* et *Fanchon Morin*, toutes deux jolies, et toutes deux vielleuses, dout l'une a donné le sujet de la pièce intitulée : *Fanchon la Vielleuse*.

FAUBOURG DU TEMPLE (Rue du).

Il y a beaucoup de fabriques dans cette rue. On y voit le

THÉATRE DU CIRQUE OLYMPIQUE

Il est dirigé par MM. Franconi frères, dans l'ancien manége des sieurs Astley père et fils. Le spec-tacle de MM. Franconi est très-suivi par le peuple et les étrangers ; on est curieux de voir les superbes pantomimes équestres, et des mélodrames, où des chevaux sont les premiers acteurs, et beaucoup plus dociles que les acteurs du théâtre français ; en outre les exercices d'adresse, d'équitation et de voltige prouvent les talens de MM. Franconi. La salle est spacieuse et magnifique.

Au n° 72 est la caserne dite de la Courtille ; n° 77, l'immense jardin des maronniers, où se réunissent les fêtes et les dimanches les amateurs de la danse avec des jolies ouvrières en modes, des lingères, des brodeuses, émailleuses, etc.

GRANGES AUX BELLES (Rue).

On a découvert dans cette rue en 1800 une fabrique de louis dirigée, par *Cartier* et *Brasseur*, etc. : ils ont été condamnés à mort, et six autres à dix-huit ans de fers pour émission de faux louis.

TEMPLE (Rue des Fossés du).

Elle commence rue du Faubourg du Temple et finit rue de Ménilmontant. On y voit de très-belles maisons ; au n° 77 l'hôtel Foulon et l'hôtel Persan ; à l'entrée du côté du faubourg l'administration des fosses inodores, invention salutaire qui a obtenu un grand succès. Il y a plusieurs établissemens pour le public boulevarts Saint-Martin, Saint-Denis, Italiens, au bas du Pont-Neuf, côté du Louvre, etc., etc. Il est bien à désirer qu'il y en ait dans tous les quartiers de Paris.

Nous parlerons plus loin de la rue du Temple pour ne pas interrompre notre promenade des boulevarts.

BOULEVART DES FILLES DU CALVAIRE,

Entre les boulevarts du Temple et Saint-Antoine. On y voit des marchands de meubles, d'estampes, de livres, beaucoup d'escamoteurs et marchands d'orviétan.

BOULEVART SAINT-ANTOINE.

Il est entre le boulevart des Filles du Calvaire et la porte Saint-Antoine, ci-devant de la Bastille.

On y remarque beaucoup de fabricans de meubles, et plusieurs maisons d'institution ; nous citerons celle de M. l'abbé Cellier, qui a un jardin sur le boulevart, l'entrée du vaste bâtiment est rue du Harlay, n° 4. Ce digne instituteur ne quitte jamais ses élèves ; il mange à leur table, les accompagne à l'office, à la promenade, avec les maîtres de classe. Une parente respectable est chargée des soins à donner aux jeunes enfans.

Le fameux imposteur *Cagliostro* demeurait en 1785 dans la maison qui fait l'encoignure de la rue Saint-Claude et du boulevart Saint-Antoine. Il était né à Palerme en 1743, mort à Rome en 1795, dans la forteresse de Saint-Léon, après avoir fait des dupes dans toute l'Europe ; sa femme, complice de ses fourberies, fut enfermée dans le couvent de Sainte-Apolline à Rome.

La grande maison qui est au coin de la rue Neuve-Saint-Gilles, sur le boulevart, appartenait à la belle *Ninon de l'Enclos*, et où elle demeurait. La principale entrée est dans la rue des Tournelles, au n° 78.

C'est dans cette maison où elle recevait ses nombreux amans ; nous citerons seulement les *Coligni*, les *Villarceau*, les *Sévigné*, le grand *Condé*, le duc de la *Rochefoucault*, le maréchal *d'Albret*, *Miossen*, *Palluau*, *d'Effiat*, *Gourville*, *Jean Bannier*, et *la Châtre*. Ce dernier, obligé de rejoindre l'armée, incrédule aux sermens les plus tendres, Ninon le rassura par un billet de sa main, dans lequel elle lui donnait sa parole d'honneur que, malgré son absence, elle n'aimerait que lui ; à peine eut-il disparu qu'elle se trouva dans les bras d'un nouvel amant, et s'écria : *Ah! le bon billet qu'a la Châtre !* Ninon mourut le 17 octobre 1706, à l'âge de 91 ans.

Cette maison a cessé d'être un lieu de libertinage depuis la mort de Ninon ; il

Maison Beaumarchais.

en est néanmoins resté des traces, car le marchand de vin dépendant de cette maison était le rendez-vous des prostituées en dernière ligne des boulevarts, et des soldats; ce tableau hideux était curieux tous les soirs, jusqu'à la fin de 1819, époque où le propriétaire de la maison a renvoyé le marchand de vin, qui est remplacé par un autre, sous la condition de ne pas recevoir de filles. Les rendez-vous de cette vermine, qui ne trouve plus d'asile, sont au pied des arbres, ou dans les rues voisines sur des bornes.

Au n° 2 le jardin et l'hôtel de Caron de Beaumarchais, bâti dix ans avant la révolution sur les dessins de Le Moine de Bellanger.

Beaumarchais a prodigué dans l'intérieur de la maison un luxe asiatique. C'est là où il a fait les plus grandes spéculations mercantilles qui lui procurèrent une grande fortune. Sa dernière spéculation fut un accaparement de sel, en 1798, ce qui fit dire, lorsqu'il mourut en 1799 : le corps de Beaumarchais se conservera long-temps, car il est mort salé. Son tombeau est dans son jardin.

Cette maison, qui doit être démolie pour

le passage du canal de l'Ourcq, vient d'être achetée à cet effet par la ville de Paris.

PLACE SAINT-ANTOINE,

Où était l'arc de triomphe élevé à la gloire des rois. Il fut démoli en 1778, et les sculptures, de Jean Goujon, furent transportées au jardin de Beaumarchais.

PLACE DE LA BASTILLE,

Sur le terrain où était le fort de la Bastille, prison d'état. Elle fut bâtie sous Charles V; Hugues Aubriot, prévôt de Paris, posa la première pierre en avril 1369, suivant Jaillot, et 1370 suivant Villaret, pour défendre Paris du côté du faubourg Saint-Antoine des incursions des Anglais, et se garantir de leur déprédation. C'était à l'hôtel Saint-Paul que les rois faisaient leur résidence.

Ce même Hugues Aubriot inventa les premiers égouts souterrains, pour débarrasser la capitale des immondices et des eaux inutiles; il augmenta le petit Châtelet, réédifia le Pont-au-Change, que les débordemens de la rivière avaient ruiné.

Le 14 juillet 1789 la Bastille fut prise par

quelques Gardes-Françaises et les habitans de Paris ; en moins de deux heures cette forteresse se trouva investie de plus de quarante mille citoyens.

Le gouverneur fut conduit à l'hôtel-de-ville. (*Voyez* Place de Grève).

L'assemblée nationale décréta la démolition de la Bastille ; on a célébré sur ce terrain plusieurs fêtes à la liberté.

18 juillet 1790. La ville de Paris donna une fête patriotique aux députés fédératifs sur les ruines de la Bastille, représentée par les règles de ses huit tours : on avait placé des arbres encore verts ; chacun de ces arbres portait le nom d'un département ; ils étaient entourés d'un cintrage d'illuminations diversement coloriées. Au milieu de cette enceinte était placée une colonne aussi illuminée, qui figurait la même élévation qu'avait la Bastille, et au haut de laquelle flottait dans les airs un étendard aux trois couleurs de la nation, avec cette seule devise : *Liberté !* au bas de cette colonne un orchestre nombreux faisant danser une foule de citoyens, et sur chacune des tours figurées, il y avait encore un petit orchestre ; au-dessus de chaque porte d'entrée on lisait cette inscription : *Ici l'on danse.*

Le 10 août 1793 on érigea sur ce terrain une fontaine, dite de la régénération, représentée par la Nature ; des jets d'eau sortaient de ses mamelles ; les quatre-vingt-six commissaires des assemblées primaires du département devaient boire de cette eau dans la même coupe, en commençant par le plus ancien d'âge. Une salve d'artillerie annonçait aussitôt qu'un député avait bu de l'eau de la régénération; le président devait arroser le sol de la liberté de cette eau salutaire.

Comme le souvenir de la prise de la Bastille pouvait effrayer Bonaparte, il ne voulut pas qu'il restât le moindre vestige de ce monument; un décret ordonna la démolition des maisons environnantes, et sur le terrain le nouveau boulevart Bourdon, et sur la place une

FONTAINE COLOSSALE dite de L'ÉLÉPHANT.

Cette fontaine est construite en pierre de Château-Landon. Une voûte ou développement de cercle, construite en pierre dure de roche, portera l'éléphant, en bronze, placé sur un socle; il aura plus de soixante-douze pieds de hauteur, y compris la tour ou le trône supporté par cet animal. L'eau sortira par sa trompe. La figure de l'éléphant est colossale : l'une de ses pattes a six pieds de diamètre, dans laquelle on a pratiqué un escalier à vis pour monter à la tour. Le pied de cet animal excédera deux cent milliers métriques. Le plan de cette fontaine est de M. Célérier.

Le plan de cette fontaine n'est pas nouveau; un membre de l'académie de Béziers en proposa un plan en 1760 pour la barrière Chaillot.

Un éléphant de trente-huit toises de haut, portant une tour de soixante-quinze pieds, surmonté de la statue du roi, de trente-deux pieds, la tête du roi couverte d'un chapeau à trois cornes, en habit à basques, boutonné, et ayant un couteau de chasse à son côté. L'intérieur était distribué ainsi : un vaste escalier dans une des jambes de l'éléphant, et dans son corps un appartement, tel que salle de bal, de festin, d'assemblée, du trône, ainsi que différentes pièces : de la trompe de l'éléphant devait découler un fleuve.

M. Célérier connaissait sûrement le plan de l'académicien ; combien d'inventions ont fait la réputation de ceux qui ont de la mémoire ! Il arrive souvent que l'on soumet des projets au ministère de l'intérieur sans obtenir de réponse ; projets dont des chefs de division font leur profit pour faire leur cour au ministre, comme chose provenant de leur génie.

BOULEVART BOURDON.

Il commence place Saint-Antoine, et finit

quai Morland. Ce boulevart fut planté en 1806 sur le terrain du jardin de l'arsenal ; il porte le nom de Bourdon, officier mort glorieusement à la bataille d'Austerlitz.

On remarque sur ce boulevart le

GRENIER DE RÉSERVE.

La première pierre de cet édifice a été posée en 1807, et terminé en 1818, sous la direction de M. Delannoy, architecte. Ce bâtiment a soixante pieds environ de largeur sur onze cents pieds de longueur ; il se compose de cinq avant-corps et quatre arrières-corps. Ce vaste établissement sert de magasin aux blés et farines. Le 8 octobre 1820 la ville de Paris a donné à dîner à mille forts de la halle et des ports, dans ce bâtiment, en réjouissance de la naissance du duc de Bordeaux. Des salles ont été décorées avec la plus grande magnificence ; une table de mille couverts, des mets les plus recherchés et les plus délicats, trois qualités de vins, de Bourgogne, de Bordeaux et de Champagne ; une grande musique pendant le repas, qui a duré depuis deux jusqu'à sept heures. Des chansons analogues, de la composition de MM. Désaugiers, Gentil, Piis, Dieulafoi et Gersin, ont été chantées. MM. les forts de la halle et des ports se sont montrés dignes, par leur conduite décente, de recevoir un pareil hommage de la ville de Paris.

A sept heures le bal a commencé, comme nous l'avons déjà dit. Les billets d'invitation pour les dames ont été donnés par le préfet à MM. les forts de la halle et des ports pour qu'ils choisissent eux-mêmes les dames. Ces messieurs ont fait preuve de bon goût. Le bal a duré jusqu'à six heures du matin. Les princes ont été faire une visite à cette réunion respectable : combien de gens, qui parlent avec dédain de la classe du peuple, pourraient recevoir des leçons de bienséance et de galanterie que MM. les forts de la halle et des ports ont observées dans cette fête, ainsi que MM. les charbonniers.

MORLAND (Quai).

Il commence au pont du Jardin du Roi, ou d'Austerlitz, et finit au pont Grammont et rue Sully.

On le nommait autrefois du *Mail*, à cause d'un *mail* que Henri IV y fit construire. Ce *mail* a été détruit vers le milieu du siècle dernier : on lui donna, en 1806, le nom qu'il porte pour perpétuer le souvenir de *Morland*, commandant des chasseurs de la garde, mort glorieusement à la bataille d'Austerlitz, le 2 décembre 1805. Sur ce quai est

ARSENAL (l').

Henri II commença à le faire construire vers l'an 1548 sur l'emplacement des granges de l'artillerie, qui appartenait à la ville. Le tonnerre tomba sur une tour, dite de *Billy*, qui faisait partie de cet arsenal ; vingt milliers de poudre firent une explosion terrible ; trente-deux personnes y perdirent la vie, et trente autres furent blessées ; les bâtimens furent renversés. L'arsenal fut rétabli et augmenté par Charles IX, Henri III et Henri IV. En 1718 on fit abattre une partie des anciens bâtimens pour y élever l'hôtel du gouvernement, qui fut construit sur les dessins de Germain Boffrand. Les appartemens qu'occupait autrefois le grand-maître de l'artillerie de France étaient magnifiques : le grand salon a été peint par le célèbre Mignard. L'administration des poudres et salpêtres occupe une partie des bâtimens. Il y a dans cet emplacement deux casernes et la

BIBLIOTHÈQUE MONSIEUR OU DE L'ARSENAL.

On lit sur la porte par laquelle on entre dans cette bibliothèque ces deux vers de *Nicolas Bourbon* :

Ætna hæc Henrico Vulcaniana tela ministrat,
Tela giganteos debellatura furores.

Cette bibliothèque doit sa naissance, dans le local où elle est encore, à la constance savante du bibliomane Marc-Antoine Voyer, marquis de Paulmy, neveu du garde-des-sceaux. M. de Paulmy avait réuni à son immense bibliothèque celle du duc de la Vallière, mort le 16 novembre 1780. Cette bibliothèque contenait vingt-six mille cinq cent trente-sept articles, et cinq mille six cent soixante-huit articles de livres rares. A la mort de M. de Paulmy, arrivée le 13 août 1787, le comte d'Artois, aujourd'hui *Monsieur*, en fit l'acquisition. Elle fut rendue publique dans le cours de la révolution. Le sénat conservateur voulait en faire sa bibliothèque ; on y a réuni la bibliothèque de la doctrine chrétienne. *Monsieur*, comte d'Artois, est rentré dans sa propriété, mais il en laisse la jouissance au public; elle est ouverte tous les jours de la semaine, depuis dix heures du matin jusqu'à deux. C'est l'une des bibliothèques publiques la plus considérable en nombre de volumes et en livres précieux.

CÉLESTINS (Les).

Ces religieux furent ainsi nommés parce qu'ils ont été institués au treizième siècle par le pape *Célestin* V. Ce fut en 1352 qu'ils s'établirent sur le quai nommé des *Célestins;* en 1367 Charles V posa la première pierre de leur église, et leur donna une partie des jardins de l'hôtel Saint-Paul; en 1539 on commença à reconstruire le cloître. Cet ordre fut supprimé en France en 1778. Depuis seize ans on en fait une caserne pour la cavalerie.

CÉLESTINS (Quai des).

Il commence place Morland, et finit quai Saint-Paul. Ce nom lui vient des religieux Célestins. (*Voyez* ci-dessus). On remarque au n° 10 l'hôtel Mareuil, et au n° 24 l'établissement des eaux épurées et clarifiées.

PAUL (Port Saint-), *quai des Célestins.*

Arrivages des vins, fers, épiceries, coches pour Corbeil, Montereau, Nogent et Briare.

A la suite du quai des Célestins est le pont de Grammont, qui est en bois, et conduit à l'

ÎLE LOUVIERS,

Nommée autrefois l'*île aux Javeaux*, terme des eaux et forêts, qui signifiait une île nouvellement formée au milieu de la rivière par alluvion ou amas de limon et de sable.

L'île Louviers est un chantier de bois à brûler pour la consommation de Paris, mais particulièrement en bois neuf.

En 1549 la ville de Paris fit élever dans cette île un fort, un port et une espèce de havre, pour y donner à Henri II et à Catherine de Médicis le spectacle d'un combat naval et de la prise d'un fort.

PAUL (Quai Saint-).

Il commence rue Saint-Paul et quai des Célestins, et finit quai des Ormes. On n'y remarque rien.

ORMES (Quai des).

Il commence rue de l'Étoile et quai Saint-Paul, finit quai de la Grève. Il doit son nom actuel à quelques ormes qui se trouvent encore sur ce quai, figurés dans un enclos, sur le plan gravé par d'Heulland, représentant Paris vers l'an 1540.

FAUBOURG SAINT—ANTOINE.

Il commence rue de la Roquette et de Charenton, et finit à la barrière de Vincennes. Depuis des siècles ce faubourg est célèbre dans l'histoire ; on se rappelle la guerre de la Fronde.

Le peuple de ce quartier est très-laborieux ; les femmes et les enfans de tout âge y sont occupés par le grand nombre de fabriques qui s'y trouvent.

Il y a beaucoup de brasseries, de fabricans de meubles, de taffetas et toiles cirées, de schalls, etc., etc., des chaudronniers, des tourneurs sur bois et sur métaux, des sculpteurs, des tapissiers, des serruriers, mécaniciens, des doreurs sur bois et sur métaux, des fabricans de papiers peints, des ébénistes, etc., etc.

Les habitans de ce faubourg ont été de tous les temps victimes des intrigans qui voulaient se faire un parti, en trompant cette nombreuse et laborieuse population : combien de fois les factions des assemblées nationale, législative et de la convention nationale se sont disputées pour faire mouvoir le faubourg Saint-Antoine ! *Santerre*, brasseur depuis long-temps dans ce faubourg, jouissant d'une honnête aisance, fut nommé en 1789 commandant de la garde nationale de son quartier : il pouvait, par la grande confiance que les habitans avaient en lui, disposer à volonté de cette nombreuse multitude.

On remarque dans ce faubourg l'

HÔPITAL SAINT-ANTOINE,

Qui occupe l'ancienne abbaye royale de Saint-Antoine-des-Champs.

La construction de ce monastère fut commencée en 1198, et fut achevée sous le règne de saint Louis Les bâtimens du couvent étaient très-vastes et magnifiques. Ce monastère jouissait de revenus considérables. L'abbesse était princesse ; elle jouissait d'un revenu de 60,000 livres. L'hôpital qu'on a établi dans cette maison depuis la révolution est un des plus beaux et des mieux aérés. Il y a trois cent cinquante lits. Du même côté l'

HOSPICE DES ORPHELINS.

On y reçoit les orphelins de père et de mère, et les enfans délaissés par leurs parens, de l'âge de deux à dix ans, jusqu'à ce qu'ils soient placés à la campagne ou en apprentissage. Cette maison existait depuis 1668 pour les enfans mâles.

MARCHÉ BEAUVEAU ou de SAINT-ANTOINE,

A été construit en 1779 sur les dessins de l'architecte Lenoir-Leromain, sur le terrain du jardin et de l'hôtel anciennement nommé Maison du Diable. Le terrain de ce marché est très-vaste.

MONTREUIL (Rue de).

Elle tient à la barrière de ce nom et au faubourg Saint-Antoine. On voyait dans cette rue la Folie-Titon, bâtie par Titon, maître des comptes. C'est là qu'a été établie la belle manufacture de papiers *tontisse* et *peints*, pour les ameublemens, dits de Réveillon, qui en a été l'inventeur et l'entrepreneur. C'est l'une des fabriques les plus

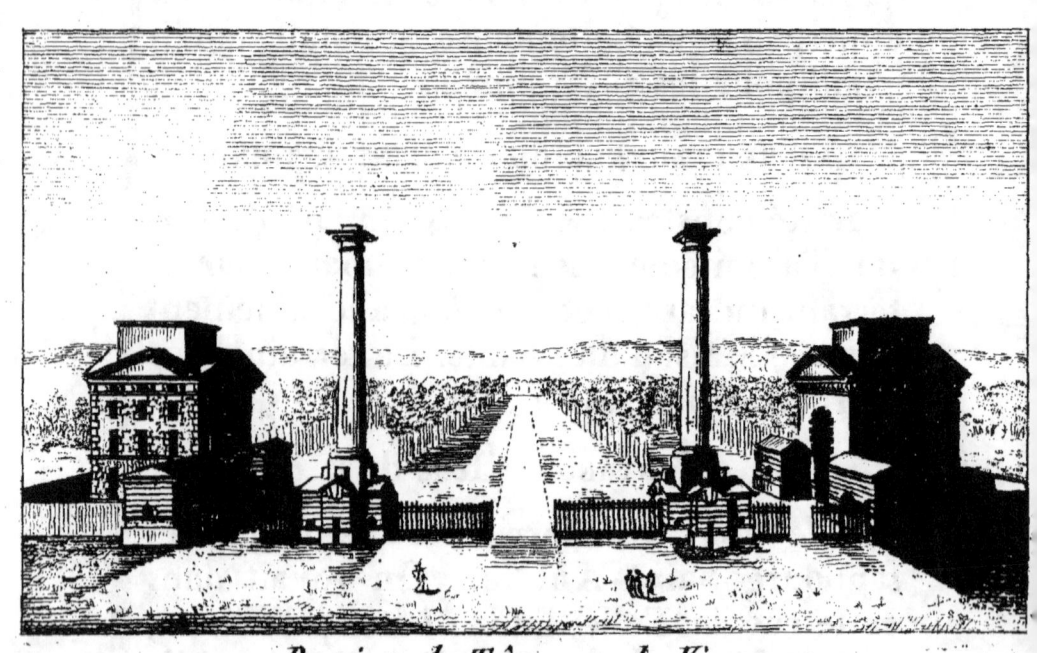

Barrière du Trône ou de Vincennes.

considérables dans ce genre ; elle portait le titre de *Manufacture royale* par arrêt du conseil d'état du 13 janvier 1784.

C'est dans cette maison que MM. Montgolfier et autres ont fait fabriquer la première Montgolfière qui a paru à Paris, et dans laquelle M. le marquis d'Arlande et M. Pilastre du Rosier ont été les premiers à franchir la plaine des airs.

En 1789, les 27 et 28 avril, il y eut dans la manufacture de *Réveillon* une insurrection ; les ouvriers étaient nombreux ; l'exil ordonné par Louis XVI contre Philippe d'Orléans en fut le prétexte.

BARRIÈRE DE VINCENNES.

Elle est située au bout du faubourg Saint-Antoine, et est l'une des plus belles de celles qui ferment Paris.

C'est dans cet emplacement qu'on dressa un trône pour Louis XIV lorsqu'il fit son entrée triomphante à Paris.

Lorsque la reine Marie-Thérèse d'Autriche, femme de Louis XIV, fit son entrée dans Paris, on lui dressa un trône magnifique, proche de l'endroit où devait s'élever l'arc de triomphe ; c'est depuis cette époque

que le nom de barrière du Trône lui a été donné.

L'empereur d'Autriche est entré par cette barrière avec le prince royal de Suède (Bernadotte) au mois d'avril 1814, lors du séjour à Paris des armées alliées.

C'est à la barrière du Trône que la convention nationale avait ordonné, le 25 prairial an II (14 juin 1794), au *tribunal révolutionnaire* d'envoyer les fournées de victimes. Cinquante-neuf personnes des deux sexes y ont péri le 9 thermidor (28 juillet 1794). Le peuple du faubourg Saint-Antoine voulut arrêter les dernières voitures; mais le brigand Henriot, commandant de Paris, s'y opposa, et le terrain de la barrière du Trône fut encore baigné du sang humain.

Le lendemain, à la même heure, Henriot paya de sa tête tous ses forfaits.

Nous allons continuer au

PORT DE LA RAPÉE,

Situé près de Bercy, au-dessus du pont d'*Austerlitz*, ou du jardin du roi, sur la rive gauche de la Seine. Ce lieu est très-renommé pour les matelottes et pour les fritures de goujons. Les principaux traiteurs sont à l'Écu de France et aux grands Marronniers, où l'on mange des matelottes qui coûtent depuis 36 fr. jusqu'à 300. Le marronnier qui est devant la maison du traiteur a plus de deuxcent cinquante ans ; il couvre huit tables.

On fait aussi des parties de plaisir sur la rivière, dans un bateau où il y a un très-joli salon, et d'où l'on jouit de la plus belle vue.

Le nom de la Rapée vient d'une maison qui y avait été construite par M. de La Rapée, commissaire-général des guerres.

La construction du nouveau pont du jardin du roi rend ce port beaucoup plus commerçant.

L'on voit arriver sur le port de la Rapée et un peu au-dessus tous les vins qui viennent du midi, dont partie pour les magasins de Bercy, village un peu au-dessus ; l'autre partie est déposée dans la nouvelle halle aux vins.

CERISAYE (Rue de la).

C'est dans cette rue que fut bâti l'hôtel de Lesdiguières. Henri IV y allait souvent en partie de plaisir. C'est dans cet hôtel que descendit le czar Pierre Alexiowitz, grand-duc de Moscovie, le 17 mars 1717: trois jours après son arrivée Louis XV lui rendit visite, accompagné du régent.

Nous allons reprendre le quartier Saint-Antoine, en commençant par la

CHARONNE (Rue de),

Entre la barrière de Fontarabie et la grande rue du faubourg Saint-Antoine. La fontaine qui est au coin de cette rue fournit de l'eau de la Seine.

La cour de Saint-Joseph, qui est immédiatement après cette fontaine, est un emplacement très-vaste, dépendant autrefois des écoles chrétiennes et de charité, formées dans ce faubourg en 1713.

On remarque à l'ancien couvent des Bénédictines réformées de la Madeleine de Traisnelle, qui existait depuis 1654, la superbe manufacture de basins, mousselinettes et autres étoffes en coton et façon anglaise, de M. Richard.

Près de là était le couvent des religieuses dominicaines, dites *Filles de la Croix*.

A peu de distance de ce couvent était un prieuré de Bénédictines, fondé en 1654 par madame de Chavannes.

ÉGLISE SAINTE-MARGUERITE (Paroisse).

Le célèbre mécanicien Vaucanson a été inhumé dans cette église, en 1782, à l'âge de soixante-quatorze ans. Dans la même rue étaient les Filles de Notre-Dame-des-Vertus, ou de Sainte-Marguerite.

CHARENTON (Rue de).

On ne voit pas sans intérêt l'*Hôpital royal des Quinze-Vingts*, au n° 38, qui fut fondé en 1260, par saint Louis, à son retour des croisades, pour trois cents aveugles Le nombre est de plus de quatre cents. Pour y être admis il faut être dans un état de cécité absolue. Les choix se font parmi les aveugles de tous les départemens du royaume. Louis XVIII a rendu à cet hôpital les revenus dont il jouissait en 1789.

Les aveugles des Quinze-Vingts apportèrent le 29 décembre 1793 une chemise à la commune de Paris, trouvée dans la châsse de saint Louis. Chaumette, procureur-syndic, dit que cette chemise pouvait bien avoir appartenu à une des maîtresses du cardinal de Rohan, qui l'aurait placée pendant que cette éminence était administrateur de cet établissement.

Elle fut brûlée de suite au milieu de la salle, au bout d'un sabre.

On voyait un peu au-dessus des Quinze-Vingts un couvent de Filles anglaises. Ce fut madame Cléveland qui fit construire l'église de ce monastère en 1639.

MÉNILMONTANT (Barrière de).

Elle est décorée de deux bâtimens ayant chacun trente-deux colonnes avec arcades ; elle tient son nom du village de *Ménilmontant*, qui est à peu de distance.

MÉNILMONTANT OU POPINCOURT (Abattoir).

Il est situé entre les rues de Popincourt et des Amandiers. Ce vaste bâtiment fut commencé en 1810, sous la direction de M. Happe, architecte ; il est composé de vingt-deux bâtimens et d'une très-jolie maison pour le bureau et M. le *gouverneur* des tueries : ce genre d'administration exigeait-il ce luxe ? c'est l'abattoir le plus considérable.

Le produit de la location des cinq abattoirs est annuellement estimé à plus de 300,000 francs, sans y comprendre les frais des cinq états-majors. Ces établissemens étaient depuis long-temps désirés.

AMANDIERS (Rue des).

Il faut voir dans cette rue la superbe manufacture de porcelaine de MM. Nast, établie à Paris depuis 1785. M. L'Héritier, membre de l'Institut, demeurait dans cette rue ; en rentrant chez lui, le 10 août 1801, il fut assassiné à coups de sabre à quelques pas de sa maison sans qu'on ait pu découvrir les meurtriers.

REUILLY (Rue de).

On y voit la manufacture des glaces n° 24, établissement qui existe depuis 1634, sous le ministère de Colbert. On commença à fabriquer des glaces soufflées, ce qui ne produisait des volumes que de trois ou quatre pieds de hauteur. Un nommé Lucas de Néhon inventa, en 1688, la manière de les couler, ce qui s'exécute à Saint-Gobain, département de l'Aisne, où on en a coulé de cent vingt-deux pouces de hauteur sur soixante-quinze de largeur. L'empereur de la Chine a la plus grande qui soit sortie de cette manufacture. Elles sont transportées à Paris, où on leur donne le poli nécessaire, et où on les met au tain. Plus de sept cents ouvriers sont employés dans cette manufacture à Paris, où l'on est parvenu depuis peu de temps à ressouder les glaces.

AUNAY (Barrière d').

Elle porte le nom de la ferme d'*Aunay*, située hors de Paris, près de cette barrière : elle est décorée d'un bâtiment avec deux péristyles et quatre colonnes. A peu de distance est le

CIMETIÈRE DE L'EST OU DU PÈRE LA CHAISE.

Les inhumations du nord de Paris se font à ce cimetière et à celui dit de *Montmartre* et de *Sainte-Catherine*; et les inhumations du sud de Paris aux cimetières de *Clamart* et de *Vaugirard*.

Les familles sont libres de choisir leur dernier asile, n'importe les quartiers où elles demeurent. Le cimetière le plus imposant et le plus vaste est celui de l'Est, placé à Mont-Louis, sur le terrain de l'ancienne maison du pere la Chaise, jésuite, né à Aix en Forez, en 1634, mort en 1709, membre de l'académie des inscriptions. Ce cimetière est un enclos de cinquante-quatre arpens. Depuis 1804 il est consacré à la sépulture des habitans de Paris. On compte, depuis cette époque jusqu'à ce jour, qu'il y est entré plus de cent mille corps. Deux pyramides en décorent l'entrée, fermée d'une grille : au centre est une chapelle destinée pour les dernières cérémonies. Sont réunis dans cet asile toutes les conditions et tous les âges, toutes les religions et toutes les opinions; la vertu est confondue avec le vice et l'orgueil; l'usurier et le prodigue avec l'avare : tous les titres de noblesse et les décorations disparaissent; c'est la terre de l'égalité. On y remarque les tombeaux d'*Héloïse* et d'*Abeilard*, de *Jean de La Fontaine*, de *Molière*, etc. Ce lieu de repos inspire un saint respect, par la multiplicité des inscriptions et des épitaphes; il faut plusieurs jours pour en connaître tous les détails. Nous invitons de se munir de l'excellent ouvrage de M. *Marchand de Beaumont*, sous le titre de *Conducteur au Cimetière de l'Est*, ou *du père la Chaise*, orné du plan topographique.

BERCY (Rue de).

Elle est entre la barrière de Bercy et la

rue Contrescarpe. Au bout était la *Grange aux Merciers*, célèbre dans l'histoire par les assemblées qui s'y tinrent sous Charles VI pour rétablir le calme dans l'état, et sous Louis XI pendant la guerre dite *du bien public*.

L'endroit nommé la *Grand'Pinte*, qui est au bout de la rue Grange-aux-Merciers, était l'une des guinguettes les plus fréquentées par les ouvriers à cause de la grandeur de la mesure dans laquelle on vendait le vin, qui contenait environ moitié plus que la mesure de Paris.

ROQUETTE (Rue de la).

On y voyait un couvent d'Hospitalières de la règle de saint Augustin. Au n° 90 est l'hôtel Montalembert, anciennement l'académie des arbalétriers et des arquebusiers; au même numéro la fabrique de porcelaine de MM. Dartres frères.

On y remarque encore une belle manufacture de terre blanche ou faïence, dite *anglaise*.

POPINCOURT (Rue de).

On y voit une caserne qui a été bâtie pour

deux compagnies du régiment des Gardes-Françaises ;

L'ancien couvent des Religieuses Annonciades du Saint-Esprit ; des filatures de colon.

L'église Saint-Ambroise de Popincourt, paroisse, était celle des Religieuses Annonciades du Saint-Esprit, bâtie en 1659.

Denelle, ex-membre du comité révolutionnaire de la section, demeurait dans cette rue. Il fut accusé d'avoir participé aux crimes du 2 septembre : avant de fuir de Paris, le 20 prairial an 3 (11 juin 1795), il empoisonna sa femme et quatre enfans ; voyant que le poison était trop lent, il l'acheva de vingt coups de marteau, ainsi que l'enfant qu'elle allaitait. Il fut découvert le 27, et condamné à mort.

MÉNILMONTANT (Rue de).

Elle commence rues Saint-Pierre et des Fossés-du-Temple, et finit à la barrière de *Ménilmontant*.

On remarque au n° 48 la fabrique de porcelaine et de minium, façon anglaise, de MM. Crémière et Guillemot.

CRUSSOL (Rue de).

Elle commence rue des Fossés-du-Temple, et finit rue de la Folie-Méricourt.

Cette rue, ouverte en 1788, a pris son nom de M. de Crussol, alors grand-bailly du Temple. On remarque au n° 8 la maison de M. Neppel, fabricant de porcelaine, qui imprime sur émail toutes sortes de sujets. Sa fabrique est à Nevers.

FONTAINE AU ROI (Rue).

Elle commence rues de la Folie-Méricourt et du Faubourg du Temple, et finit rue Saint-Maur. Il y a dans cette rue beaucoup de manufactures. On remarque au n° 2 la fabrique de porcelaine de M. Dode; au n° 10 celle de M. Dupré; au n° 39 celle de MM. Pougat frères, Lebourgeois et compagnie.

BOULETS (Rue des).

Il y avait depuis 1713 une communauté de Filles de Sainte-Marie.

On y remarque la fabrique de toile cirée de M. Billard au n° 34; le dépôt est rue Bourg-l'Abbé, n° 36.

PICPUS (Rue de).

C'est dans cette rue que demeurait la fameuse Brinvilliers, qui, de complicité avec Sainte-Croix et La Chaussée, avait empoisonné son père, sa mère et plusieurs de ses parens.

Sainte-Croix périt en laissant tomber le masque de verre qui lui couvrait la figure lorsqu'il fabriquait les poisons. Une cassette et un écrit qu'on y trouva découvrirent ses crimes.

Par arrêt du 4 mars 1673, La Chaussée fut condamné à être roué vif et à expirer sur la roue, et le 16 juillet 1676 la marquise fit amende honorable devant la principale porte de Notre-Dame, et eut la tête tranchée. La marquise a avoué ses crimes.

SAINT-ANTOINE (Rue).

En 1792, c'est dans la nuit du 9 au 10 août, dans la maison ayant pour enseigne *le Cadran bleu*, que se réunirent ceux qui étaient à la tête du mouvement qui eut lieu le 10 au château des Tuileries, pour arrêter leurs dernières dispositions, et d'où ils descendirent chez Robespierre, rue Saint-Honoré, qu'une visite si nombreuse déconcerta assez pour en être devenu le sujet d'un reproche qui lui fut ensuite adressé. On remarque dans cette rue l'

ÉGLISE DES CI-DEVANT JÉSUITES.

Le portail est décoré de trois ordres l'un sur l'autre, deux corinthiens et un composite. Le cardinal de Richelieu le fit élever en 1634. Le religieuses de Sainte-Geneviève ont occupé cette maison après l'expulsion des Jésuites

BIBLIOTHÈQUE DE LA VILLE.

Cette bibliothèque a été transportée en 1773 de l'hôtel Lamoignon, rue Pavée au Marais, à la maison des Religieuses de Sainte-Geneviève. Elle est depuis trois ans à l'Hôtel-de-Ville. L'entrée est rue du Tourniquet. Elle est ouverte tous les jours, excepté les dimanches, depuis midi jusqu'à quatre heures.

Le Lycée Charlemagne est dans cette maison depuis 1797 : au n° 212 est la

FONTAINE SAINTE-CATHERINE.

Au n° 62 est l'hôtel de *Beauvais*; au n° 243 l'hôtel *Boisgelin*, ou Turgot, anciennement de *Sully*; au n° 212 l'hôtel d'*Ormesson* ; au n° 79 de la rue Saint-Antoine au n° 11 de la rue du Roi de Sicile est le passage dit de la *Maison des bains*.

ÉGLISE SAINT-LOUIS ET SAINT-PAUL.

Cette église dépend de la maison professe des Jésuites. Depuis la démolition de l'église Saint-Paul on a joint *Saint-Paul à Saint-Louis.*

TEMPLE DES PROTESTANS.

C'est dans l'ancienne église Sainte-Marie, rue Saint-Antoine, que l'inauguration du culte réformé fut faite le 1er mai 1803.

La maison du Petit-Saint-Antoine, ci-devant occupée par les religieux Antonins, a été anciennement un hôpital destiné pour ceux attaqués d'une espèce de maladie épidémique nommé *le mal Saint-Antoine*, qui a duré en France quatre ou cinq siècles, et a disparu, ainsi que *le mal des Ardens, la ladrerie*, etc. Le feu de Saint-Antoine était tellement en horreur, que par imprécation l'on disait : *que le feu de Saint-Antoine te larde*, comme le plus cruel souhait que l'on pût faire.

L'église ayant été incendiée en 1705, un particulier qui demeurait dans le quartier prêta une pompe qu'il avait fait venir d'Allemagne, et éteignit le feu. C'est depuis cette époque que les pompes publiques pour les incendies ont été établies.

LESDIGUIÈRES (Rue de).

Le connétable de ce nom avait acheté son hôtel de Sébastien Zamet, fils d'un cordonnier, et cordonnier lui-même du roi Henri III. Ce Zamet était un de ces étrangers qui vinrent en France avec Catherine de Médicis, et qui introduisirent une foule de nouveaux impôts. Ce cordonnier par ses intrigues devint un très-grand personnage : il fut nommé *chevalier baron de Monet, et Billy de Beauvais et de Casabelle, conseiller du roi en ses conseils, capitaine du château et surintendance de la maison de la reine*, etc. Zamet pouvait dire : *Je suis noble dans les formes*. On voit que, dans tous les temps, des hommes d'une classe et d'une naissance obscures sont parvenus au faîte des grandeurs par leurs intrigues et par leurs bassesses. Après la mort de Henri III le nouveau baron jouissait de la plus grande faveur auprès de Henri IV, qui allait souvent manger chez lui.

Le czar Pierre-le-Grand était logé à l'hôtel

Lesdiguières en 1717, pendant le séjour qu'il fit à Paris.

ROI DE SICILE (Rue du).

Elle tient son nom de Charles, roi de Naples et de Sicile, frère de saint Louis, qui y avait un hôtel, qui est aujourd'hui la grande

PRISON DE LA FORCE.

Cette maison est destinée à retenir les hommes prévenus de toute espèce de délits jusqu'au moment où ils sont mis en accusation.

De 1792 à 1806 on nommait cette rue *des Droits de l'Homme*.

En 1792, pendant les journées des 3, 4, 5, 6 et 7 septembre, on égorgea 160 prisonniers, y compris trois prêtres et la malheureuse princesse de Lamballe.

Les prisonniers firent résistance pendant trente heures; mais enfin ils succombèrent, ayant été inondés dans leurs réduits. Un nègre y massacra pendant trois jours sans relâche!!!

Jusqu'en 1792 cette maison était consacrée aux détenus pour dettes et aux personnes arrêtées comme mesure de police par ordre du roi.

BARRÉS (Rue des).

Il y avait un couvent de béguines, occupé par les Filles de *l'Ave Maria*, et à l'époque de la révolution par des filles de l'ordre de Sainte-Claire, qui vivaient dans une grande austérité, ne portant jamais de linge, allant nu-pieds, et ne mangeant jamais de viande, et, ce qui surprendra, ne parlant jamais ; mais ayant obtenu leur liberté par la suppression des couvens en 1790, elles se sont bien dédommagées de cette tyrannie du silence. C'est maintenant une caserne.

C'est dans la rue des Barrés que Louis Bourdon, beau chevalier, qui s'était signalé à la bataille d'Azincourt, allant à son ordinaire voir un soir la reine Isabeau de Bavière au château de Vincennes, rencontra Charles VI qui en revenait, et qu'il salua, mais sans s'arrêter ni descendre de son cheval. Le roi, l'ayant reconnu, ordonna de courir après lui. Il fut mis à la question, ensuite enfermé dans un sac, et jeté dans la Seine avec ces mots : *laissez passer la justice du roi.*

TOURNELLES (Rue des).

Le palais des Tournelles, qui n'existe

plus, fut bâti magnifiquement dans le quinzième siècle, et devint maison royale. Charles VII, Louis XI, Charles VIII, Louis XII et François Ier y ont demeuré; Jean de Belfort, régent de France, y logea pendant les troubles des Armagnac.

C'est au coin de cette rue que se battirent en duel Quélus, Maugiron et Livarolle contre d'Entrague, Riberac et Scomberg. Madame de Sévigné a demeuré dans cette rue. On voit au coin la fontaine dite *des Tournelles*.

CULTURE-SAINTE-CATHERINE (Rue).

On remarque au n° 27 l'hôtel de Carnavalet, où demeuraient madame de Sévigné et sa fille la comtesse de Grignan, et où l'on voit les statues de la Force et de la Vigilance, par le célèbre Jean Goujon.

Cet hôtel a appartenu ensuite à M. de Carnavalet. Le général Pommereul en a fait l'acquisition en 1812 : la direction de l'imprimerie et de la librairie y a été établie jusqu'en 1814, et M. de Pommereul en était le directeur.

Depuis cette époque c'est l'école des Ponts et Chaussées.

Au n° 35 est l'hôtel Saint-Fargeau ou

Jonquières", et au n° 19 le *Théâtre du Marais*, l'une des spéculations de Caron de Beaumarchais. Ce spectacle fut fermé après un règne de trois ans.

C'est dans cette rue que Pierre de Craon, chambellan et favori du duc d'Orléans, frère de Charles VI, ayant imputé sa disgrâce au connétable de Clisson au sujet d'une jeune juive qu'il allait voir secrètement, dont Charles VI était fort amoureux, l'attendit dans cette rue, la nuit du 13 au 14 juin 1391, et lui donna trois coup d'épée. Le connétable se traîna, baigné dans son sang, dans la boutique d'un boulanger. Le bruit de cet assassinat parvint au roi au bout d'une heure : Sa Majesté se leva et se rendit auprès de Clisson. Les biens de Pierre de Craon furent confisqués, son hôtel fut démoli, et l'emplacement fut donné pour servir de cimetière à la paroisse Saint-Jean. Il y avait près de là le couvent des Annonciades Célestes ou Filles Bleues.

TEMPLE (Rue du).

Son nom lui vient de la maison des Templiers, qui existait dès le douzième siècle, et à laquelle elle conduisait. Le Temple a été bâti par frère Hubert en 1200 : les religieux Templiers y tenaient leurs chapitres généraux. Cet ordre militaire et religieux étant devenu riche et puissant, on voulut avoir un motif de s'emparer de ses biens ; il fut accusé de crimes invraisemblables, et en conséquence supprimé en 1312, sous le règne de Philippe-le-Bel. Cinquante-neuf de ses membres furent brûlés vifs près l'abbaye Saint-Antoine-des-Champs, le 11 mars 1314. *Jacques Molay*, grand maître de l'ordre, et *Gui*, frère de Robert III, dauphin d'Auvergne, furent brûlés vifs à Paris, le 18 mars 1314, dans une petite île de la Seine, aujourd'hui sur le terre-plein du Pont-Neuf.

Une grande partie de ses biens fut confisquée au profit de la couronne, et le reste fut donné aux frères de l'ordre de Saint-Jean-de-Jérusalem, nommés Chevaliers de Malte, qui lui succédèrent.

Le chevalier d'Orléans, grand-prieur, fit faire de grands changemens au palais en 1720 et 1731 : dans l'enclos du Temple était la grosse tour. Le prince de Conti, mort grand-prieur en 1776, avait fait élever divers bâtimens qui produisaient un grand revenu. Les maisons de l'enclos étaient louées à des marchands, à des fabricans, etc., qui jouissaient de la franchise du lieu.

Les personnes qui étaient en état de faillite pouvaient se retirer dans l'enclos du Temple comme étant sous l'autorité du bailly du Temple, qui avait justice particulière.

Le duc d'Angoulême, fils du comte d'Artois, frère de Louis XVIII, a été le dernier grand-prieur de France depuis 1776. Les revenus du grand-prieur étaient de plus d'un million.

Le poète Chaulieu venait souvent dans l'enclos du Temple rendre visite au grand-prieur le chevalier d'Orléans.

Depuis la révolution presque toutes les maisons de l'enclos ont été démolies, et le terrain vendu. C'est *Santerre*, brasseur, qui a le premier fait une spéculation sur l'enclos du Temple; mais il s'y est ruiné.

PALAIS DU TEMPLE.

Par ordre de Buonaparte on avait agrandi ce palais pour en faire une superbe habitation pour le *Ministère des Cultes*, d'après les dessins de MM. Delaunay et Blondel, architectes; mais en novembre

Tours de la Prison du Temple.

1815 on a repris les travaux et fait de nouvelles dispositions pour madame la princesse de Condé, ancienne abbesse de Remiremont. Elle y est installée avec des dames de son ordre. On y reçoit des pensionnaires et des dames qui ne peuvent faire des vœux que pour un an.

TOUR DU TEMPLE.

Elle était flanquée de quatre tourelles aux angles; elle avait été construite dans l'enclos du Temple en 1306 par un commandeur nommé *Jean-le-Turc*, qui fut condamné à être brûlé vif comme étant accusé d'hérésie. Cette tour avait servi anciennement de magasin d'armes; mais jusqu'à l'époque de 1789 elle ne renfermait que les titres ou archives du grand-prieuré et de la langue française, et des salles où s'assemblaient les chapitres qui se tenaient particulièrement le jour de Saint-Barnabé. Il y a seize ans que cette tour a été enfin démolie.

En 1789 un membre de l'assemblée constituante proposa la destruction de cette prison, qui a été funeste à bien des victimes: mais le parti qui dirigea la prise et la démolition de la Bastille voulait aussi avoir sa Bastille; c'est ce qui fit écarter cette proposition. Toutes les factions sous la convention nationale et tous les gouvernemens qui se sont succédés y ont fait renfermer les prisonniers d'état.

En 1792, 13 août, le vertueux Louis XVI avec sa famille a été conduit dans la tour du Temple.

1793. Marie-Antoinette d'Autriche, épouse de Louis XVI, sortit du Temple pour être transférée à la prison de la Conciergerie, et fut décapitée le 16 octobre de la même année.

1794. Madame Elisabeth de France, sœur de Louis XVI, est sortie du Temple et fut décapitée le 10 mai de la même année.

1795, 9 juin. Louis-Charles, duc de Normandie, fils de Louis XVI, né à Versailles le 27 mars 1785, dauphin de France le 4 juin 1789, mourut au Temple âgé de dix ans deux mois et cinq jours.

Dans la nuit du 28 frimaire an IV (1795) Madame, duchesse d'Angoulême, sort du Temple pour être échangée contre de députés prisonniers en Allemagne.

C'est l'assemblée législative, dont Brissot était membre, qui a fait enfermer au Temple la famille royale. La convention nationale y a fait enfermer les députés dits *Brissotins*, ceux-ci la faction dite de *la Montagne*, après les *conspirateurs* du 9 thermidor an II ceux de la journée de prairial an III.

Le directoire exécutif a envoyé au Temple les *conspirateurs* de la plaine de Grenelle, les *conspirateurs* de l'Ecole Militaire, ceux du 18 fructidor, dont deux membres du directoire.

1798, 10 mai (12 floréal an VI). Le général

anglais Simon Smith se sauva du Temple moyennant une forte somme d'argent pour l'un des membres du directoire exécutif.

1802, 28 août. Buonaparte y fit renfermer le général *Toussaint Louverture* à son arrivée à Paris; il fut ensuite transféré au château de Joua près Fontainebleau, où il fut étranglé.

Le général *Moreau*, le général *Pichegru*, et *Georges*, chef de Vendéens, ont été prisonniers dans cette tour jusqu'au moment de leur translation à la prison de la Conciergerie, à l'exception du général Pichegru qu'on a fait étrangler, ce qui fit dire qu'il était mort à la Toussaint.

MARCHÉ POUR LA FRIPERIE ET LE VIEUX LINGE.

Il est construit sur le terrain de l'enclos du Temple. Ce marché contient près de huit cents échoppes. Il est couvert. On y trouve de beaux meubles, des matelas, des souliers, etc., etc., etc. Un peu plus haut les

BAINS TURCS OU DU TEMPLE.

Le propriétaire n'a rien épargné pour rendre ses bains agréables.

Vis-à-vis les murs du Temple est la paroisse de Sainte-Elisabeth, dans l'ancien monastère des dames de ce nom.

Au n° 137 est le beau magasin et la fabrique de porcelaine de M. Dilh. Le mastic de

M. Dilh devient plus dur que la pierre. Il a été employé pour la réparation des portes Saint-Martin et Saint-Denis et pour la cathédrale de Paris, etc.

LES PÈRES DE NAZARETH.

En 1613 on commença à bâtir cette église, qui ne fut achevée qu'en 1632.

Le cœur du chancelier Séguier, principal fondateur de ce couvent, reposait dans une chapelle destinée à la sépulture de cette famille. Au n° 100 de la rue du Temple est la *Fontaine* dite *du Temple.*

VIEILLES AUDRIETTES (Rue des).

On voit la manufacture de tapis veloutés de M. Salandrouze. Au haut de cette rue est la *Fontaine des Audriettes ;* l'eau vient de Belleville. Elle a été construite sur les dessins de M. Moreau, architecte de la ville.

BARBETTE (Rue).

Elle est entre la vieille rue du Temple et celle des Trois-Pavillons.

L'hôtel Barbette, bâti par Etienne Barbette, prévôt de Paris, a donné son nom à cette rue. Isabeau de Bavière, femme de Charles VI, fit l'acquisition de cet hôtel : elle s'y retirait dans les accès de maladie du roi. Philippe-le-Bel en faisait son petit séjour, nom qu'on donnait aux petits hôtels qu'avaient les princes aux portes de Paris. On lui amenait tous les soirs la fille d'un marchand de chevaux, qui était fort belle, et qui fut bien récompensée; on l'appelait publiquement la *petite reine* : il en eut une fille (Marguerite de Valois).

Au n° 2 est l'hôtel Corberon.

QUARTIER DU MARAIS.

On disait il y a trente ans que le Marais était au quartier brillant du Palais-Royal ce que Vienne est à Londres. Là, ajoutait-on, tout règne, non la misère, mais l'amas complet de tous les vieux préjugés; les demi-fortunes s'y réfugient. Là se voient les vieillards grondeurs, sombres, ennemis de toutes les idées nouvelles; on y appelle les philosophes des *gens à brûler*. Ce tableau est encore aujourd'hui ressemblant.

Il y a dans le Marais de superbes hôtels avec de beaux jardins, qui étaient occupés par la haute magistrature et la finance;

depuis la révolution par des épiciers, bonnetiers, pâtissiers, traiteurs, limonadiers, cordonniers, etc., qui ont fait en peu de temps d'honnêtes fortunes dans leur commerce, ou en faisant l'escompte *modeste*, à un pour cent par semaine. Depuis 1815, beaucoup d'officiers en retraite ou à demi-solde : les loyers sont d'un tiers moins chers que le centre dans Paris. Les juifs habitent principalement et de préférence le quartier du Marais.

PAVÉE (Rue), au Marais.

Au n° 22 est l'hôtel de la *Petite Force*, pour les femmes prostituées ; elles y sont occupées à la filature et à la couture.

SAINT-LOUIS AU MARAIS (Rue).

C'est l'une des plus belles et des plus larges rues de Paris ; elle se nomma d'abord de l'*Egout*, à cause de l'égout qui y passait ; on ignore à quelle occasion elle prit depuis le nom de *Neuve-Saint-Louis* et de *Saint-Louis*.

En 1801 elle prit le nom de *Turenne*, où ce grand homme avait demeuré, au n° 50, où est maintenant l'église des Filles

Place Royale.

du Saint-Sacrement. Le cardinal de Bouillon le lui avait vendu.

N'y ayant aucun motif pour donner le nom de Saint-Louis à cette rue, on aurait dû lui laisser celui de *Turenne*, qu'elle a perdu depuis 1814.

Un arrêté du directoire exécutif, du 13 floréal an VIII (3 mai 1800), mit à la disposition du ministre de l'intérieur la maison de Pologne, sise dans cette rue pour y loger gratuitement les artistes les plus distingués dans les arts mécaniques. On remarque au n° 9 l'hôtel *Joyeuse*; au n° 40 l'hôtel d'*Ecqueville*, appartenant maintenant à madame de Sura, et entre les n°s 11 et 13 la fontaine dite *Joyeuse*.

PLACE ROYALE.

Cette place, parfaitement carrée, est entourée de trente-quatre pavillons, dont deux ont été supprimés ; en 1804, celui du côté de la rue Saint-Louis, et en 1806 celui qui donnait sur la rue du Pas-de-la-Mule, ce qui fait découvrir le boulevart Saint-Antoine.

C'est un monument du règne de Henri IV, commencé en 1604, et achevé en 1612, sur une partie de l'emplacement du palais des Tournelles, pour y établir des manufactures de soie, d'or et d'argent, dont des négocians de Lyon firent construire les bâtimens.

En 1639 on y plaça la statue équestre de Louis XIII; le cheval était de Dan el Riccianelli, disciple de Michel-Ange ; la figure du roi, de Biard. Ce monument fut détruit après la journée du 10 août 1792 : il a été remplacé par un bassin, alimenté par neuf jets d'eau qui produisaient un bel effet.

Cette place a porté le nom d'*Indivisibilité*, celui de la section où elle est située ; ensuite celui de *Place des Fédérés ;* le 14 septembre 1800 le nom des *Vosges*, parce que le département des *Vosges* fut le premier de tous qui ait acquitté la plus forte partie de ses contributions au terme prescrit par un décret du 8 mars 1800; en 1814 elle reprit son ancien nom, et par une ordonnance du roi, des 19 janvier et 14 février 1816, la statue équestre de Louis XIII y sera rétablie. Le bassin est démoli.

ROYALE-SAINT-ANTOINE (Rue).

Elle porta d'abord le nom de *Royale*,

et du *Pavillon du Roi;* en 1792 celui de *Nationale;* en 1800 celui des *Vosges;* et en 1814 elle reprit son ancien nom.

VIEILLE RUE DU TEMPLE.

On voit la fontaine de *l'Echaudé* au coin de la rue de ce nom ; au n° 19 l'hôtel de Vibray, appartenant à M. Yvelin ; n° 26 l'hôtel d'Argenson, actuellement à madame La Villette ; n° 32 celui de Pelletier, à présent à M. Moreuse; n° 51 l'hôtel de Hollande, aujourd'hui à M. Hebink ; au n° 75 l'hôtel de la Tour-du-Pin, dont M. Corbin est propriétaire ; n° 118 l'hôtel Barmont, à M. Audry; au n° 121 l'hôtel d'Epernon, actuellement à M. Montriblont.

Le 23 novembre 1407 le duc d'Orléans, frère unique du roi Charles VI, fut assassiné dans cette rue par *Raoul d'Ocquetouville.*

Aux n°s 24 et 26 est la direction des contributions directes, sous la surveillance du préfet de Paris.

Les bureaux sont ouverts tous les jours depuis trois heures jusqu'à quatre, et le samedi depuis midi, jour où se réunissent tous les contrôleurs d'arrondissemens. Quand on va faire des réclamations, il faut demander le contrôleur de son quartier.

FRANCS-BOURGEOIS (Rue des).

Elle porte le nom de *Francs-Bourgeois* depuis le quatorzième siècle, parce que l'on y construisit un hôpital contenant trente-six chambres pour loger soixante-quinze pauvres bourgeois, qui donnaient en entrant treize deniers, et un denier par semaine. Ils étaient francs d'impôts.

TROIS-PAVILLONS (Rue des).

Diane de Poitiers, femme de Louis de Brézé, grand-sénéchal de Normandie, et que Henri II fit duchesse de Valentinois, demeurait dans cette rue en 1561.

FONTAINES (Rue des).

Il y avait un monastère de filles dites *des Madelonettes*, établi en 1620.

MADELONETTES.

Cette maison a été convertie en prison pour les femmes prévenues de délits, jusqu'au moment où elles sont mises en jugement. Dans un local particulier sont les femmes condamnées correctionnellement : on les fait travailler à la couture, à la broderie et à la filature de coton. On y renferme encore les femmes pour dettes en exécution de jugemens du tribunal de commerce.

SAINTE-AVOYE (Rue).

Il y a au n° 47 une synagogue de juifs ; au n° 57 l'hôtel du duc de *Saint-Aignan*, appartenant aux frères Cabany, marchands de papiers ; au n° 44, l'hôtel du connétable de Montmorency, où il mourut en 1567, et où Henri II, roi de France, se retirait quelquefois. L'administration générale des impôts indirects (droits-réunis) est établi dans cet hôtel, ainsi que dans l'hôtel de la Trémouille, qui touche à celui de Montmorenci. Entre les n°s 40 et 42 est la fontaine dite *Sainte-Avoye*. C'est dans cette rue que le fameux Jean Law a établi, sous le régent, sa banque générale et ruineuse.

D'ORLÉANS (Rue) au Marais.

On y voyait avant la révolution un couvent de Capucins, fondé en 1623 par

Athanase Molé, frère du premier président de ce nom.

VENDÔME (Rue de).

A l'angle de cette rue était l'ancien hôtel de *Lhôpital*; au n° 11 l'ancien hôtel de l'intendance de Paris, appartenant maintenant au général Friant; le monastère ou communauté des Filles Pénitentes du Sauveur; au n° 3 l'hôtel d'Arbonne.

BLANCS-MANTEAUX (Rue des).

On y remarque l'église des Blancs-Manteaux, succursale de la paroisse St.-Méry; au n° 10 la fontaine dite des *Blancs-Manteaux*. Dans la même rue est le

MONT-DE-PIÉTÉ.

En 1786 on éleva dans cette rue, un peu au-dessus du couvent des Blancs-Manteaux, un bâtiment considérable pour cet établissement au profit des pauvres, formé par lettres-patentes du 9 décembre 1777. Cet établissement a deux entrées; l'une dans la rue de Paradis, l'autre dans celle des Blancs-Manteaux.

Il y a une succursale du Mont-de-Piété rue des Petits-Augustins. Il y a en outre un grand nombre de petits bureaux, pour faciliter les nombreux citoyens qui sont réduits à engager leurs effets en payant à raison de 12 pour cent par an, quoique les lettres-patentes du roi ne fixent les intérêts qu'à 5 pour cent.

BLANCS-MANTEAUX (Marché des).

La construction de ce marché est très-heureuse. Il est terminé depuis 1818.

Le 8 octobre 1820 la ville de Paris, en réjouissance de la naissance du duc de Bordeaux, a donné une fête aux corporations des dames de la halle et des marchés, aux forts de la halle et des ports, et aux charbonniers. Le nombre des dames de la halle et des marchés étant considérable, la ville de Paris les invita à en choisir entre elles trois cents. Elles se sont réunies à deux heures dans ce marché, qui était décoré et formait plusieurs beaux salons, ornés de glaces, lustres, etc. Une seule table de trois cents couverts, servie des mets les plus recherchés et les plus délicats, un dessert des plus nombreux, digne d'un repas pour le mariage d'une princesse, vins de Bourgogne, de Bordeaux et de Champagne, Une boîte de dragées sous la serviette de chacune. Telle était l'ordonnance de ce repas splendide, qui a duré jusqu'à six heures. La plus belle société a assisté à cette réunion, qu'on admirait pour la décence et les manières aisées de ces trois cents dames, dont plusieurs avaient de très-beaux diamans. Dans le nombre il y avait de très-jolies femmes. Un bon orchestre exécutait des morceaux pendant le repas. Ces dames étaient servies par des laquais en livrée. Des chansons analogues ont été chantées. L'une de ces dames avait composé un couplet qui a beaucoup fait rire. Elle a dit sans se déconcerter : Je n'ai point d'esprit ; ce que je viens de chanter *je l'ai composé hier en faisant ma soupe au potiron.* Un des premiers fonctionnaires présent lui a dit : *Madame, lorsque le prince duc de Bordeaux sera en état de manger de la soupe au potiron, vous aurez l'honneur de la faire.* A sept heures le bal a commencé. Ces dames avaient reçu directement de M. le préfet les billets d'invitation pour les hommes ; le grand nombre de cavaliers qu'elles avaient invités prouve qu'elles se connaissent en beaux hommes. De très-grands personnages ont rendu visite à ces dames. Le bal n'a été terminé qu'à sept heures du matin.

Trente des dames du marché Saint-Germain étaient allées le matin à onze heures présenter leurs hommages à S. A. R. le duc de Bordeaux, et, en le qualifiant de notre cher enfant, lui ont présenté un déjeuner complet en vermeil. Ces dames ont fait l'admiration de toutes les personnes de la cour qui étaient présentes.

Que l'on calomnie la classe du peuple, partie saine de la nation !

PARADIS (Rue de).

Aux n°s 18 et 20 est la principale entrée de l'*hôtel Soubise*; les autres sont Vieille rue du Temple, n° 89, et rue du Chaume n° 12. Le connétable Olivier Clisson y demeurait sous le règne de Charles V. Il se nomma depuis *l'hôtel des Grâces*, parce que Charles VI, au commencement de son règne, y fit grâce aux principaux bourgeois de Paris après une émeute populaire. Il passa ensuite à la maison de Lorraine, après à celle de Guise, dont il porta le nom jusqu'en 1697, époque où le prince Soubise fit faire de grandes augmentations, et lui donna son nom, qu'il porte encore;

En 1721 Armand Gaston, cardinal de Rohan, fit élever le palais, que l'on nomme *Cardinal*, dont l'entrée est Vieille rue du Temple, n° 89, et qui dépend de l'hôtel Soubise.

C'est dans cet hôtel que les citoyens allaient en 1793, sous le règne de la convention nationale, faire leurs déclarations pour l'emprunt forcé.

Buonaparte a fait transporter à l'hôtel Soubise les archives de l'empire français, ainsi que les archives enlevées à Rome lors de la captivité du saint père Pie VII, archives qui ont été rendues au pape depuis 1815.

IMPRIMERIE ROYALE, *hôtel Soubise.*

Cet établissement, fondé par François Ier vers l'an 1540, fut progressivement augmenté sous les règnes de ses successeurs, Henri IV, Louis XIII, Louis XIV et Louis XVI, et par les divers gouvernemens qui se succédèrent jusqu'à ce jour.

François Ier surveilla lui-même la gravure de ces beaux caractères grecs, connus sous le nom de *Grec de Garamond;* il ordonna aussi la gravure de plusieurs caractères hébreux.

Vers la fin du seizième siècle M. Savary de Brèves, ambassadeur de Henri IV à Constantinople, fit graver une collection de caractères arabes et persans; elle lui fut achetée par le cardinal de Richelieu, d'après l'ordre exprès de Louis XIII, sous le règne de qui ce genre d'impression fut porté à un haut degré de perfection. Ce prince y joignit encore des caractères arméniens, éthiopiens, étrusques, samaritains, persans, etc. Enfin, Louis XIV enrichit cette imprimerie d'une grande quantité de vignettes et fleurons, et d'une nombreuse collection de caractères français et étrangers, sur tous les corps.

Depuis on a joint à toutes ces richesses d'autres caractères français et vignettes plus conformes au goût moderne, et dignes de rivaliser avec ceux des plus belles imprimeries de France et d'Angleterre.

Parmi les ouvrages sortis des presses de ce bel établissement, auquel sont attachés des gens de lettres recommandables, on remarque la *Polyglotte* de Le Jay, en hébreu, samaritain, chaldéen, grec, syriaque, latin et arabe; les *Actes des conseils*; les *Ordonnances des rois de France*; les *Historiens de France*; la *Byzantine*; les

Mémoires de l'Académie des Sciences; l'édition originale de l'*Histoire Naturelle* de Buffon; les *Notices et Extraits de manuscrits de la Bibliothèque du Roi*; la *Description de l'Egypte*; un *Dictionnaire mant-chou*; un *Dictionnaire chinois*; une *Grammaire Arabe*, par M. de Sacy; une *Bible turque*, et une foule d'autres ouvrages importans, tant en français qu'en langues étrangères.

Depuis plus d'un siècle la famille Anisson a été successivement chargée de la direction de l'imprimerie royale. Jean Anisson, fils de Laurent Anisson, imprimeur renommé à Lyon, y fut échevin en 1670, et y publia la *Grande Bibliothèque des Pères*, en vingt-sept volumes in-fol. Jean, qui possédait parfaitement les langues grecque et latine, publia son savant Glossaire grec: il fut appelé par le ministre Louvois, en 1690, à la direction de l'imprimerie royale. Anisson-Duperron, père du directeur actuel, a été l'une des victimes de 1793. *Danton*, alors ministre de la justice, autorisa Marat à faire enlever de l'imprimerie royale deux presses et des caractères pour imprimer son journal dit *l'Ami du Peuple*.

BILLETTES (Rue des).

Le ci-devant couvent des Carmes-Billettes a été bâti sur le terrain qu'occupait anciennement la maison d'un juif nommé Jonathas. Ce juif fut brûlé vif en place de Grève en 1290, pour avoir exigé d'une pauvre femme qu'elle lui apportât l'hostie qu'elle recevrait à la communion. Il n'eut pas plutôt cette hostie qu'il la perça de coups de canif, et l'histoire dit encore qu'il en sortit du sang. La maison et les autres biens de ce juif furent confisqués au profit du roi Philipe-le-Bel, qui en donna une partie à un particulier nommé *Regnier Flaminge*, qui y fit construire une chapelle nommée *la Chapelle des Trois Miracles*. L'autre partie de la maison fut donnée, en 1299, aux frères de la Charité de Notre-Dame.

Le pape Boniface VIII, par sa bulle du 17 juillet 1295, accorda à Flaminge cette permission.

L'on voyait encore dans cette église, à l'époque de la révolution, le *canif*, et la *jatte de bois* dans laquelle l'hostie avait été rapportée par une femme. Ces religieux avaient enchâssé le tout dans des reliquaires d'argent.

PLACE DE L'HÔTEL-DE-VILLE,

ci-devant place de Grève.

Cette place, très-irrégulière, a été le théâtre de grands événemens, principalement depuis 1789. On les lira à la suite de l'article *Hôtel-de-Ville*.

Pendant les années 1791, 1792 et 1793 on n'a point fait d'exécutions sur la place de Grève. Depuis 1794 les exécutions à mort se font sur cette place, à quatre heures, après la fermeture des bureaux de la préfecture.

Le premier supplice qu'on ait fait subir sur la place de Grève est celui de *Marguerite Porette*, dite hérétique, qui y fut brûlée en 1310.

Ont été exécutés sur cette place :

1595, 21 septembre, *Jean Châtel*.

1610, 27 mars, *Ravaillac*.

1664, 12 septembre, MM. de Thou et Legrand; Cinq-Mars, favori de Louis XIII.

1669, ... juin, madame Tiquel, convaincue d'avoir fait assassiner son mari, conseiller au parlement : il y eut une telle affluence pour voir cette exécution que plusieurs personnes furent étouffées. Cette femme était très-belle.

1757, 28 mars, Damiens, assassin de Louis XV.

1790, 18 février, le marquis de Favras.

1794, 16 décembre, Carrier, député à la con-

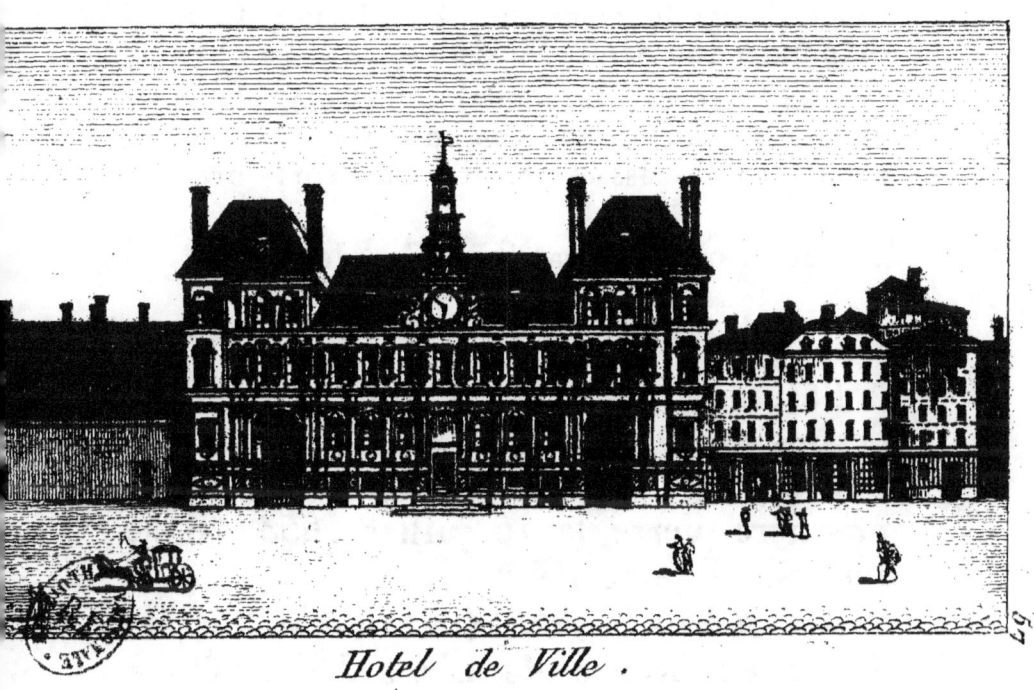
Hotel de Ville.

vention nationale, Grandmaison et Pinard, pour crimes de noyades à Nantes, etc.

1795, 7 mai, Fouquier-Tinville, accusateur public du fameux tribunal révolutionnaire, et quinze autres membres du tribunal et comité révolutionnaire.

1801, 30 janvier, Aréna, accusé par Buonaparte d'avoir voulu le tuer à l'Opéra le 10 octobre 1800, jour de la première représentation des *Horaces*; et quatre autres individus, comme ayant dirigé le même jour l'explosion du baril de poudre rue Saint-Nicaise.

1804. Georges Cadoudal, chef de chouans, et son parent, surnommé le *Bourreau*, comme ayant voulu assassiner Buonaparte, premier consul.

1820. Louvel, assassin du duc de Berri.

HÔTEL-DE-VILLE.

Bâtiment gothique, commencé sur les dessins de Dominique Cortone, architecte italien, sous François Ier, qui en posa la première pierre le 15 juillet 1553; il ne fut achevé qu'en 1605.

Au fond de la cour était une statue pédestre en bronze de Louis XIV, vêtu à l'antique, faite par Coyzevox; elle était élevée sur un piédestal de marbre blanc, et accompagnée d'ornemens. Cette statue a été rétablie.

La cour est assez belle, quoique très-petite; elle est entourée d'arcades qui soutiennent ce bâtiment.

On lisait sur la frise de marbre qui règne au pourtour de cette cour des inscriptions qui marquaient les principaux événemens du règne de Louis XIV.

On y voyait tracé en lettres d'or, au nombre de ses actions glorieuses depuis son mariage, conclu en 1659, jusqu'en 1689.

1685. Édit de Nantes révoqué, et l'hérésie entièrement éteinte en France par le zèle et la piété du Roi.

1689. Protection donnée au roi, à la reine d'Angleterre, au prince de Galles, contre leurs sujets rebelles.

On y faisait aussi mention des faits les plus remarquables du règne de Louis XV. On voyait autour de cette cour les portraits sculptés en médaillons des prévôts des marchands et des échevins. Les appartemens de l'Hôtel-de-Ville étaient ornés de tableaux du plus grand prix, et de tous les portraits des prévôts et des échevins. Louis XIV était représenté en grand, habillé comme au jour de son sacre. Un autre tableau représentait le festin que le corps de ville donna à ce prince.

L'échevinage donnait la noblesse, mais l'on s'en moquait, comme sous Charles V, qui avait anobli tous les bourgeois de Paris.

Pendant le cours de la révolution, l'Hôtel-de-Ville se nommait *Maison Commune*. L'on avait décoré la grande salle des bustes de Marat et de Châlier. Hébert, dit le père Duchesne, et Chaumette, procureur de la commune, y ont déployé toute leur éloquence. Depuis le retour des Bourbons on a rétabli les grandes fleurs de lys sur les soubassemens des colonnes qui décorent le rez-de-chaussée.

Faits historiques sur l'Hôtel-de-Ville et la place de Grève, depuis 1787.

(1787, 24 août.) Une multitude se porta sur cette place, par suite de l'insurrection qu'il y eut au Palais et place Dauphine, relativement à la disgrâce du ministre de Brienne. Une force armée attendait le peuple; et par une seule décharge tua trente-sept personnes, qui furent aussitôt jetées à la rivière.

(1789, 14 juillet.) Les électeurs de la ville

de Paris, assemblés à l'Hôtel-de-Ville, rendent une ordonnance qui fixe l'état de la milice bourgeoise, et envoient une députation auprès du gouverneur de la Bastille pour lui demander des armes.

— *Le même jour.* Le prévôt des marchands, M. de Flesselles, sort de l'Hôtel-de-Ville; il est assassiné sur la place de Grève, au coin du quai Pelletier.

— *Le même jour.* L'on amène à l'Hôtel-de-Ville *Delaunay*, gouverneur de la Bastille, son major et son aide-major. Ils sont massacrés sur les marches de l'Hôtel-de-Ville. Des canonniers sont pendus à un réverbère, place de Grève, au coin de la rue de la Vannerie, maison de l'épicier.

— 15 juillet. M. Bailly est nommé maire provisoire de la ville de Paris.

— 17 juillet. Louis XVI arrive à l'Hôtel-de-Ville; et pour dernier gage de paix, le roi accepte la cocarde de la milice de Paris, et en reconnaît M. de La Fayette colonel-général.

— 23 juillet. M. Berthier, intendant de Paris, et M. Foulon, intendant du commerce, son beau-père, sont massacrés sur les marches de l'Hôtel-de-Ville.

— 27 juillet. Les représentans de la commune organisent un comité de police et militaire composé de soixante membres.

— 30 juillet. Le roi ayant invité M. Necker à reprendre ses fonctions de ministre des finances, il se rend à l'Hôtel-de-Ville.

— 6 octobre. Le roi avec toute sa famille arrive à l'Hôtel-de-Ville, pour déclarer qu'il se rend aux vœux du peuple, et vient faire sa résidence dans la capitale.

— 21 octobre. Les représentans de la commune organisent un comité de *recherches* ; ce mot annonçait déjà des conspirations imaginaires.

(1790, mai.) On organise la municipalité.

— Août. M. Bailly est réélu maire de Paris.

— 22 novembre. M. Duport-Dutertre, procureur de la Commune, reçoit le compliment de sa nomination de garde des sceaux. Il est remplacé par Billaud-Varennes.

— 17 juillet. On expose à l'une des croisées de la Maison commune le drapeau rouge pour l'exécution de la loi martiale, relativement à un rassemblement qui se formait au Champ-de-Mars.

(1791, 1er octobre.) M. de La Fayette donne sa démission de commandant général de la garde parisienne. M. Mandat est nommé à sa place.

— 14 novembre. M. Bailly présente au conseil général de la commune M. Pétion, qui le remplace dans les fonctions de maire.

— 2 décembre. M. Manuel est nommé procureur de la commune.

— 8 décembre. Danton est nommé substitut du procureur de la commune.

(1792, février.) La municipalité reçoit une lettre du roi, qui dément les faux bruits de son départ de Paris.

— Mai. Le conseil général de la commune se déclare permanent.

— Juillet. Pétion est suspendu de ses fonctions de maire par suite de la journée du 20 juin au château des Tuileries.

10 août. La commune dirige le siége du château des Tuileries. M. Mandat, commandant général de la garde parisienne, est massacré sur les marches de l'Hôtel-de-Ville. Santerre est nommé à sa place.

— Août. Le maire Pétion demande la déchéance du roi au nom des sections de Paris.

— Août. Un nouveau prétendu conseil général de la commune est organisé et composé de trois citoyens par chacune des quarante-huit sections de Paris.

— 1er septembre. C'est à l'Hôtel-de-Ville que s'est tenu le comité d'insurrection pour les massacres qui ont commencé dans les prisons.

— Septembre. Pétion est réélu maire. M. Cambon, médecin, est maire de Paris pendant deux mois.

— 13 décembre. Pache est nommé maire de Paris à la place de Cambon; Chaumette, procureur de la commune; Hébert, Lebois, subtituts. Réal a remplacé Lebois.

(1793, 2 novembre.) La commune arrête qu'on ne délivrera plus de sucre aux confiseurs pour faire des dragées et autres objets de luxe.

— 6 pluviôse. La commune visite les certificats de civisme du *citoyen* Samson, exécuteur des jugemens criminels, qualifié de fonctionnaire public, et de la veuve du maréchal duc de Richelieu.

— 26 pluviôse. Dénonciation contre les bouchers qui tuent des brebis pleines; on montre deux agneaux prêts à naître ; l'assemblée des membres de la commune frémit d'indignation : on compare ces bouchers à ceux qui ont tué Pelletier de Saint-Fargeau et Marat, en disant que ces derniers étaient encore moins coupables. Le délit fut renvoyé à la police.

— 29 pluviôse. Arrêté de la commune qui déclare suspects ceux qui, chez les traiteurs, ne mangent que la croûte et rejettent la mie de pain.

— 21 ventôse. Arrêté de la commune, relatif aux jardins de luxe à Paris, qui seraient distribués par petits lots, affermés à bas prix, et consacrés uniquement à la culture des pommes de terre, haricots et autres légumes, et ordonne d'en faire le recensement dans les sections.

— 3 germinal. Arrêté de la commune sur le même sujet, qui ne réserve que les promenades publiques, à l'exception de la grande allée des orangers des Tuileries, etc.

— 21 floréal. Un membre de la commune fait une dénonciation contre ceux qui achètent les cheveux des guillotinés, surtout contre les vieilles femmes qui s'en font faire des perruques. On fait la lecture du bulletin de police qui portait ce jour là, le nombre des détenus à sept mille quatre-vingt-dix individus des deux sexes.

— 21 floréal. La commune ordonne la mention honorable dans son procès-verbal de l'annonce faite que l'on a guillotiné ou fusillé seize cent quatre-vingt-quatre conspirateurs.

— 26 floréal. La commune donne l'ordre de proclamer le décret portant que toutes les églises catholiques porteraient à l'avenir cette inscription : *Temple de la Raison*, et que le peuple français reconnaît l'Être suprême.

(1794, 9 mai. — 20 floréal an II.) Un nommé Fleuriot, belge, est nommé maire de Paris à la place de Pache ; Payen procureur à la Commune.

— 29 juillet, 11 thermidor an II. Robespierre l'aîné, avec son frère, Saint-Just, Le Bas, etc., se réfugièrent à l'Hôtel-de-Ville ; ils furent arrêtés et décapités place Louis XV, dite de la Révolution, au nombre de vingt-deux, dont Henriot, le maire Fleuriot, Payen, Couthon ; l'un des conjurés se brûle la cervelle dans l'une des cours de l'Hôtel-de-Ville.

— 30 juillet, 12 thermidor an II. Soixante-dix membres de la commune sont décapités place Louis XV.

— 31 juillet, 13 thermidor an II. Quinze membres de la commune, et Dumas, président du tribunal révolutionnaire, éprouvent le même sort sur la place Louis XV.

La ville y a donné à Buonaparte une fête brillante lors de sa nomination d'empereur.

1807. Des journaux annoncèrent en janvier

qu'un ballon ayant la forme d'une couronne était tombé à Rome.

Ce ballon était effectivement celui qui était parti de l'Hôtel-de-Ville à l'époque du couronnement de Buonaparte. Il était parti le 16 décembre à sept heures du soir, et descendit à Rome à la vingt-quatrième heure, chute du jour. Il avait fait trois cents lieues en vingt-deux heures, quinze lieues par heure.

Le cardinal Gonzalvi écrivait à cette occasion à Garnerin pour l'instruire de ce fait, et l'assurer de son estime; l'histoire de ce ballon est curieuse.

Il contenait une lettre pour le cardinal Gonzalvi. Il était impossible de lui expédier un courrier plus diligent et moins dispendieux.

(1813.) Le général Mallet envoie un aide-de-camp à l'Hôtel-de-Ville pour annoncer au préfet Frochot la mort de Buonaparte à Moscou, et l'ordre de disposer un local pour un gouvernement provisoire. Au retour de Buonaparte de Moscou le préfet Frochot fut disgracié, et remplacé par M. Chabrol.

(1814, 29 août.) La ville de Paris a donné une superbe fête à Louis XVIII, qui a été frappé de la magnificence de la décoration de la salle du banquet.

MARTROIS (Rue du).

A côté de l'Hôtel-de-Ville est la rue de la Levrette, où le jeune roi Philippe passant près de Saint-Gervais, un cochon s'embarrassa dans les jambes de son cheval et l'abattit : ce jeune prince tomba si rudement qu'il en mourut le 3 octobre 1131.

TOURNIQUET-SAINT-JEAN (Rue du).

Voyez Bibliothèque de la Ville, p. 250 de ce volume.

SAINT-GERVAIS (Eglise),

Succursale, située derrière l'Hôtel-de-Ville. Cette église existait déjà dans le sixième siècle, dans le bourg dit de *la Grève*. Au onzième siècle elle appartenait aux comtes de Meulan, qui en firent don au prieuré de Saint-Nicaise.

Son portail, commencé en 1617, est considéré comme un chef-d'œuvre de l'art ; il est composé de trois genres grecs l'un sur l'autre, le dorique, l'ionique et le corinthien, sur les dessins de Jacques de Brosse, architecte sous Louis XIII.

On voyait encore il y trente ans l'orme qu'il était d'usage de planter sur la place Saint-Gervais, et sous lequel se faisaient les publications de mariage, les jugemens et autres affaires civiles. Sont enterrés dans cette église le chancelier Voisin ; Claude Pelletier, contrôleur-général des finances, mort en 1711 ; Paul Scarron, époux de Françoise d'Aubigné, depuis madame de Maintenon ; Amelot de La Houssaie, en 1706; La Fosse, auteur de *Manlius*, en 1708.

MONCEAU SAINT-GERVAIS (Rue du).

C'est dans l'une des maisons de cette rue que Voltaire s'était retiré, pendant que l'un de ses amis faisait imprimer à Londres ses lettres sur les Anglais. Il y fut arrêté et conduit à la Bastille.

L'hôtel de Pierre de Craon était sur le terrain de l'ancien cimetière Saint-Jean ; il fut démoli, et tous ses biens confisqués après qu'il eut assassiné le connétable de Clisson, en 1391. L'on fit après un marché du cimetière.

QUAI DE LA GRÈVE, *ci-devant Port au Blé.*

Il tient à la place de l'Hôtel-de Ville, et finit à la rue Geoffroy-l'Asnier. C'est là que, depuis le treizième siècle, arrivent par eau et se vendent le blé, l'avoine et les autres grains.

Le port au blé, il y a trente ans, présentait un spectacle curieux, par le grand nombre de tabagies et bastringues qui occupaient toutes les boutiques des maisons qui bordent ce quai. Les filles habituées de ces repaires pouvaient se flatter d'être les plus hideuses et les plus corrompues de toutes les prostituées de Paris. Le port au blé était la retraite des filles qui avaient fait pavé dans tous les autres quartiers de la capitale. Chaque boutique avait à sa porte une toile en forme de tente, au-dessous des bancs et des tables sur lesquelles on s'enivrait. C'était le rendez-vous de tous les filous et voleurs de Paris. Les filles étaient fardées comme les femmes de la cour. Les étrangers les plus distingués ne partaient pas de Paris sans avoir vu ce spectacle singulier.

Les mœurs de ce quartier ont bien changé; il n'y a plus de tabagies. On y voit trois libraires : deux ne vendent que des livres de dévotion, l'autre des ouvrages philosophiques et des auteurs latins.

On a le projet d'élargir ce quai en démolissant toutes les maisons jusqu'à la rue de la Mortellerie, qui sont inondées dans les débordemens de la rivière; en outre cela découvrirait l'Hôtel-de-Ville.

DESCRIPTION

PHYSIQUE ET HISTORIQUE

DES ENVIRONS DE PARIS

ET DES MAISONS ROYALES.

ALFORT. Château à 2 l. 1/4 de Paris et près Charenton. On y voit une Ecole vétérinaire établie en 1764. Il y a une très-belle collection d'histoire naturelle, un cabinet de zoologie et d'anatomie.

ARCUEIL. Charmant village à 1 l. 1/2 de Paris, près la rivière de Bièvre ou des Gobelins. On y admire un aquéduc que Marie de Médicis fit construire vers le seizième siècle. Il y a de belles maisons de campagne. Le fameux *Jodelle*, poète, en avait une où il donnait de superbes fêtes à *Ronsard*. C'est là que furent jouées les premières tragédies composées en français. La pop., y compris le hameau de Cachant qui en dépend, est de 1180 habitans.

ARGENTEUIL. Bourg à 2 l. 1/2 de Paris, par la barrière de Neuilly. Ce lieu est célèbre par son ancien prieuré de religieuses, où *Héloïse* disputa à Dieu le cœur de l'illustre infortuné *Abeilard*.

Il y avait encore un couvent d'Ursulines et un de Bernardines. Le vignoble de cette commune est considérable. On remarque le château du Marais. Pop. 4742 habitans.

Asnières, sur la Seine, à 1 l. 1/2 de Paris, par la barrière de Mouceaux. Son nom lui vient de ce qu'il était autrefois habité par des âniers, soumis aux religieux de l'abbaye Saint-Denis. Le château d'Asnières était une possesion du marquis Voyer d'Argenson. Il y a de très-jolies maisons de campagne. Pop. 340 habitans.

Aubervillers, ou Notre-Dame-des-Vertus, village à 1 l. 1/3 de Paris. La chapelle, qui existait en 1242, n'est devenue célèbre que cent ans après. Philippe de Valois et son épouse y vinrent en pélerinage adorer une image miraculeuse de la Vierge et lui firent de riches offrandes. En 1815 il y eut de terribles combats entre les Français et les Prussiens; ce village fut plusieurs fois pris et repris. Paris tire d'Aubervillers une grande quantité de légumes de toute espèce. Pop. 1920 habitans.

Auteuil, près de Neuilly, à 1 l. 1/2 de Paris, près du bois de Boulogne : il y a beaucoup de maisons de campagne. On y voit celle où Molière, Racine, La Fontaine et Chapelle allaient se réjouir; Helvétius et Franklin les habitèrent. Ce village renferme les restes du célèbre d'Aguesseau et de son épouse, ceux du philosophe Helvétius et de son épouse, du sénateur Cabanis, médecin, et ami de Mirabeau du comte de Rumfort, américain, décédé en 1814. Auteuil possède des eaux minérales. Il y a 1060 habitans.

Billancourt et l'île de Sèvres dépendent d'Auteuil. Il y a une brasserie dans la première, et dans la seconde la tannerie de M. Séguin.

BELLEVILLE, village situé sur un mont très-élevé, à l'extrémité du faubourg du Temple; son heureuse situation et sa proximité des charmans prés Saint-Gervais y a fait construire un grand nombre de maisons de plaisance et des guinguettes, ainsi que dans les deux hameaux de la Courtille et de Ménilmontant qui en dépendent. Les dimanches et les fêtes plus de trente mille individus des deux sexes vont encombrer les guinguettes et les salles de danse, etc.

Le poète Favart faisait sa résidence à Belleville. C'était le rendez-vous de Thalie et d'Euterpe.

La pop. est de 1900 individus.

BELLEVUE, château sur la route de Versailles, près de Meudon, à l'extrémité de Sèvres. Ce château fut bâti par le marquise de Pompadour, en 1743. Louis XVI le donna à ses tantes, *Mesdames de France*. Le parc et le jardin en sont très-beaux. On y a fait des embellissemens. Il appartient aujourd'hui à M. Tétu, financier.

BERCY, sur le bord de la Seine, près Charenton, à 1 l. de Paris. Le château de Bercy a été bâti sur les dessins de François Mansard, pour M. de Bercy, intendant des finances en 1706. M. Pàris de Montmartel en devint propriétaire et l'orna d'un grand nombre de statues; le parc est considérable. De la terrasse, qui est immense, on a vue sur la Seine, et sur d'autres belles maisons de campagne. Bercy est un entrepôt de vins pour la consommation de Paris. En 1820 un incendie considérable a ruiné un grand nombre de négocians. Pop. 1766 habitans.

BICÊTRE, ancien château sur une hauteur, à 1 l. de Paris, bâti en 1400 pour Jean, duc de Berri, frère de Charles V. C'était l'un des plus beaux châteaux de plaisance qu'il y eût en France. Il a été détruit dans les troubles sous Charles VI. Louis XIII le fit rétablir et le destina à un hôpital pour les soldats invalides. On y reçoit maintenant des vieillards, des fous et des imbéciles. Le puits de Bicêtre est curieux; il a cent soixante-douze pieds de profondeur et quinze de diamètre.

Bicêtre est le dépôt des criminels condamnés aux fers ou à la mort, pendant leur recours en cassation, jusqu'au jour de l'exécution. Dans les terribles journées de septembre 1792 les assassins s'y rendirent les troisième et quatrième jours avec six pièces de canon; ils donnèrent la liberté à cinquante-sept des plus célèbres voleurs, et massacrèrent cent soixante-douze autres détenus.

BONDY, village près la forêt de ce nom, à 2 l. 1/4 de Paris. Ce village est connu depuis onze cents ans. Il a donné son nom à une belle forêt que plusieurs événemens tragiques ont rendue célèbre. Childéric II, roi de France, y fut assassiné. Charles VI y allait souvent chasser.

C'est à Bondy que le préfet et les douze maires de Paris ont porté, le 31 mars 1814, les clefs de la ville de Paris aux souverains alliés, l'empereur de Russie, le roi de Prusse, etc. Pop. 800 habitans.

Boulogne, bourg (et bois de), à 1 l. 1/2 de Paris : il y a beaucoup de belles maisons de campagne. Le *bois de Boulogne*, sous les rois de la première race, couvrait les bords de la Seine et s'étendait jusqu'à l'ancien Paris. François Ier le fit clore de murs en 1556 ; le château de la Muette, qui se trouve sur la lisière de ce bois à l'entrée de Passy, était un lieu de plaisance où Louis XV se rendait souvent.

Presque vis-à-vis ce château est le Ranelagh, où l'on donne des bals : c'est la réunion des plus jolies femmes de Paris et de Passy.

Il y avait dans ce bois un autre château appelé *Madrid*, qui fut, dit-on, bâti par François Ier au retour de sa prison d'Espagne. Il a été détruit en 1792. Il y a encore dans le bois de Boulogne un autre château appelé *Bagatelle*, qui a été construit pour le comte d'Artois, frère de Louis XVI, aujourd'hui *Monsieur*, et qu'on appelait *Folies d'Artois*. Les jardins sont charmans.

Dans le cours de la révolution on y a donné des fêtes publiques. Cette propriété a été rendue à *Monsieur* ; mais il permet, avec des billets, la promenade de ce charmant endroit. Il y a souvent des duels dans le bois de Boulogne.

Bourg-la-Reine, près de Sceaux, à 2 l. de

Paris, par la barrière d'Enfer. Henri IV y séjourna plusieurs fois : on y voit encore la chambre qu'il habita. C'est maintenant une pension de jeunes demoiselles, dirigée par madame Godmer.

En 1792 il fut nommé Bourg-Egalité. L'assemblée législative, craignant l'influence du corps électoral de Paris, décréta qu'il tiendrait ses assemblées dans l'église de ce bourg. Les électeurs s'y rendirent, mais à la porte de ce temple l'un d'eux fit la motion d'imiter les Athéniens, de délibérer en plein air ; en conséquence ils s'assemblèrent dans la plaine à gauche du Bourg-la-Reine, qui fut à l'instant nommé Bourg-Egalité. Pop. 760 habitans.

BRUNOY, à 3 l. de Paris, 2 l. 1/4 de Corbeil. La terre de Brunoy appartenait au fameux financier Pâris de Montmartel, dont le fils a sacrifié presque toute sa fortune, qui était de trois ou quatre millions, aux embellissemens des jardins, et aux ornemens qui servaient au culte divin. Monsieur, aujourd'hui Louis XVIII, en fit l'acquisition, et en a joui jusqu'à l'époque de son départ de France. Il y a dans ce village des fabriques de salpêtre et des carrières de pierre à chaux. Pop. 920 habitans.

CALVAIRE ou le Mont-Valérien, à peu de distance du village de Surenne et de Nanterre. C'est la montagne la plus élevée de celles qui environnent Paris : on l'y découvre tout entier. Ce lieu n'était remarquable que par la sœur Guillemette, qui, dit-on, y fit des prodiges ; Henri III et Henri IV furent lui rendre visite. On assure que la sœur Guillemette était très-jolie. Une longue nomenclature d'ermites a succédé à cette sœur. Ils avaient fait construire des chapelles d'étage en étage jusqu'à la cime du mont, où ils élevèrent un calvaire qui attirait toutes les âmes pieuses. Les ermites avaient une fabrique de bas de soie et de coton. La révolution a tout fait disparaître. Merlin de Thionville, député à la Convention, en avait fait l'acquisition et avait commencé la construction d'une superbe maison.

Merlin n'a point fait déménager les ermites; il les a même traités comme des chanoines; il les recevait tous à sa table dans toutes les grandes fêtes qu'il donnait. Il a été regretté par les ermites.

Depuis le retour en France de Louis XVIII on a rétabli toutes les chapelles, la maison, et l'église des anciens ermites.

Celle-Saint-Cloud (la), village à 1 l. de Versailles et de Saint-Cloud, sur une hauteur, au rivage gauche de la Seine : son terrain est couvert de vignes et d'arbres fruitiers. Il y a une superbe exploitation rurale appartenante à M. Morel de Vindé, pair de France.

Chambord, village à 3 l. de Blois. Ce château était autrefois une maison royale, et un gouvernement de l'Orléanais. Il fut commencé sous François Ier et terminé sous Henri II. Le roi avait accordé la jouissance de ce château au maréchal de Saxe, qui y est mort le 30 novembre 1751. Ce château a été vendu, le 5 mars 1821, par les héritiers du prince Berthier, un million quatre cent mille francs, indépendamment des frais. L'acquisition en a été faite par la commission des souscriptions faites par des Français de tous les départemens, pour faire hommage de ce château à *Dieudonné, duc de Bordeaux*.

CHANTILLY, bourg, séjour délicieux, à 10 l. de Paris, qui appartient au prince de Condé. On a tout détruit pendant la révolution, et vendu une partie du terrain du parc. Il ne reste plus que les superbes écuries du château et un petit bâtiment ; le prince de Condé faisait encore son délice de Chantilly à son retour en France en 1814.

CHAPELLE-SAINT-DENIS (la), village contigu à la barrière Saint-Denis. Ce lieu est remarquable parce qu'on assure que c'était un hospice où sainte Geneviève s'arrêtait avec les vierges ses compagnes, la nuit du samedi au dimanche, en allant à Saint-Denis entendre les vigiles aux tombeaux des saints martyrs. Les Anglais brûlèrent cette chapelle en 1358. Ce village fut incendié le 8 juillet 1418. C'est le lieu de naissance du célèbre Luillier Chapelle, qui fut nommé *Chapelle* parce qu'il était né dans ce village en 1686. Pop. 1580 habitans.

CHARENTON, bourg divisé en deux communes, Charenton-le-Pont et Charenton-Saint-Maurice, à 2 l. de Paris, est traversé par la route de Troie ; on y passe la Marne sur un pont à l'extrémité duquel est le hameau d'Alfort. (*Voir ce mot.*) Le pont de Charenton est du septième siècle. Il fut rompu par les Normands qui désolèrent la France en 865. Henri IV l'enleva à la ligue en 1590. En 1815 il y eut des combats sanglans entre les Français et les Prussiens, etc. Les Frères de la Charité établirent à Charenton un hôpital où l'on traite les fous. Charenton-Saint-Maurice avait un temple de protestans qui fut démoli après la révocation de l'édit de Nantes. Il se fait aux Carrières un grand commerce de vins de Bourgogne et de Champagne. Il y a un ancien château, nommé le *Séjour du Roi*, que possédait Gabrielle d'Estrées : il appartint ensuite au duc de Bourgogne. Il y a dans les deux communes 2300 habitans.

CLICHY-LA-GARENNE, village à 1 l. 1/2 de Paris et de Saint-Denis. Ce joli endroit était remarquable par un superbe château où fut célébré en l'an 626 le mariage du roi Dagobert Ier avec Gomatrude, sœur de la reine Sichilde. Ce prince a terminé ses jours dans ce village. Saint Vincent de Paule en était curé. Les hameaux de Courcelles, des Batignoles et de la Planchette en dépendent. Pop. 1545 habitans.

COLOMBE, à 2 l. de Paris, par la barrière de Neuilly et Courbevoye. Les habitans ont été jadis serfs de l'abbaye de Saint-Denis, si l'on en croit une charte de 1248, qui les affranchit de cette servitude. Henriette d'Angleterre, fille de Henri IV, est morte dans ce village. Pop. 1600 habitans.

COMPIÈGNE, ville à 7 l. de Senlis, 18 de Paris, 13 de Beauvais. Le château royal de Compiègne est immense. Tous les ans la cour y passait six semaines pour y jouir de la chasse dans la forêt, qui contient vingt-neuf mille arpens. Ce voyage était très-dispendieux pour la cour et tous les courtisans, mais cette ville avait besoin de ce voyage pour faire vivre plus de huit mille habitans. Les maisons sont bien bâties. Dans la première année de la révolution on avait établi dans le château une école d'arts et métiers. Buonaparte a fait de grands embellissemens dans le château.

Courbevoye, village à 1 l. 1/2 de Paris, sur une des collines qui bordent la rive gauche de la Seine, près de Neuilly. On y remarque la belle caserne pour les régimens suisses de la garde royale, et beaucoup de maisons de plaisance dont les jardins bordent la Seine. On y compte 1200 habitans.

Creteil, village près de la Marne, à 2 l. 1/2 de Paris. On prétend que Charles VI, usant du privilége que lui donnait son état de démence, y fit bâtir une petite maison pour la fille d'un marchand de chevaux, appelée *la Petite reine*, dont il était épris au point qu'il maltraitait Isabeau de Bavière, son épouse, lorsqu'elle lui reprochait ses infidélités. Pop. 946 habitans.

Ecouen, bourg à 4 l. 1/2 de Paris. Il est dominé par un ancien château solidement bâti d'après les dessins de l'architecte Bullant, pour Anne de Montmorency, connétable de France sous François 1er. La cour du château est environnée de quatre portiques ornés de colonnes corinthiennes. Le prince de Condé en était propriétaire. Buonaparte avait destiné ce château pour l'éducation des filles des membres de la Légion d'honneur. Au retour de Louis XVIII ce château a été rendu au prince de Condé. Il y a à Ecouen 998 habitans.

Ermenonville, petit village à 10 l. de Paris et 2 de Senlis. Le château et la forêt appartiennent à M. Girardin', dont le père, respectable philosophe, y avait donné asile à J. J. Rousseau, qui y mourut le 2 juillet 1778. C'est dans l'île des Peupliers que reposaient ses cendres, et par un décret elles ont été transportées au Panthéon. La description d'Ermenonville ne peut se décrire; il faut en faire le voyage: c'est une retraite de la pure philosophie, où la nature a tout prodigué. On trouve gravée sur un rocher cette vérité de tous les siècles : *Celui-là est véritablement libre qui n'a pas besoin de mettre le bras d'un autre au bout des siens pour faire sa volonté;* et sur la porte d'une chaumière : *lecharbonnier est maître chez lui*, avis au prince de Condé, qui, dans l'ardeur de la chasse, s'emportait quelquefois jusque sur les terres du propriétaire d'Ermenonville. Il faut huit jours pour connaître toutes les beautés de ce vaste terrain. *Dieu, la nature et le silence,* voilà le luxe d'Ermenonville.

Essone, ville à 4 l. de Paris, 1 l. de Corbeil, dans une situation agréable. On y admire une superbe fabrique de papiers et une de toiles peintes, de M. Oberkampt, de Jouy. Il y a sur la petite rivière d'Essone des tanneries, des moulins à farine, à tan, une fabrique de poudre de guerre, et beaucoup d'usines. Pop. 1540 habitans.

Fontainebleau, ville à 14 l. sud-est de Paris. La forêt de Fontainebleau environne le château royal, où la cour faisait tous les ans des voyages de six semaines. Henri IV fit bâtir à trois lieues de Fontainebleau le château de Saint-Ange, pour la belle Gabrielle d'Estrée, dont il était épris : il l'enleva à un de ses favoris nommé Bellegarde, du consentement même de Gabrielle, qui préféra le maître au valet. Buonaparte a fait de grands changemens et des embellissemens au château de Fontainebleau, où il a reçu Marie-Louise, fille de l'empereur d'Autriche, lors de son arrivée pour son mariage. C'est dans ce château que Buonaparte a tenu prisonnier pendant deux ans le pape Pie VII; c'est encore dans ce château que Buonaparte a signé, le 11 avril 1814, son acte d'abdication à sa dignité d'*empereur des Français et roi d'Italie*. Il avait encore avec lui 40,000 hommes de sa garde. La population est d'environ 8000 individus.

La forêt de Fontainebleau a neuf mille huit cents toises de long; Fontainebleau est presque au centre de cette forêt, qui est percée d'un nombre infini d'allées.

Fontenay aux Roses, village à 2 l. 3/4 de Paris, 1/2 l. de Seaux. La réputation qu'eurent de tout temps les habitans de cultiver avec succès les roses leur procura anciennement l'avantage d'en fournir à tous les grands personnages.

Le mois de mai amenait une cérémonie en plein parlement; chaque pair et magistrat recevait à son rang et à son tour un bouquet de roses. Une querelle sur le droit de préséance fit supprimer cette fête; mais le village a conservé le nom de Fontenay-aux-Roses. Sa situation est des plus agréables; il y a beaucoup de charmantes maisons de campagne. Pop. 780 habitans.

Fresne, village à 9 l. de Paris, route de Meaux. Le château appartient à M. d'Aguesseau, pair de France, l'un des descendans de cette illustre famille. La chapelle du château, sur le dessin du Val-de-Grâce à Paris, est du célèbre Mansard : l'intérieur est décoré de peintures de Lebrun. C'est là que le chancelier d'Aguesseau cultivait ses jardins après sa retraite. Pop. 300 individus.

Gennevilliers, village à 2 l. de Paris et 1 l. de Saint-Denis, par la barrière de Neuilly. Ce village a appartenu à un temple de Janus, qui fut, d'après l'histoire, élevé dans les environs. Dans le nombre des maisons de campagne on distingue celle qui a appartenu au maréchal de Richelieu. Pop. 490 habitans.

Gentilly (le grand), village sur la Bièvre ou rivière des Gobelins, à 1 l. de Paris et de Bourg-la-Reine. Quoiqu'il ne reste plus aucune trace du palais que le roi Pepin fit construire dans ce village, l'histoire assure que ce prince y a tenu une cour plénière en 762, et un concile national au sujet du culte des images en 766. La belle Diane de Poitiers y habita une maison de plaisance. On voit dans ce village beaucoup de maisons de campagne, des guinguettes, et une pension dépendante de l'établissement de Sainte-Barbe. La plus fine terre argileuse se prend à Gentilly : les potiers ne s'en servent que pour faire de la brique ou des tuiles, des carreaux pour les appartemens, et des pots à fleurs. Il y a des manufactures d'acides minéraux, des fabriques de toiles peintes et des blanchisseries.

Le petit *Gentilly*, autrement dit la Glacière, qui touche aux murs de Paris, dépend du grand Gentilly. La population est de 5320 habitans.

GROSBOIS, village à 2 l. 1/2 de Boissy-Saint-Léger, à 3 l. de Corbeil. Grosbois doit sa dénomination à la vaste étendue des bois au milieu desquels il est situé. Il y a un beau château, composé de trois corps de bâtiment, précédé de superbes avenues. Le parc est entouré de murs, et contient dix-sept cents arpens. Cette seigneurie a appartenu, au seizième siècle, à Adam Deshayes, valet-de-chambre-barbier du roi. A l'époque de 1789, le château appartenait à *Monsieur*, frère de Louis XVI. Barras, l'un des membres du Directoire de la République, le posséda depuis, et le vendit au général Moreau. On voyait près de ce château un couvent de Camaldules, où beaucoup de personnes pieuses allaient faire des retraites. Pop. 265 individus.

ISLE-SAINT-DENIS, à 2 l. de Paris, située à l'ouest de Saint-Denis : tous les habitans sont pêcheurs et les femmes blanchisseuses. Les moines de Saint-Denis étaient propriétaires de cette île.

Il n'y a qu'une jolie maison avec un beau jardin. Dans l'hiver les débordemens de la Seine interrompent les communications; mais l'été c'est un lieu enchanteur. Il n'y a que 240 habitans.

Issy, village à 1 l. 1/2 de Paris et de Meudon. Ce nom lui vient d'un temple que les Gaulois, alors idolâtres, élevèrent à la déesse Isis. Ce village intéresse par un grand nombre de maisons de campagne, notamment le château. On trouve dans ses carrières différens fossiles; et les étudians en médecine peuvent herboriser dans les plaines de ce village. Il y a une manufacture de sel ammoniac. Pop. 1068 habitans.

Ivry, village à 1 l. 1/4 de Paris et de Bourg-la-Reine, situé partie dans le bas d'un coteau, et partie à mi-côte, où est située la belle maison de M. Delacroix, notaire à Paris, qui ayant découvert un rocher sous son terrain a fait creuser et établir des caves qui peuvent contenir cent mille pièces de vin. Celles actuellement faites peuvent contenir huit à neuf mille muids de vin. Ces caves sont recouvertes de cinq bancs de pierre, et de quinze pieds de terre, de manière que la même température y règne dans toutes les saisons. Des soupiraux traversent d'outre en outre la masse de pierre, ce qui laisse l'air se renouveler continuellement, empêche les coups de feu sur les tonneaux, et entretient les cercles en bon état. Ces caves sont fermées avec des grilles de fer, et disposées de manière que chaque propriétaire peut avoir la clef chez lui. Le vin acquiert une qualité supérieure, et n'éprouve aucun déchet, ce qui est reconnu par les marchands de vin qui y ont loué des caves. Il y a deux entrées principales donnant l'une sur la grande route, pavé du village d'Ivry, et l'autre dans un vaste emplacement qui est clos de murs de vingt pieds de haut, et où l'on peut décharger des milliers de pièces de vin à la fois. Pop. 1077 habitans.

Jouy, qu'on nommait Josas, village à 1 l. 1/4 de Versailles, situé sur la Bièvre, plus connue sous le nom de rivière des Gobelins : il y a un beau château avec un parc de trois cents arpens. M. Oberkampf y a créé une manufacture considérable de toiles peintes, établie depuis 1760 ; elle occupe ordinairement douze cents ouvriers ; elle imprime, année commune, huit cent mille aunes de toile. Cette manufacture est aujourd'hui réunie sous un même propriétaire, de la famille de feu M. Oberkampf, avec celle d'Essone, près de Corbeil. La pop. de Jouy est actuellement de plus de 2000 individus.

Lucienne ou Louvecienne, village à 1 l. 1/2 de Versailles. Sa célébrité tient à une des causes qui font naître le merveilleux. Louis XV y fit bâtir un magnifique château pour la Dubarri, sa sultane favorite. Tout ce que les arts purent inventer y fut prodigué. Ce lieu enchanteur a été en 1793 la propriété d'un garçon perruquier, qui avait fait fortune en vendant de l'argent au perron du Palais-Royal. Il a tout dégradé, et vendu les objets les plus précieux. Ce perruquier s'étant ruiné, ce château a été acheté par un ancien marchand de peaux de lapins et de rubans. Il y a dans ce village 1000 habitans.

Maisons-sur-Seine, village à 1 l. 1/2 de Saint-Germain, 3 l. 1/2 de Versailles. Pop. 720 individus. Le château de Maisons, bâti par François Mansard, appartenait au comte d'Artois, frère de Louis XVI. C'était l'un des plus beaux châteaux des environs de Paris. Le maréchal Lannes en fit l'acquisition. Il appartient aujourd'hui à M. Lafitte, banquier.

Malmaison (la), château à 3 l. de Paris, sur la route de Saint-Germain. C'était un fief du territoire de Ruel. Il appartenait à M. Lecouteulx, qui l'a vendu à madame de Beauharnais, devenue l'épouse de Buonaparte, ensuite impératrice Joséphine, qui en a fait un lieu enchanteur. Les jardins sont ornés des arbustes et des plantes les plus rares. L'empereur de Russie et le roi de Prusse ont été rendre visite à Joséphine en avril et en mai 1814. Elle est morte dans son château de la Malmaison en 1816, regrettée de tout le monde. Ce château est resté la propriété de son fils, le prince Eugène Beauharnais, par suite du partage de la succession avec sa sœur Hortense, femme de Louis Buonaparte.

Marly, Marly-Machine, ci-devant Marly-le-Roi, bourg à 4 l. de Paris, route de Saint-Germain. Ce lieu est célèbre depuis la construction de son château par Louis XIV. C'est là qu'il fit un appel aux arts vers 1680. Mais tout a disparu depuis la révolution. On admire toujours la machine dite de Marly, inventée par le Liégeois *Rennequin Salem*, machine qui faisait monter les eaux de la Seine à cinq cents pieds au-dessus de la rivière. Elle donnait chaque jour à Marly et à Versailles vingt-sept mille muids d'eau ; mais comme elle gêne la navigation, en outre qu'elle tombe en ruine, elle est remplacée par un mécanisme de pompe à feu. Il y a 1500 habitans, et une fabrique de produits agricoles.

MEUDON, bourg près de Sèvres, à 2 l. de Paris et de Versailles par une grande route par Vaugirard et Issy, avec un château royal bâti en 1570 par Philibert Delorme, pour le cardinal de Lorraine. Les jardins et le parc furent formés par le ministre Louvois : sa veuve le vendit à Louis XIV, qui le donna au dauphin, celui-ci fit construire, en 1695, le château neuf ; il y mourut en 1711. Ce château est situé sur la cime d'un coteau terminé par la rivière de Seine ; sa vue s'étend sur toute la ville de Paris, et sur un grand nombre de villages, dont la plupart sont embellis de maisons de plaisance. Depuis la révolution le vieux château a été vendu et démoli. Buonaparte a fait réparer le nouveau pour y faire l'éducation de son fils. François Rabelais a été curé de Meudon, qui a 2328 habitans. Les bois de Meudon sont immenses.

MONTMARTRE, village sur une montagne considérable voisine et au nord de Paris. Henri IV, assiégeant Paris, prit son quartier-général à Montmartre. L'abbesse le reçut très-bien. Les officiers de son armée prirent les mêmes sentimens pour les religieuses qui surent les leur inspirer. La dernière abbesse de Montmartre, madame Laval de Montmorenci, a été décapitée à Paris en 1793.

Montmartre est encore célèbre par la belle défense des Français, le 30 mars 1814, contre l'armée des alliés.

On tire des carrières de Montmartre une grande partie du plâtre que l'on emploie à Paris. Il y a à Montmartre une maison connue sous le nom d'*Asile de la Providence*, contenant soixante vieillards des deux sexes, dont moitié sont entretenus gratuitement, les autres y paient une faible pension. On y remarque plusieurs maisons de campagne des plus agréables. On compte 970 habitans, et une grande quantité de guinguettes.

MONTMORENCI, nommé Emile en 1793, ville à 1 l. 1/2 de Saint-Denis et 3 l. 1/2 de Paris, située sur une éminence, qui lui procure un air salubre et une vue magnifique. On y voit les restes de l'ancien château des ducs de Montmorenci. Il y a de jolies maisons de plaisance. L'air pur qu'on y respire et l'ombrage épais des châtaigniers de la forêt voisine y attirent beaucoup d'étrangers, qui viennent en outre visiter l'Ermitage, maison située sur la pente d'une colline, qui fut long-temps habitée par J.-J. Rousseau, et où il composa sa *Nouvelle Héloïse*. Elle a été la retraite du célèbre Grétry, à qui l'on doit la musique d'un grand nombre d'opéras charmans. M. Flamand, époux d'Erneste Grétry, nièce de Grétry, en a fait l'acquisition. Il y a à Montmorenci 2000 habitans. La meilleure auberge est celle du *Cheval blanc*, tableau peint par le célèbre Gérard.

MONTREUIL-SOUS-BOIS, ou Montreuil-aux-

Pêches, bourg à 1 l. 3/4 de Paris, et 1 l. 1/2 de Vincennes. Charles V étant né au bois de Vincennes le 21 janvier 1337, fut baptisé à Montreuil, de même que Jeanne de Bourbon son épouse. Dans le mois de mai 1791 les sœurs de la Charité de Montreuil tinrent inconsidérément des propos contre les prêtres assermentés du canton; vers la brune, des hommes s'emparèrent de ces saintes filles, et les flagellèrent aussi indécemment que rudement.

On lit dans l'histoire de France que pareille scène eut lieu sous le règne de Louis XIV, par les ordres d'une courtisane surannée, qui faisait fouetter publiquement devant les autels catholiques, par des soldats, de jeunes et honnêtes protestantes.

Les habitans de Montreuil ont la réputation de cultiver avec soin les arbres pêchers : rien de plus curieux à voir que les milliers d'espaliers dont les murs sont à quatre, cinq et six pieds de distance. Trois arpens de terre ont produit 20,000 francs dans une année. Les jardiniers de Montreuil sont les plus laborieux et les plus intelligens de la France pour ce genre de culture. Il y a à Montreuil près de 4000 habitans.

MONTROUGE (le grand et petit), village qui commence barrière d'Enfer. On remarque la *Maison de retraite*, pour deux cent cinquante vieillards des deux sexes, qui paient une pension de 250 fr. Cette maison est superbe; elle a été fondée par Louis XVI pour des anciens officiers de la maison du roi. Les auteurs Fréron, Mercier et Sylvain Maréchal avaient chacun une maison de campagne à Montrouge. Sylvain y est décédé en 1805. On exploite sur le territoire un grand nombre de carrières de pierre de taille. Il y a aussi un grand nombre de guinguettes. Pop. 800 habitans.

MORFONTAINE, village à 2 l. 1/4 de Senlis. On voit son superbe château, où les eaux sont en abondance; ces sources fournissent les eaux du parc de Chantilly. Ce château, qui appartetenait à M. Morfontaine, a été acheté par Joseph Buonaparte, qui y a employé plusieurs millions pour en faire un séjour enchanteur. Sa pop. est de 420 habitans.

NANTERRE, bourg à peu de distance de Surenne, à 1 l. 1/2 de Paris, barrière de Neuilly. L'étymologie du nom de *Nanterre* est *nam*, qui en celtique signifie *temple*, et *tor*, principale divinité des Gaulois. On avait élevé dans ce lieu à *Tor* un temple qui fut détruit dans le cinquième siècle. Les Anglais, avant de pénétrer jusqu'aux portes de Paris, pillèrent et brûlèrent ce bourg en 1346. C'est le lieu de naissance de sainte Geneviève. Les gâteaux et la charcuterie de Nanterre ont une grande réputation. Pop. 1820 habitans.

NEUILLY, village à 2 l. de Paris, situé près le bois de Boulogne. Ce n'était, à la fin du seizième siècle, qu'un petit hameau où l'on avait établi un bac. Henri IV et la reine de Médicis faillirent y perdre la vie. Cet accident fut cause qu'il ordonna de construire en cet endroit un pont de bois. Ce village s'est accru d'un grand nombre de jolies maisons depuis la construction du superbe pont de pierre ordonné par Louis XV, bâti en 1772 par Perronnet. Il, a cinq arches de cent vingt pieds d'ouverture. On remarque sur les bords de la Seine beaucoup de belles maisons de campagne, principalement celle du duc d'Orléans. La pop. de Neuilly est de 2280 habitans.

Nogent-sur-Marne, bourg à 2 l. 1/2 de Paris, par la barrière du Trône, Vincennes et Coulommiers. Il est bâti sur une hauteur près de la Marne. On remarque le château de plaisance dont M. d'Haussonville est propriétaire, et celui du Perraux : en outre, une quantité de maisons de campagne. Nogent a été beaucoup plus considérable qu'il ne l'est aujourd'hui. Chilpéric, roi de France, y eut un palais où se sont tenus plusieurs parlemens sous les rois de la premiere race. Nombre de grands seigneurs, au quatorzième siècle, y avaient des hôtels. Pop. 1270 habitans.

Noisy-le-Sec, village à 2 l. de Paris, situé sur une éminence, remarquable par ses jolies maisons de campagne. En 1707 on trouva dans le cimetière de la paroisse le corps d'une femme inhumée depuis trente ans, dont la peau était seulement desséchée ; le curé de la paroisse voulut faire accroire au peuple que c'était une sainte, mais le parlement de Paris s'y opposa. Les communes de Moulau et Londeau dépendent de Noisy. Pop. 1540 habitans.

PANTIN, village à 3/4 de l. N.-E. de la barrière Saint-Martin, route d'Allemagne. On y voit un grand nombre de jolies maisons de campagne, qui étaient habitées, avant la révolution, par des actrices et des femmes entretenues; la proximité des Prés-Saint-Gervais rend cet endroit très-agréable: mais la *gadoue* que tous les vidangeurs de Paris y apportent à une portée de fusil donne une mauvaise odeur. On y exploite des carrières à plâtre et moellons; tous les matins la route est encombrée de voitures à plâtre. Il y a 988 habitans.

PASSY, bourg à 1 l. de Paris et de Saint-Cloud, et à l'une des portes du bois de Boulogne, situé sur une éminence en forme d'amphithéâtre, presque en face de l'Ecole-Militaire. Au bas passe la Seine. Passy présente le coup d'œil le plus riche qu'on puisse imaginer, par le grand nombre de belles maisons de campagne, de jardins et de terrasses pratiquées les unes au-dessus des autres qu'il renferme. Il y a dans ce bourg plusieurs maisons de santé, des filatures de coton, une rafinerie de sucre, une manufacture de teinture d'apprêt pour le drap, tenue par M. Machant fils et compagnie: cette manufacture célèbre existe depuis 1788; elle a été brevetée par Louis XVI. Cet établissement est actuellement rue du faubourg Saint-Martin, n° 39, le dépôt rue de la Vrillère, n° 12. Les eaux minérales de Passy sont très-bonnes, elles sont ferrugineuses, rafraichissantes, émollientes, doucement apéritives, et en même temps corroborantes. La pop.

de Passy est de près de 3ooo individus; dans la belle saison de plus de 6ooo.

Prés-Saint-Gervais, hameau à peu de distance de Belleville, à une lieue des boulevarts Saint-Denis et du Temple. Il y a un grand nombre de guinguettes de première classe. On y voit beaucoup de maisons de campagne; la porte d'une de ces maisons était décorée du buste de Henri IV; l'histoire assure que ce monarque s'y retirait quelquefois avec Gabrielle d'Estrées. Des coteaux chargés de vignes et de vergers, entourés d'un grand nombre de chemins étroits, ombragés et bordés de haies, environnent ce hameau. Les étrangers doivent visiter ce beau site. On remarquait encore il y a quinze ans un immense maronnier sur lequel se trouvaient inscrits les noms d'un grand nombre de jolies femmes, même de la cour, qui s'étaient mises à l'ombre de ce superbe arbre, pour y soupirer, et recevoir ou donner des sermens de fidélité qu'on oubliait en revenant à Paris. Les noms des principales actrices de l'Opéra, des Français et des Italiens y étaient inscrits. C'est aux Prés-Saint-Gervais qu'est l'aqueduc le plus ancien de tous ceux qui fournissent de l'eau à Paris. Pop. de ce hameau 260 habitans.

Puteaux, charmant village à 3/4 de l. de Nanterre, 1 l. 1/2 de Paris. Plus de 1200 habitans sont occupés à cultiver des primeurs et des asperges pour Paris. On admire des champs de roses qui embaument l'air. On y voit de jolies maisons de campagne.

Raincy (le), château dépendant de la commune de Livry, à 2 l. 1/2 de Paris. Ce château appartenait au duc d'Orléans. Plusieurs nouveaux riches et agioteurs en étaient devenus propriétaires. Il appartient aujourd'hui au marquis de Livry. Il a été bâti en 1655; il faisait l'admiration des étrangers. On y arrive par une avenue de plus de huit cents toises. Son parc est de sept cents arpens, et forme une promenade des plus agréables : des eaux le traversent dans tous les sens ; des glaces artistement placées dans les appartemens y réfléchissent le tableau de la plaine Saint-Denis et le canal de l'Ourcq.

Rambouillet, bourg considérable sur la route de Chartres, à 10 l. de Paris. On y voit un superbe château royal, où est mort François Ier. Louis XVI en fit l'acquisition en 1776, de la maison de Penthièvre. Son parc renferme deux mille six cents arpens, et la forêt voisine trente mille. On y admire une laiterie en marbre blanc, et le superbe troupeau de mérinos qui a commencé en France la régénération des moutons. La pop. de Rambouillet est de 6000 habitans.

Romainville, village à 2 l. de Paris, près les Près-Saint-Gervais, situé sur une élévation d'où l'on jouit de la plus belle vue. Il y a un château et un beau parc. Le bois de Romainville, favori des Parisiens, est souvent témoin de déclarations d'amour. Il est peu de bois aussi agréables. Il y a une source d'eau très-claire et très-limpide : le vulgaire l'appelle fontaine de *Mire*....

On remarque la jolie maison de campagne

nommée le Moulin de Romainville. Il y a dans ce village 948 habitans.

Rosny, village près la Seine, à 1 l. 1/2 de Mantes, 9 l. 1/2 de Versailles. C'est le lieu de naissance du duc de Sully, ministre de Henri IV. En 1818, le duc de Berry fit l'acquisition du château de Rosny, qui appartenait au comte de Périgord. Pop. 538 individus.

Ruel, bourg à 3 l. 1/4 de Paris. Le cardinal de Richelieu y fit construire un superbe château. L'infortuné Marillac, maréchal de France, y fut condamné à mort par des commissaires vendus au cardinal. Le P. Joseph, capucin, était le confident et le ministre des vengeances secrètes du cardinal de Richelieu. Cet homme, si célèbre dans le crime, est mort à Ruel en 1682. On y voit de belles maisons de plaisance et de superbes casernes.

Les restes de Joséphine Tascher de la Pagerie, épouse du comte de Beauharnais, ensuite de Buonaparte, sont déposés dans l'église de Ruel. On a fait exécuter à Paris une chapelle ardente en marbre pour sa sépulture.

Rungis, village à 2 l. 1/4 de Paris, par la grande route de Fontainebleau. Louis XIII y fut au mois de juillet 1613; il y trouva huit cents ouvriers qui travaillaient à la recherche des eaux de ce village : il posa la première pierre du grand regard de la rivière. C'est cette source que l'aqueduc d'Arcueil conduit à Paris. Il n'y a que 160 habitans.

SAINT CLOUD, bourg à 2 l. de Paris et de Versailles. Superbe château royal situé à mi-côté de la montagne. On trouve d'abord une avant-cour en demi-lune, d'où l'on entre par un angle dans une seconde cour plus longue que large. Le grand corps de logis a cent cinquante-quatre pieds de face sur soixante-douze pieds d'élévation. Il est orné de bas-reliefs au-dessus des croisées, et d'un avant-corps dont l'entablement est porté par quatre colonnes corinthiennes. Le parc et le bois ont environ quatre lieues d'étendue. Ils ont été plantés par le célèbre Le Nôtre. Les pièces d'eau méritent l'attention des curieux.

Philippe-Joseph d'Orléans avait vendu ce château à Marie-Antoinette, épouse de Louis XVI, qui y fit de grands changemens et des embellissemens.

Ce château a été abandonné pendant le cours de la révolution. Les superbes tapisseries, les tableaux, les meubles ont été donnés en paiement à des fournisseurs des armées. C'est dans ce château que, le 18 brumaire an VIII (9 novembre 1799), le Conseil des Anciens décréta que le Conseil des Cinq-Cents se rendrait pour tenir ses séances : il fut présidé par Lucien Buonaparte. C'est là que Buonaparte, commandant de la force armée, fut sur le point, a-t-on dit, d'être assassiné par Aréna, député de la Corse. Buonaparte n'a pas fait preuve de courage dans cette circonstance. La vérité est que Aréna n'a pas voulu l'assassiner, mais a crié : *A bas les tyrans!* Aréna le connaissait bien ; il avait été son camarade de collége. Buonaparte, voulant faire sa résidence dans ce château, le fit restaurer et meubler à neuf avec le plus grand luxe. La galerie d'Apollon était décorée des tableaux provenant de ses dernières conquêtes; ces tableaux ont été enlevés lors de l'invasion de 1815, par les alliés, qui y ont établi leur état-major général.

L'heureuse situation de Saint-Cloud y a fait multiplier le grand nombre de maisons de campagne. Les eaux de Saint-Cloud, qui jouent les trois premiers dimanches du mois de septembre, y attirent deux cent mille curieux. Il y a à Saint-Cloud 1800 habitans, et dans la belle saison le double. (*Voyez*, pour plus de détails, la *Nouvelle Description de Versailles*, 1 vol. in-12, 1821.)

SAINT-CYR, à peu de distance de Versailles. Vaste maison fondée en 1686, sous le titre de *Saint-Louis*, par madame de Maintenon, pour l'éducation de trois cents filles nobles. Louis XIV venait y habiter quelquefois un pavillon isolé. Après sa mort, la fondatrice, sa maîtresse, s'y retira et y mourut en 1719. Cette maison a été occupée par un hospice militaire, un prytannée; aujourd'hui c'est une école royale militaire.

SAINT-DENIS, ville à 2 l. de Paris, célèbre par une abbaye que Dagobert Ier fonda en 613, et qu'il enrichit des dépouilles des plus belles églises de France. C'est le premier roi qui y fut enterré. L'église, dit-on, était couverte en argent; c'est une erreur : on a confondu la châsse d'argent, qui avait la forme d'une église, que

Dagobert avait fait faire par saint Eloi, évêque, qui avait été orfèvre. Cette châsse renfermait les reliques de saint Denis et de ses compagnons; Clovis II fit découvrir cette châsse en 649, pour en donner l'argent aux pauvres. La célèbre abbaye de Saint-Denis a été supprimée en 1790. Elle avait été depuis son origine le lieu de la sépulture des rois de France.

Le 12 octobre 1793 on en a exhumé les corps des rois, des reines, etc., et des hommes célèbres qui y avaient été inhumés pendant quinze siècles, pour en extraire les plombs. Une partie des monumens qui décoraient cette superbe abbaye ont été transportés au Musée des Monumens français, aux Petits-Augustins.

Un décret de Buonaparte, du 20 février 1806, dit: *L'église de Saint-Denis est consacrée à la sépulture des empereurs;* que quatre chapelles seront érigées dans l'église, dont trois dans l'emplacement qu'occupaient les tombeaux des rois de la seconde et troisième race, et la quatrième dans l'emplacement destiné à la sépulture des empereurs; que des tables de marbre placées dans chacune des chapelles des trois races contiendront les noms des rois dont les mausolées existaient dans l'église Saint-Denis; et nomme un chapitre de dix chanoines. Il fit réparer l'église et les caveaux pour sa dynastie. Il établit, dans les bâtimens claustraux, qui sont immenses, une maison d'éducation gratuite pour des demoiselles filles des membres de la Légion-d'Honneur; elles y sont installées depuis 1809. Il y avait une pareille maison à Ecouen, qui a été réunie à celle de

Saint-Denis, depuis le retour de Louis XVIII. Le nombre des élèves est porté à cinq cents : quatre cents sont reçues gratuitement. Saint-Denis est redevenu la sépulture des rois. Louis XVIII fait restaurer l'église : il a nommé chanoines dix évêques, et vingt-quatre chanoines prêtres. Les caveaux ont déjà reçu les restes de Louis XVI, de Marie-Antoinette, de ses tantes, du duc de Berri, etc. Une partie des monumens qui étaient aux Petits-Augustins ont été transportés à Saint-Denis, sous la direction de M. le chevalier Alexandre Le Noir, qui les a fait restaurer et placer par ordre chronologique ; le roi l'a nommé administrateur. Saint-Denis avait il y a trente ans plusieurs communautés religieuses. C'est dans le couvent des Carmélites que s'était retirée madame Louise de France, fille de Louis XV.

La ville de Saint-Denis fait beaucoup de commerce. Il y a des casernes, des manufactures de toiles peintes, des fonderies, etc. Il s'y tient trois foires par an. Pop. 4625 habitans.

Le premier octobre 1789 le maire de Saint-Denis a été massacré par suite d'une insurrection, sous prétexte de la cherté du pain.

SAINT-GERMAIN-EN-LAYE, jolie ville, située sur un coteau, près de la Seine, à 2 l. 1/2 de Versailles et 4 l. de Paris. L'ancien château est l'un des plus beaux séjours qu'il y ait en France. Henri II, Charles IX et Louis XIV y naquirent. Jacques II, roi d'Angleterre y mourut en 1701. Il n'existe peut-être pas en Europe une terrasse comme celle de Saint-Germain : elle a douze cents toises de longueur et est couverte de verdure. Le parc qui joint le château a trois cents cinquante arpens ; la forêt de Saint-Germain en a cinq mille cinq cent cinquante. Le château sert de caserne à une compagnie de gardes du corps du roi. Beaucoup de rentiers habitent Saint-Germain. La population est de 8987 individus : l'air est trop vif pour les personnes qui sont attaquées de la poitrine. Il s'y fait beaucoup de commerce ; il y a des manufactures de perles fausses, des tanneries, et des fabriques de cuirs, de vis anglaises, d'étoffes de crin, de rubans, de bonneterie, et de petits souliers connus sous le nom de *fafiols*.

On voit à une demi-lieue de Saint-Germain, dans la forêt, la maison dite des Loges, l'une des succursales de la maison royale de Saint-Denis, pour les demoiselles filles des membres de la Légion-d'honneur.

Saint-Leu-Taverny, village à 4 l. de Paris, par la barrière Saint-Denis. On y remarque un superbe château, dont le parc est dessiné dans le genre anglais. La princesse Hortense, femme de Louis Buonaparte, y a dépensé un million pour l'embellir.

Saint-Mandé, village à 1 l. 1/2 de Paris, entre le bois de Vincennes et les murs de Paris, barrière du Trône. On y respire un air très-pur. Il y a beaucoup de belles maisons de campagne. En 1803 M. Bobée y a établi une superbe fabrique de dentelles. Il a fait venir des ouvrières de la Flandre et de la Belgique.

Dans la belle saison il y a tous les dimanches

un superbe bal champêtre dans le bois de Saint-Mandé.

SAINT-MAUR, bourg à 1 l. de Paris, par la barrière du Trône. Ce lieu est célèbre par le massacre des chrétiens par les troupes d'Attila. Ce fut dans ce bourg qu'on fabriqua les premières étoffes dite *Ras de Saint-Maur* Il y a un grand nombre de maisons de plaisance. Le château de Saint-Maur appartenait avant la révolution au prince de Condé. Les jardins, exécutés d'après les dessins de Le Nôtre, offrent le coup d'œil le plus agréable. Il y a 579 habitans.

SAINT-OUEN-SUR-SEINE, à 1 l. 3/4 de Paris, et 1/2 l. de Saint-Denis; situé dans une plaine agréable, sur la rive droite de la Seine, que l'on y traverse dans un bac, est embelli par un grand nombre de maisons de campagne. Charles de Valois, frère de Philippe-le-Bel, y acheta, en 1300, un *manoir* où mourut Catherine de Courtenay son épouse, héritière avant sa mort de l'empire de Constantinople. Philippe de Valois, fils de Charles, en hérita en montant sur le trône. Le 2 mai 1814 Louis XVIII, à son retour d'Angleterre, s'arrêta dans le château avant de faire son entrée à Paris. On travaille à restaurer ce château.

SCEAUX, gros bourg à 2 l. de Paris, près Bourg-la-Reine. Ce lieu était célèbre par son château, que tout le monde admirait, et qui n'existe plus depuis la révolution. Il a appartenu au grand Colbert; ensuite différens princes de la famille royale en firent tour à tour l'acquisition;

et le dernier propriétaire était le duc de Penthièvre, qui en fit présent à madame d'Orléans sa fille.

Le château, les fermes, etc., ont été achetés en assignats par M. Comte, ex-oratorien, et l'ami du ministre Fouché. Les plombs et les fers ont payé cette immense propriété. Le nom de M. Comte n'a figuré pendant la révolution que dans les grandes spéculations des biens nationaux. Il était parvenu à se procurer une fortune de trois à quatre millions, qu'il laissa à ses héritiers. Fouché lui dit un jour : *Si Paris était à vendre, je suis certain que tu ferais ta soumision.*

La commune de Sceaux a voulu conserver quelques restes de ses jardins, dont elle a fait une promenade publique. Dans le parc de la ménagerie, qui est cultivé avec soin, il y a bal tous les dimanches, depuis le premier mai jusqu'au premier novembre; où se réunit la plus belle société de Paris et des environs. Dans la même salle sont les villageois. Le jour de la Pentecôte et de la Saint-Jean fêtes foraines et feux d'artifices. Il y a à Sceaux un grand nombre de belles maisons de campagne. La pop. est de 1487 habitans, et en été de plus de 4000. Le marché de bestiaux gras pour l'approvisionnement de Paris y attire chaque lundi tous les bouchers de Paris.

SÈVRES, bourg à 2 l. de Paris, situé au bas du parc de Saint-Cloud : il est célèbre par la superbe manufacture royale de porcelaine. Le corps du bâtiment annonce la majesté de cet établissement, qui a acquis la plus grande réputation dans toutes les parties du monde. Il y a encore à Sèvres une verrerie à bouteilles, etc.

SURENNE, village à l. de Paris, près Nanterre, en face du bois de Boulogne. Charles-le-Simple donna cette terre à l'abbé de Saint-Germain-des-Prés, pour le dédommager des biens de la manse abbatiale de Saint-Leuffroi, que les ravages des Normands lui avaient fait perdre. C'est dans ce village que se tint, au mois d'avril 1593, cette fameuse conférence qui devait déterminer Henri IV à changer de religion.

On admire les belles maisons de campagne sur les bords de la Seine, et sur la pente du Calvaire ou Mont-Valérien. Chaque année on couronne, le premier dimanche après la Saint-Louis, une rosière à Surenne. Cette institution fait honneur au sexe de cette commune, qui n'est pas heureuse dans la qualité de son vin. Néanmoins on peut s'y procurer du bon vin de Bourgogne. La pop. de Surenne est de 1500 habitans.

VAUGIRARD, immense et beau village, attenant les murs de Paris et la barrière de ce nom. Cette commune est presque entièrement composée de guinguettes et de salons de danse pour le peuple du faubourg Saint-Germain et du Gros-Caillou. Des militaires, des invalides, etc., s'y réunissent les fêtes et les dimanches : il y a toujours là plus de vingt mille individus des deux sexes qui dansent, qui mangent la salade, le morceau de rôti, et boivent du vin à cinq sols la pinte. Il y a une fabrique de sel ammoniac et des fabriques d'alun, d'acides vitrioliques, et

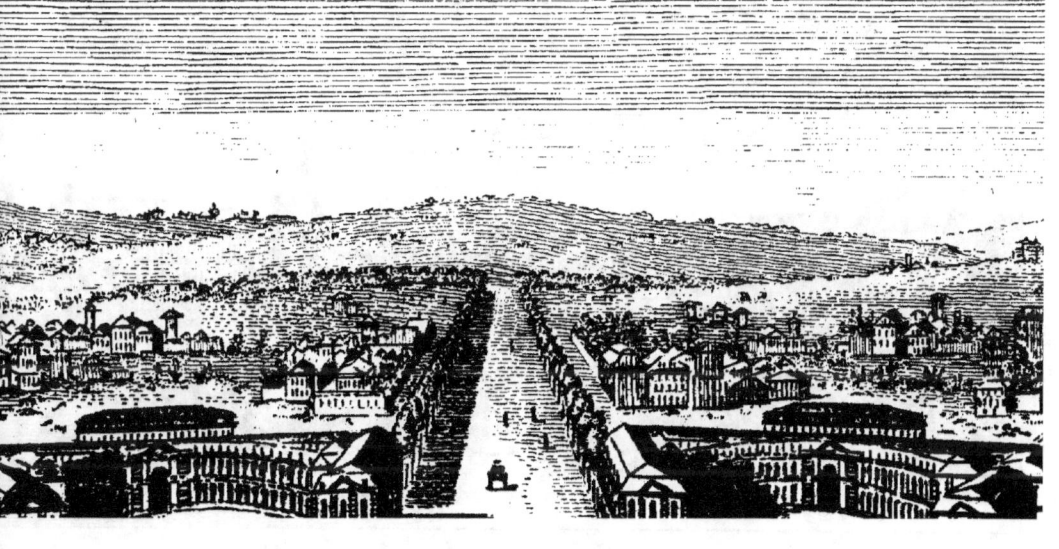

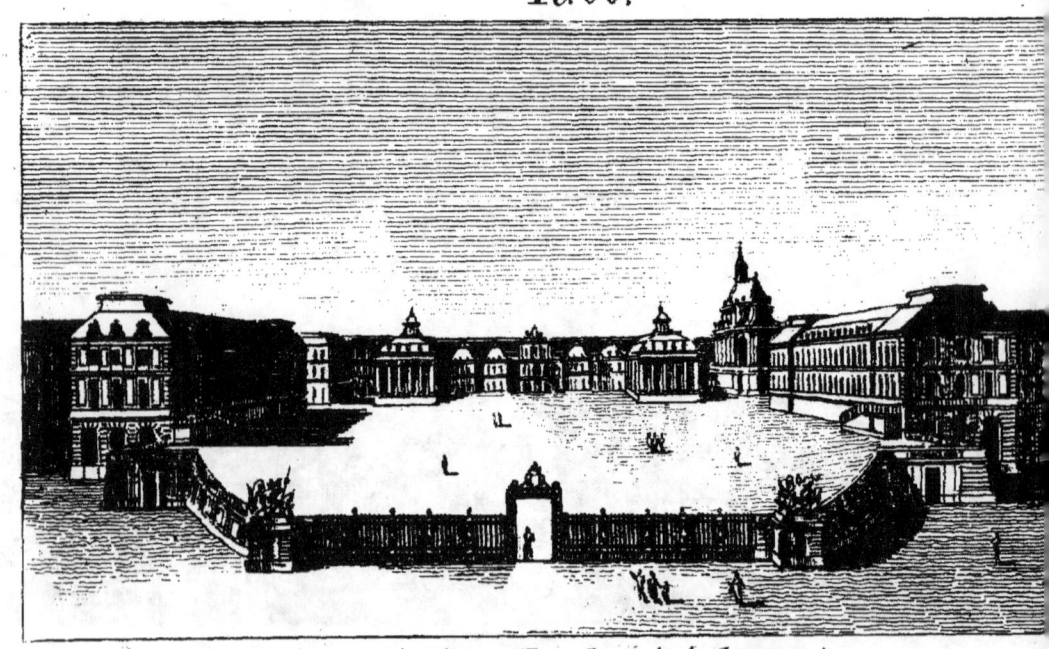

Château de Versailles du côté de Paris.

de produits chimiques. Vaugirard est un entrepôt de vins et d'eaux-de-vie pour la consommation de Paris. La pop. est de 2420 individus.

VERSAILLES, ville à 4 l. O. de Paris, était devenue le séjour habituel de la cour jusqu'à l'époque de 1790. C'est l'une des plus belles villes de France ; ses rues, tirées au cordeau, sont dirigées exactement du nord au midi, ou de l'est à l'ouest. Une superbe promenade est au bout de chaque rue. On y arrive de Paris, de Sceaux et de Saint-Cloud par trois longues avenues plantées d'arbres. La grande avenue partage Versailles en vieille et nouvelle ville, et se termine à la place d'armes qui est en face du château. *Les grandes et petites écuries du roi* sont sur cette place, en face du château. Ces deux bâtimens peuvent contenir trois à quatre mille chevaux.

Du temps de la cour, on comptait à Versailles près de cent mille individus ; on n'en compte pas actuellement trente mille. Le séjour des rois de France, depuis Louis XIV, avait rendu cette ville célèbre. Ils y avaient accumulé tout ce que l'art et le génie peuvent enfanter de plus merveilleux. Peu de villes en Europe peuvent lui être comparées pour la multiplicité des édifices qui la décorent ; toutes les promenades qui l'avoisinent sont charmantes ; sa proximité de la ville de Paris, tout concourt à en rendre le séjour agréable. Un grand nombre de seigneurs de la cour y avaient des hôtels. Le parc et les bâtimens, commencés en 1673, furent achevés en

1680, Louis XIV y employa plus d'un milliard. C'est aux talens réunis de trois hommes célèbres, Jules Mansard pour l'architecture, Charles Lebrun pour la peinture et les arts qui en dépendent, et André Le Nôtre pour la distribution et la décoration des jardins, que l'on doit les beautés qu'on admire à Versailles et à Trianon.

On admirait la richesse des appartemens du château ; de superbes ornemens les décorent encore ; la beauté des plafonds atteste le génie des artistes en tous genres qui ont illustré le règne de Louis XIV.

Pendant les années 1792, 93 et 94, une succursale des invalides était établie dans le château ; plusieurs couchaient dans la chambre de Louis XIV et dans les appartemens de Mesdames de France. On admire dans la chapelle des peintures magnifiques des plus grands maîtres. Le culte des théophilanthropes y était établi ; ils avaient pour leur dieu une gerbe de blé placée au milieu de l'autel. Les ministres de ce culte étaient un peu négligens dans la propreté de leur dieu, car nous avons remarqué des toiles d'araignée qui couvraient la presque totalité de la gerbe de blé.

Aux extrémités de la chapelle est la *salle de spectacle de l'opéra de la cour*, l'une des plus magnifiques de l'Europe. Lorsque cette salle était éclairée en bougies, les glaces, les lustres, les belles peintures et la dorure, qui y étaient en profusion, produisaient un effet merveilleux. Les loges étaient garnies en velours bleu avec des franges d'argent. Au fond de chaque loge il y avait une glace avec un demi-lustre éclairé par

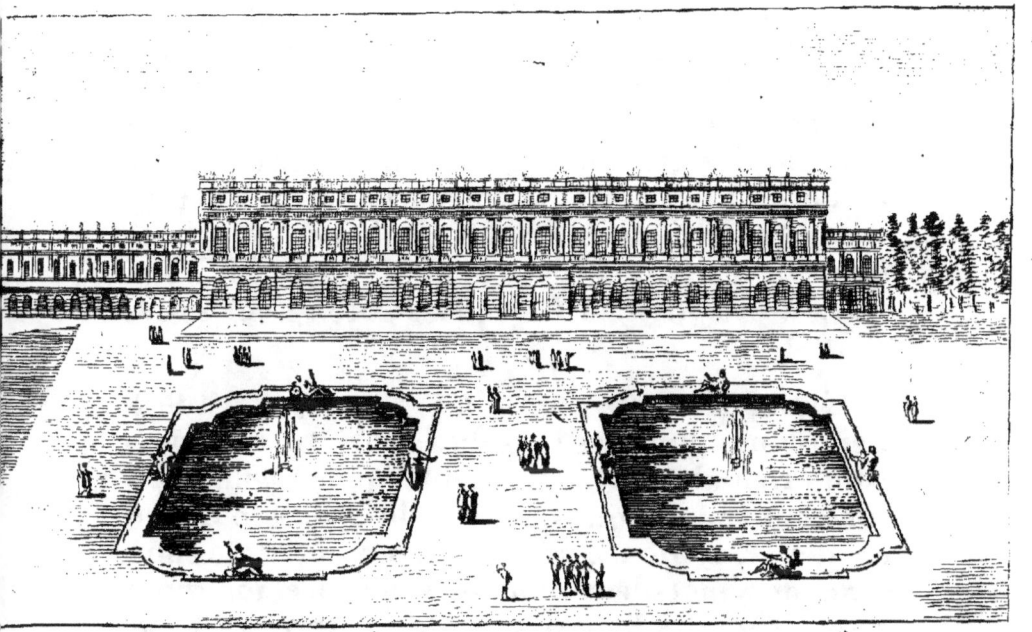

Château de Versailles côté du Parc.

douze bougies, et un lustre entre les franges en avant. Chaque loge a un plafond dont la peinture est des premiers maîtres de ce temps. Dans les fêtes extraordinaires, le théâtre était changé en une seconde salle.

La salle de comédie de la ville de Versailles a été commencée sur la fin du règne de Louis XV, d'après les dessins de l'architecte Gabriel.

Le *parc de Versailles* se distingue en grand et petit parc, lesquels réunis forment un circuit de 20 l. Le *grand parc* renferme plusieurs villages. Le *petit parc* comprend dans son enceinte les jardins, les bosquets, les pièces d'eau, etc. Il est situé à l'ouest du château, et représente un pentagone irrégulier ; il a environ 2400 toises dans sa plus grande largeur. On y voit un grand nombre de belles statues en marbre et en bronze ; des vases, des bassins, des fontaines, des bosquets, et un immense canal (Voyez la *Nouvelle description de Versailles*, etc., 1 vol. in-12, 1821.)

Grand Trianon, parc de *Versailles*, situé à l'extrémité d'un des bras du canal. Sa construction orientale est aussi galante que magnifique ; il n'est composé que d'un rez-de-chaussée divisé en deux pavillons, réunis par un péristyle soutenu de vingt-deux colonnes d'ordre ionique ; huit de ces colonnes sont de marbre vert de Campan, et les quatorze autres sont de marbre rouge du Languedoc, ainsi que les pilastres placés entre les croisées. Sur le comble à la romaine de cet élégant bâtiment règne une balustrade ornée de vases et de groupes de petits amours, ouvrages des Barrois, Cereston, Coustou, Dedieu, Legros et Lapierre.

Les jardins, qui sont très-beaux, sont, dans l'origine, de la composition de Le Nôtre.

Le petit Trianon, attenant au grand, consiste en un pavillon à la romaine, sur quatre faces d'environ onze toises et demie, et se compose d'un rez-de-chaussée et de deux étages, et d'un ordre corinthien, surmonté d'une balustrade ; les pilastres et les colonnes sont cannelés d'après les dessins de Gabriel ; la sculpture est de Guibert.

Les jardins sont distingués par jardin français et jardin anglais.

La ville de Versailles a été le théâtre de grands événemens depuis 1787.

(1787, 22 février.) Convocation des notables du royaume.

(1788, juin.) Convocation du clergé de France.

(1789, 27 avril.) Convocation des états-généraux.

(1789, 3 mai.) Costume des états-généraux ; le lendemain procession des états-généraux.

— 28 mai. Lettre du roi à chacune des chambres des trois ordres.

— 20 juin. Lorsque les députés vinrent pour tenir leur séance dans leur salle, grande avenue de Versailles, ils la trouvèrent fermée et gardée par des gardes françaises. Les députés du tiers-état se réunirent au Jeu de paume avec le président, M. Bailly ; là ils jurèrent de ne se séparer que lorsque la constitution de l'état serait achevée, et se constituèrent en assemblée nationale.

— 23 luin. Séance royale, et défense aux députés de continuer leurs séances.

Le maître des cérémonies revint une seconde fois signifier l'ordre de sortir ; le comte de Mirabeau lui adressa ces paroles : « Allez dire à ceux » qui vous ont envoyé que nous sommes ici par » la volonté du peuple, et que nous n'en sorti- » rons que par la puissance des baïonnettes. »

(1789.) Lors du bruit de l'enlèvement du roi pour le conduire à Metz, une multitude d'hommes et de femmes, dirigée par une faction de l'assemblée nationale, se porta à Versailles, ayant à sa tête quelques pièces de canon ; le général La Fayette y arriva peu après avec les divisions de la garde nationale : c'est dans ce court intervalle que plusieurs gardes du corps furent massacrés aux portes des appartemens de la reine, et leurs têtes portées au bout des piques. Le roi fut forcé de céder à cette multitude, pour venir fixer son séjour à Paris : toute la famille royale quitta Versailles au milieu de plus de cinquante mille individus de tout sexe, et arriva à six heures du soir à l'Hôtel-de-Ville de Paris, et de là aux Tuileries.

L'histoire voudrait oublier que le 9 septembre 1792 cinquante-sept détenus à Orléans, transférés à Versailles par ordre du tigre *Léonard Bourdon*, député à la Convention nationale, furent égorgés en arrivant à Versailles.

VILLE-D'HAVRÉ, village à 1 l. 1/4 de Versailles, et 1/2 l. de Sèvres et de Saint-Cloud, situé sur une hauteur, d'où l'on jouit de la vue la plus pittoresque qu'on puisse trouver à 20 l. à la ronde. Il y a un beau château, au bas duquel se trouve une source où l'on puisait l'eau pour la table des rois de France. On y voit de charmantes maisons de plaisance. La population est de 400 individus.

VILLEPREUX, village à 1 l. 3/4 de Versailles, situé à l'une des portes du parc. Il y a une belle manufacture de laine peignée, filée, mérinos première qualité, et autres étoffes de laine fine. Le joli château appartient à M. Bertin de Vaux. Pop. 857 individus.

VILLETTE (la), village considérable, situé à l'extrémité septentrionale du faubourg Saint-Martin. Il y a un grand nombre de guinguettes et de magasins considérables d'entrepôt pour la consommation de Paris. C'est la route de l'Allemagne. Le beau bassin de la Villette, est une charmante promenade, fréquentée par tous les étrangers. (Voir la gravure pag. 206.) La pop. de ce village est de 1760 individus.

Le 30 mars 1814 un combat terrible y eut lieu entre les Prussiens et les Français; la capitulation signée à Belleville arrêta seule l'effusion du sang des Français qui se sont immortalisés.

VINCENNES OU LA PISSOTTE, bourg riche en maisons de campagne, situé à 1 l. de Paris, par la barrière du Trône. Le château royal est sur la route du bois du même nom. Henri II, roi d'Angleterre, fit entourer Vincennes de murailles, détruisit le bâtiment que son prédécesseur y avait

Vue du Château de Vincennes.

fait construire, et jeta les fondemens d'un château connu sous le nom de *donjon*. Saint Louis l'habita long-temps. Depuis saint Louis jusqu'au règne de Louis XIV, il reçut de grands accroissemens. Sa forme actuelle est un parallélogramme régulier, d'une grandeur considérable, et entouré de larges fossés; autour sont neuf tours carrées, fort élevées. La tour du donjon était l'habitation des rois et des reines. Louis XIII et Louis XIV y ont fait construire plusieurs bâtimens modernes. On admire la façade intérieure de la porte d'entrée du côté du parc. Cette façade, bâtie en arc de triomphe, est composée de six colonnes doriques, engagées et ornées de deux bas-reliefs de marbre et de figures antiques. A droite sont deux corps de bâtimens modernes qui communiquent entre eux par deux galeries en portiques, couronnées de balustrades, etc. Le donjon, considéré comme prison d'état, est une forteresse d'une hauteur considérable, dont l'aspect seul glace d'effroi. Il a été prison d'état depuis 1472 jusqu'en 1784. Buonaparte en a fait un lieu du despotisme le plus effroyable. Un génie infernal a dirigé l'architecte dans la construction de nombreux cachots qui ont des murs de dix pieds d'épaisseur. Combien de victimes ont gémi dans cette prison! combien de fusillés nuitamment, dont le malheureux et intéressant duc d'Enghien a été du nombre! Il y a été assassiné le 24 mars 1804.

Il y a dans ce château deux régimens et un parc d'artillerie. Le bois de Vincennes est des plus agréables dans la belle saison. Il y a un bal tous les dimanches et fêtes, composé d'une société charmante.

Vitry-sur-Seine.

Vitry-sur-Seine, village à 1 l. 174 du Bourg-la-Reine, et 1 l. 374 de Paris. On y voit un grand nombre de belles maisons de plaisance. Le beau château et les terres qui en dépendent appartiennent à l'ex-préfet de police M. Dubois. Le précédent propriétaire, riche capitaliste, son épouse, les domestiques, le jardinier, etc., ont été égorgés en 1793. Il avait un portefeuille de plus de deux millions, qui a été enlevé. L'on n'a pas voulu découvrir les coupables. La guerre civile des quatorzième et quinzième siècles a rendu cette commune célèbre. Le roi Henri 1er, petit-fils de Hugues Capet, est mort dans ce village, qui est renommé par ses grandes pépinières d'arbres à fruits, d'agrément et d'ornement, dont il se fait des envois considérables.

Dans la belle saison, rien de plus beau à voir que les pépinières de Vitry. Pop. 2080 individus.

FIN.

TABLE

DES PRINCIPALES MATIÈRES

CONTENUES

DANS LE TOME SECOND.

Nota. Il n'est fait mention dans cette table que des rues relatives à des monumens remarquables qui existent ou qui ont existé, et à des faits historiques ou des anecdotes.

A.

	Pag.
Abattoir Montmartre.	
— de Ménilmontant.	242
Abbaye Saint-Antoine.	335
— de Sainte-Périne.	4
— Saint-Martin-des-Champs.	175
Arbre sec (rue de l')	69
Administration des impositions indirectes.	269
Agence pour les mariages.	154

	Pag.
Allée des Veuves.	5
Arc de Triomphe.	6
— id. des Tuileries.	34
Archives du royaume.	274
Arsenal (l'), événemens.	230
Artois (rue d'), anecdotes.	193
Assassinat du duc d'Orléans.	267
— de Henri IV.	139
— d'un membre de l'Institut.	243
— de Pierre de Craon, etc.	255
— du duc de Berri.	98

Table des Matières.

	Pag.
Assemblées sous Charles VI.	246
Assomption (église de l').	25
Athénée de Paris.	131
Augustins (rue des Vieux-), où a logé Charlotte Corday.	155
Aubry-le-Boucher (rue), événemens.	172
Aux Ours (rue), histoire de la Vierge.	171

B.

Bains, dits de la Conférence.	3
— Chinois.	186
— dits Montesquieu.	133
— Turcs ou du Temple.	261
Banque de France.	161
Barbette (rue), anecdotes.	262
Barres (rue des), événemens.	254
Barrière de Passy.	2
— de Neuilly,	6
— du Roule.	10
— Montmartre.	195
— Saint-Denis.	200
— Saint-Martin,	

	Pag.
la Villette et de Pantin.	205
— de Vincennes ou du Trône.	257
— Ménil-Montant.	242
— d'Aunay.	244
Bassin de la Villette.	207
Bastille, forteresse.	224
Batave (cour), anecdotes.	144
Béthizy (rue), événemens.	72
Bibliothèque du roi.	93
— de Monsieur.	231
— de la Ville.	250
Billettes (rue des), miracle.	277
Blancs-Manteaux (église des).	270
— Marché id., repas de la Ville, etc.	271
Boulets (rue des).	248
Boulevart de la Madeleine.	184
— des Capucines.	id.
— des Italiens.	185
— Montmartre.	195
— Poissonnière.	198
— Bonne-Nouvelle.	220
— Saint-Denis.	204
— Saint-Martin.	211

Table des Matières.

— Bondi. 212
— du Temple. 213
— Saint-Antoine. 221
— Bourdon. 227
Bons-Enfans (rue des) 133
Bouloi (rue du). 163
Bourdonnais (rue des). 137
Bourse de Paris, agiotage. 82

C.

Café Manoury, célèbre pour le jeu de Dames. 71
— de la Régence, pour les Echecs. 103
— Hardy, pour les agioteurs. 185
— Turc, Français. 214
— de la Gaîté. 217
— Vincent. ib.
— de l'Ambigu-Comique. 218
— Chinois. id.
Cadran bleu (le), anecdotes. 249
Cagliostro, célèbre imposteur. 221
Caisse d'amortissement, 135

Capucines (rue Neuve des). 77
Caserne de la garde 26
— dite de la Courtille. 219
Castiglione (rue), origine. 26
Cérisaye (rue de la) plaisirs d'Henri IV. 239
Chabanais (rue), arrestation du général Pichegru, etc. 81
Chaillot (quartier de). 4
Champs-Elysées, événemens. 9
— rue des id. 24
Chantereine (rue); où demeurait Joséphine. 192
Charniers des Innocens. 149
Charonne (rue de). 240
Chartres (rue de). 132
Château-d'eau. 103
Chaussée d'Antin, anecdotes. 188
— (rue de la) d'Antin. 190
Chemise de saint Louis. 241

	Pag.		Pag.
Chevaux fougueux aux Champs-Elysées.	8	— (repas des).	271
Choiseuil (rue de).	79	Dauphin (rue du), événemens.	71
Cimetière Montmartre.	195	Description des environs de Paris et des maisons royales.	291
— du père la Chaise.	244		
Cirque des Muses.	137	D'Orléans (rue), au Marais.	269
Club monarchique.	88		
Collége de Bourbon.	189	**E.**	
— de Charlemagne.	250		
Conservatoire des Arts et Métiers.	176	Eaux minérales.	3
— de Musique.	199	— Thermales et minérales.	191
Colonnes (rue des).	82	Echelle (rue de l'), Mirabeau.	28
Contributions directes.	267	Eclipse de 1820 (tableau de l').	197
Coq (rue du), caricatures.	134	Ecrivains (rue des), anecdotes.	180
Coq-Héron (rue).	165	Eglise des Jésuites.	250
Cours-la-Reine.	5	Enghien (rue d'), événemens.	199
Crimes de la Brinvilliers, etc.	249	Enregistrement et domaines.	79
Croix-des-Petits-Champs (rue).	134	Etablissement pour corriger les défauts de nature chez les femmes.	156
Crussol (rue de).	247		
Culture Sainte-Catherine (rue).	255		
D.			
Dames de la Conception.	87	Expérience (première) des Montgolfières.	237
Dames des halles.	146		

Table des Matières.

F.

	Pag.
Favart (rue de), Collot-d'Herbois.	80
Favras (le marquis de), decapité.	142
Ferronerie (rue de la).	138
Fêtes publiques.	8
Feuillans (couvent des).	88
Feydeau (passage).	85
Filles-Saint-Thomas (rue des).	82
Fontaine de la Croix du Trahoir, anecdotes.	69
— de la place du Châtelet.	139
— de l'Echaudé.	267
— du Temple.	262
— des Innocens.	147
— dite de l'Eléphant.	226
— Sainte-Catherine.	250
— des Handriettes.	262
— dite Sainte-Avoye.	269
Fontaine-au-Roi (rue).	248
Fontaines (rue des).	268
Force (petite), pour les prostituées.	264
Fosses inodores.	220
Francs-Bourgeois (rue des).	268

G.

	Pag.
Galerie de l'Orme.	27
— des Panoramas.	197
Grange aux Belles (rue).	220
Grenelle-Saint-Honoré (rue).	137
Grenier-Saint-Lazare (rue).	182
Grenier d'abondance, repas de la ville, etc.	228
Grétry (rue de).	80

H.

	Pag.
Halle au blé et à la farine.	151
—aux draps et toiles.	666
Hôpital Beaujon.	11
— Saint-Louis.	235
— Saint-Antoine.	235
— des Quinze-Vingts.	241
— des Orphelins.	236
Hospice des Incu-

29*

Table des Matières.

	Pag.		Pag.
rables.	208	— Marbœuf.	id.
Hôtel Thélusson.	192	— Monceaux.	11
— de Cérutti.	193	— Tivoli.	191
— d'Oigny, maison de jeu.	195	— des frères Ruggiéri.	id.
— Grange-Batelière.	195	— des Marronniers.	220
— des Menus plaisirs.	198	Jean Tison (rue), anecdotes.	73
— des Douanes.	199	Jour (rue du), anecdotes.	165
— du Connétable.	252		
— Soubise.	227	**L.**	
— de-Ville, événemens.	279	Lepelletier (rue), anecdotes.	193
I.		Lombards (rue des), usuriers.	143
Ile Louviers.	233	Loteries de France.	78
Imprimerie Royale.	274	Louis VI entre à Paris.	2
Inhumations (entreprise des).	209	Louis XVIII entre à Paris.	201
Institution de Sainte-Périne.	4	Louis-le-Grand (rue).	77
Insurrection dans la fabrique de Réveillon.	236	Luxembourg (rue Neuve du).	26
		Lycée Bourbon.	189
J.		— Charlemagne.	150
Jacobins (société de).	88	**M.**	
Jardin Beaujon.	7	Maison de Beaumarchais.	223
— Elysée Bourbon.	id.		

Table des Matières. 339

	Pag.
— d'Escluseau les restes de Marie-Antoinette.	15
Manufacture royale des tapis.	4
— des glaces.	243
Marché d'Aguesseau.	17
— des Jacobins.	88
— des Innocens.	145
— Saint-Joseph.	153
— Saint-Martin.	177
— Saint-Antoine.	236
— au vieux linge.	261
Marguerite Moine, vielleuse.	219
Marie Stuart (rue), les prostituées.	166
Mastic de Dilh.	261
Martrois (rue du).	287
Maubuée (rue), anecdotes.	182
Mauvais Garçons (rue des).	180
Meslay ou Meslé (rue).	179
Ministère des finances.	78
Monceau Saint-Gervais (rue du).	289
Monconseil (rue)	169
Monnaie (rue de la)	72
Montesquieu (rue)	133

	Pag.
— passage.	132
Mont-Thabor (rue), origine.	27
Montmartre (rue), événemens.	153
Montorgueil (rue),	166
Monument expiatoire de Louis XVI et de la reine.	15
Moulins (rue des) événemens.	92
Musée royal et galerie.	60

N.

Ninon de l'Enclos.	222
Notre-Dame-des-Victoires.	162

O.

Oratoire (église), pour les protestans.	135
Ordonnance d'un curé sur les prostituées.	166
Origine des pompes à incendies.	251

P.

	Pag.
Paix (rue de la)	76
Palais et jardin des Tuileries, événemens depuis 1783 jusqu'en 1821.	21
Palais de la duchesse de Berry.	13
— du Louvre.	57
— de la Bourse.	82
— du Temple.	258
— Royal, son origine, sa physionomie, etc.	104
Paradis (rue de).	275
Pavillon d'Hanovre.	187
Pépinière royale.	12
— de M. Fortin.	id.
— de M. Tripet.	7
Perron du Palais-Royal.	130
Petits Champs (rue Neuve des)	77
Pharmacie de M. Albelpeyres, papier épispastique.	202
Physionomie des maisons de jeu.	120
Pieds de mouton.	139
Piliers des halles, naissance de Molière.	150
Pinon (rue), faits historiques.	194
Place Louis XV.	17
— du Carrousel.	54
— Vendôme.	73
— du Louvre.	66
— du grand Châtelet.	139
— de l'Hôtel-de-Ville ou de Grève.	278
— des Victoires.	158
— de la Justine, anecdotes.	175
— Saint-Antoine.	224
— Royale.	265
Plâtrière (rue), J.-J. Rousseau.	246
Port au Blé.	289
— de la Rapée, parties fines.	239
— Saint-Paul.	233
Porte Saint-Denis.	203
— Saint-Martin.	211
Postes (administration des).	163
Prison de la Force, massacre.	253
— de la Petite-Force.	264
— des Madelonnettes.	268
— Saint-Lazare.	201
— Saint-Martin,	

Table des Matières. 341

	Pag.		Pag.
pour les prostituées.	175	Restaurateurs principaux du boulevart du Temple.	218
Promenade (troisième).	1	Richelieu (rue de).	92
— (quatrième).	183	Rivoli (rue de), événemens.	25
Prostituées du boulevart.	223	Rochers de Cancale et d'Etretat.	166
Prouvaires (rue des).	137	Roquette (rue de la).	246
Provence (rue de).	192	Roule (rue du),	71
		— (faubourg du).	11
Q.		—Royale (rue), événemens.	17
Quai de Billy, ci-devant Chaillot.	3		
—de la Conférence.	5	**S.**	
— du Louvre.	66		
— de l'Ecole.	70	Saint-Antoine (rue du faub.), faits historiques.	235
—de la Mégisserie.	139		
—de Gèvres.	142		
— Pelletier.	143	— Apolline (rue).	172
— Morland.	229	— Augustins (rue Neuve des).	79
— des Célestins.	232		
—Saint Paul.	233	—Denis (rue du F.)	201
— des Ormes.	234	— Denis (rue).	170
—de la Grève.	286	— Florentin (rue).	24
Quartier du Marais.	264	— Germ.-l'Auxerrois (rue), anecdote d'un abbé.	72
Quincampoix (rue), agioteurs.	172		
		— id. Anecdote sur le curé.	67
R.		— Gervais (église).	288
Radzivill (passage).	131	— Honoré (rue).	87
Rameau (rue).	98	— Jacques-de-la-	

	Pag.		Pag.
Boucherie.	181	Sainte-Anne (rue).	79
—Joseph (rue), madame de Montespan.	197	—Elisabeth (église).	261
		—Marguerite (église).	241
—Laurent (procession de).	208	Serment (au), tableau.	204
—Lazare (rue).	191	T.	
—Louis au Marais (rue).	264	Tacherie (rue de la).	182
—Martin (rue), anecdotes.	175	Temple (rue du Faub. du).	219
—Martin (rue du f.)	207	—(rue des Fossés-du)	220
—Nicaise (rue), événemens.	28	—(palais du).	258
—Nicolas-des-Champs, église, faits historiques.	176	—(tour du), événemens.	259
		—(rue du).	256
—Paul et Saint-Louis.	251	—des protestans.	251
—Philippe du Roule (église).	12	Théâtre de l'Opéra, ou Académie de Musique.	193
—Roch (église), anecdote sur le curé.	89	—de l'Opéra Comique.	85
		—de l'Opéra Buffa.	98
—Roch (rue Neuve-Saint-).	91	—Français.	99
		—des Variétés.	196
—Thomas-du-Louvre (rue).	100	—du Vaudeville.	101
—Eustache (église), anecdotes.	151	—du Gymnase dramatique.	200
		—Olympique.	192
—Avoye (rue), où demeurait le fameux Jean Law.	269	—de la Gaîté.	214
		—de l'Ambigu Comique.	215

Table des Matières. 343

	Pag.		Pag.
— des Acrobates.	219	**U.**	
— du Panorama dramatique.	218	Usuriers Lombards.	143
— du Cirque Olympique.	219	**V.**	
— Petits des boulevarts.	216	Valois (rue de), anecdotes.	131
Timbre royal.	77	Vendôme (rue de),	270
Tixeranderie (rue de la).	173	Verdelet (rue), anecdotes.	164
Tournelles (rue des), madame de Sévigné.	255	Verrerie (rue de la). anecdotes.	180
Tourniquet-Saint-Jean (rue du).	181	Verte (rue), hôtels, casernes, etc.	11
Trois-Pavillons (rue des).	268	Vieilles Etuves) rue des), anecdotes.	138
Troussevache (rue), anecdotes.	174	Vivienne (rue), son commerce.	86
		Vrillière (rue de la).	161

Fin de la Table des matières.

DICTIONNAIRE
DES
ARRONDISSEMENS MUNICIPAUX,

Barrières, Boulevards, Carrefours, Cloîtres, Culs-de-Sacs, Enclos, Faubourgs, Marchés, Passages, Places, Quais et Rues de Paris.

MAIRIES, OU ARRONDISSEMENS MUNICIPAUX.

ARRONDISSEMENS
{
- 1er rue d'Aguesseau.
- 2e rue d'Antin.
- 3e aux Petits-Pères.
- 4e place de Chevalier-du-Guet.
- 5e rue de Bondy.
- 6e Abbaye Saint-Martin.
- 7e rue Sainte-Avoye.
- 8e place Royale, ci-devant des Vosges.
- 9e rue de Jouy.
- 10e rue de Verneuil.
- 11e rue du Vieux-Colombier.
- 12e rue du faubourg Saint-Jacques.
}

BARRIÈRES.

Barrières.	Situations.
A.	
Amandiers (des).	Rue des Amandiers-Popincourt.
Anne (sainte).	R. du faubourg Poissonnière.
Arcueil (d').	R. du faubourg S. Jacques.
Aunay (d').	R. S. André-Popincour.

Barrières.	Situations.
B.	
Belleville (de).	Rue du faubourg du Temple.
Bercy (de).	R. de Bercy, faubourg S. Antoine.
Blanche.	R. Blanche, près Montmartre.
Boyauterie (de la).	Quai des Bons-Hommes.
C.	
Cadet.	R. Coquenard.
Charenton (de)	R. de Charenton.
Charonne.	R. de Charonne.
Chartres (de)	Jardin de Mousseaux.
Chopinette (de la).	R. du Buisson S. Louis.
Clichy.	R. de Clychy.
Clignancourt.	*Voyez* Martyrs.
Combat du Taureau.	R. de l'Hospice S. Louis.
Courcelles (de)	R. de Chartres.
Couronnes (des)	R. des Trois Couronnes.
Croulebarbe (de).	Boulevard du Midi.
Cunette (de la).	Près le Champ-de-Mars.
D.	
Denis (Saint-).	R. du faubourg S. Denis.
E.	
Ecole Militaire.	Champ-de-Mars.
Enfer (d').	Rue d'Enfer.
F.	
Fourneaux (des).	R. des Fourneaux, près Vaugirard.
Franklin.	R. Neuve de Passy.
G.	
Garre (de la).	Quai de l'Hôpital.
Gobelins (des).	R. Mouffetard.
Grenelle.	Champ-de-Mars.
I.	
Ivry (d').	R. des Vignes, boulevard de l'Hôpital.
J.	
Jacques (S.)	*Voyez* Arcueil.
L.	
Long-Champ (de)	R. de Long-Champ, à Chaillot.
M.	
Maine (du).	Chaussée du Maine.
Mandé (Saint-).	Avenue de S. Mandé.

Barrière de Paris.

Barrières.	Situations.
Marengo.	*Voyez* Charenton.
Marie (Sainte-).	Enclos des dames Sainte-Marie.
Martin (St.)	*Voyez* Villette.
Martyrs (des).	R. du Champ-du-Repos.
Menil-Montant (de)	R. de Menil-Montant.
Ministres.	*Voyez* Grenelle.
Montmartre (de).	R. de Pigale.
Mont-Parnasse.	R. du Mont-Parnasse.
Mouceaux (de).	R. du Rocher.
Moulins (des deux).	*Voyez* Couronnes.
Montreuil (de).	R. de Montreuil.
Montrouge.	*Voyez* d'Enfer.

N.

Neuilly (de).	Avenue de Neuilly.

O.

Oursine (de l').	R. de la Glacière.

P.

Pantin (de).	R. du Chemin de Pantin.
Paillassons (des).	R. des Paillassons.
Passy (de).	Quai des Bons-Hommes.
Picpus (de).	R. de Picpus.
Poissonnière.	R. du faubourg Poissonnière.

R.

Ramponeau (de).	R. de l'Orillon.
Rapée (de la).	Quai de la Rapée.
Rats (des).	R. des Rats, à Popincourt.
Réservoirs (des).	R. des Réservoirs, à Chaillot.
Reuilly (de).	R. de Reuilly.
Riom (de).	R. de Lorillon.
Rochechouart.	R. de Rochechouart.
Roule (du).	R. du faubourg du Roule.

S.

Santé (de la).	R. de la Santé.

T.

Trône ou Vincennes	R. du faubourg S. Antoine.

V.

Vaugirard.	R. de Vaugirard.
Vertus (des)	R. de Château-Landon.
Villette (de la).	R. du faubourg S. Martin.

* *a.*

BOULEVARDS.

Boulevards.	Tenans	Aboutissans.
A.		
Antoine (Saint-).	R. Neuve S. Gilles.	Place de la Bastille.
B.		
Bourdon.	Quai Morland.	R. S. Antoine.
Bonne-Nouvelle.	Porte S. Denis.	R. Poissonnière.
C.		
Capucines (des).	R. et place Vendôm.	R. n. des Capucines.
Chaussée d'Antin.	R. de Provence.	R. du Mont-Blanc.
D.		
Denis (Saint-).	R. S. Martin.	R. S. Denis.
E.		
Enfer (d').	Barrière d'Enfer.	Boul. Mont.-Parn.
F.		
Filles du Calvaire.	R. Pont-aux-Choux.	R. des Filles du Calv.
G.		
Glacière (de la).	R. Croulebarbe.	R. de la Glacière.
Gobelins.	R. Croulebarbe.	Barr. des Gobelins
H.		
Hôpital (de l').	Barr. des Gobelins.	Jardin des Plantes.
I.		
Italiens (des).	R. Grange-Batelière	R. de Grammont.
Invalides (des).	R. de Sèvres.	R. de Grenelle.
J.		
Jacques (Saint-).	Barrière d'Enfer.	R. de la Santé.
M.		
Martin (Saint-).	Faub. du Temple.	R. S. Martin.
Montmartre.	Faub. Poissonnière.	Faub. Montmartre.
Mont-Parnasse.	R. d'Enfer.	R. de Vaugirard.
P.		
Panoramas (des).	R. de Richelieu.	R. Montmartre.
Païen.	Bar. de l'Hôpital.	R. S. Jacques.
Poissonnière.	Porte S. Denis.	R. Poissonnière.
Pont-aux-Choux.	R. Neuve S. Gilles.	R. Pont-aux-Choux.
S.		
Santé (de la).	R. de la Glacière.	R. de la Santé.
T.		
Temple (du).	R. des Filles Calv.	R. du Temple.

Carrefours.

Boulevards.	Tenans.	Aboutissans.
Temple (de la Vict.)	R. Caumartin.	R. de la Concorde.
V.		
Vaugirard.	R. de Sèvres.	R. de Vaugirard.

CARREFOURS.

Carrefours.	Emplacemens.	
B.		
Batailles (des).	Grande rue Chaillot.	R. des Batailles.
Benoît (Saint-).	R. de l'Egout.	R. S. Benoît.
Bonne-Nouvelle.	R. Sainte-Barbe.	R. de la Lune.
Boucherat.	R. de Vendôme.	R. Charlot.
Bussy.	R. S. André-des-Arts	R. Mazarine.
Butte S. Roch.	R. des Moineaux.	R. de l'Evêque.
C.		
Cheminées (des 4).	R. d'Argenteuil.	R. des Frondeurs.
Cléry (de).	Boulevard S. Denis.	R. Beauregard.
Coutellerie (de la).	R. de la Vannerie.	R. de la Coutellerie.
Croix de Clamar.	R. de Poliveau.	R. Jard. des Plantes.
Croix du Trahoir.	R. S. Honoré.	R. de l'Arbre-Sec.
Croix-Rouge.	R. du Four.	R. de Grenelle.
E.		
Echarpe (de l').	Place Royale.	R. S. Louis.
Etoile (de l').	R. de la Mollerie.rte	R. du Figuier.
F.		
Filles du Calvaire.	Vieille r. du Temple.	R. Fille du Calvaire.
G.		
Gaillon.	R. Michaudière.	R. n. S. Augustin.
Gervais (de S.)	R. du Monceau.	Eglise S. Gervais.
Guilleri.	R. J.-Pain-Mollet.	R. du Mouton.
H.		
Hippolyte (Saint-)	R. des 3 Couronnes.	R. S. Pierre-Assis.
J.		
Jouy.	R. S. Antoine.	R. de Jouy.
L.		
Limace (de la).	R. des Bourdonnais.	R. S. Honoré.
M.		
Marc (Saint-).	R. Feydeau.	R. Montmartre.
Marché de l'Abbaye.	R. Ste-Marguerite.	R. de Bussy.
Médard (Saint-).	R. Censier.	R. de l'Oursine.

Cloîtres.

Carrefours.	Emplacemens.	
O.		
Odéon (de l').	Place de l'Odéon.	R. de Condé.
P.		
Papillon.	R. Papillon.	R. f. Poissonnière.
Petits-Pères.	R. du Mail.	R. N. D. d. Victoires.
Pitié (de la).	R. de Seine.	R. Copeau.
Pologne (de la).	R. de la Pépinière.	R. du Rocher.
Porte Bordet (de la)	R. de Fourcy.	R. Mouffetard.
R.		
Reuilly (de)	R. de Reuilly.	R. du f. S. Antoine.
S.		
Sartine.	R. Coquillière.	R. de Grenelle.
V.		
Varennes.	R. des Deux Ecus.	R. des Deux Ecus.
Vents (Quatre-).	R. de Condé.	R. Théâtre Français.
Victor.	R. des f. S. Bernard.	R. des fos. S. Victor.
Ville-l'Evêque (de).	R. de la Ville-l'Evêq.	R. des Saussayes.

CLOITRES.

Cloîtres.	Emplacemens.	
A.		
Abbaye S. Martin.	En face l'Eglise.	R. S. Martin.
B.		
Benoît (Saint-).	R. S. Jacques.	R. des Mathurins.
Bernardins (des).	R. des Bernardins.	M. aux Veaux.
G.		
Germain (Saint-).	R. Childebert.	R. de la Poste.
H.		
Honoré (Saint-).	R. des Bons-Enfans.	Cr.-des.-P.-Champs.
J.		
Jac.-la-Boucherie.	R. des Ecrivains.	R. Pierre-au-Lard.
Jean-en-Grève (S.).	Der. l'Hôtel-de-Ville	R. du Pet-au-Diable.
Jean-de-Latran.	Place Cambray.	R. S. Jacques.
Julien-le-Pauv. (S.).	R. Galande.	R. Julien-le-Pauvre.
M.		
Marcel (Saint-).	R. Mouffetard.	Place S. Marcel.
Merry (Saint-).	R. S. Merry.	R. de la Verrerie.

Cloîtres.	Emplacemens.	
N.		
Nicolas-des-Champs	Pr. l'égl. S. Nicolas.	R. Aumaire.
Notre-Dame.	Pont de la Cité.	Place Fénélon.
O.		
Opportune (S.).	R. des Lavandières.	R. de la Tableterie.
T.		
Temple (du).	R. du Temple.	R. Courtalon.
Trinité (de la).	R. Grenetat.	R. S. Denis.

CULS-DE-SACS.

Culs-de-Sacs.	Emplacemens.
A.	
Amboise.	Rue Pavée de la place Maubert.
Anglais (des).	Près celle du Grenier-Saint-Lazare.
Argenson (d').	Vieille r. du Temple et du Roi de Sicile.
Argenteuil (d').	Rue Saint-Lazare.
Aumont (d').	Rue de la Mortellerie.
B.	
Babillards (des).	Rue Basse-Porte-Saint-Denis.
Bas-Four.	Rue Guérin-Boisseau.
Bastille (de la petite)	Rue des Fossés-Saint-Germain.
Batave.	Rue Quincampoix.
Beaudoirie (de la).	Rue Beaubourg.
Beaudin.	Près la rue de l'Arcade.
Beaufort.	Rue Salle-au-Comte.
Benoît (S.)	Rue de la Tacherie.
Bernard (S.)	Près la rue du Faubourg Saint-Antoine.
Berthaud.	Rue Beaubourg.
Bizet.	Rue Saint-Lazare, près Tivoli.
Bœuf (du).	Rue Neuve Saint-Merry.
Bon Puits (du).	En face la rue du Bon-Puits.
Boule-Rouge (de la).	En face la rue Grange-Batelière.
Bouteille (de la).	Près la rue Tiquetonne.
Bouvart.	Rue du Mont-Saint-Hilaire.
Brasserie (de la).	Cour Saint-Guillaume.
Briare (de).	Rue Coquenard.
C.	
Cargaisons (des).	Marché-Neuf.

Culs-de-Sacs.	Emplacemens.
Catherine (Sainte-).	Près la rue Thevenot.
Calendrier (du).	Rue Basse-du-Rempart.
Charbonniers (des).	R. des Charbonniers, près celle Charenton
Chat-Blanc (du).	Rue Saint-Jacques-la-Boucherie.
Chevalier-du-Guet.	Place du Chevalier-du-Guet.
Claude (S.)	Près la rue S. Louis au Marais.
Clervaux (de).	Vis-à-vis la rue aux Ours
Conti.	Place Conti à la Monnaie.
Coquerelle.	Rue des Juifs.
Corderie (de la)	Rue Neuve S. Roch.
Court-Bâton (du).	Rue des Fossés S. Germain-l'Auxerrois.
Cour-des-Bœufs.	Rue des Sept-Voyes.
Couture S. Louis.	Rue S. Paul, près celle S. Antoine.
Coypel.	Rue du faubourg Montmartre.
Croix (Sainte-).	Rue des Billettes.
Croix-Faubin.	Rue de Charonne.

D.

Dandrelas.	Rue Mouffetard.
Dominique (S.)	Rue S. Dominique, près celle d'Enfer.
Doyenné (du).	Rue du Doyenné.

E.

Echiquier (de l').	Rue du Temple.
Egout (de l').	Rue du faubourg S. Martin.
Eloy (S.)	Rue S. Paul, près celle S. Pierre.
Empereur.	Rue S. Denis.
Etien.-du-Mont (S.)	Rue de la montagne Sainte-Geneviève.
Etoile (de l').	Rue S. Dominique au Gros-Caillou.
Etoile (de l').	Rue Thévenot.
Etuves (des)	Rue de Marivaux.
Eustache (S.)	Rue Montmartre.

F.

Faron (S.)	Rue de la Tixerandrie.
Fiacre (S.)	Rue S. Martin.
Filles-Dieu (des)	Rue Basse-Porte S. Denis.
Forg.-Royale (de la)	Rue du faubourg S. Antoine.
Fosses-aux-Chiens.	Rue des Bourdonnais.
Fourcy (de).	Rue de Jouy.
Frères (des Trois).	Rue Traversière.

Culs-de-Sacs.	Emplacemens.
G.	
Gourdes (des).	Ruelle du Tourniquet.
Grenelle (de).	Rue de Grenelle, au Gros-Caillou.
Grenetat.	Rue Grenetat, enclos de la Trinité.
Grosse-Tête (de la).	Rue S. Spire.
Guépine.	Rue de Jouy.
Guémené.	Rue S. Antoine.
Guichet (du).	Rue de la Chaumière.
H.	
Hautfort.	Rue des Bourguignons.
Heaumerie (de la).	Rue de la Haumerie.
Hospitalières (des).	Près la Place Royale.
J.	
Jardiniers (des).	Petite rue S. Pierre.
Jean-Beausire.	Rue Jean-Beausire.
Jérusalem (de)	Rue S. Christophe, parvis N.-D.
L.	
Landry (de).	Rue S. Landry.
Launay (de).	Rue de Charonne.
Laurent (S.)	Rue Basse-Porte S. Denis.
Lazare (S.)	Rue du faubourg S. Denis.
Longue-Avoine (de)	Rue des fossés S. Jacques.
Louis (S.)	Rue de Carême-Prenant.
Louis (S.)	Rue S. Paul.
M.	
Magloire (S.)	Rue S. Magloire.
Marais-Rouges (des)	Rue des Récollets.
Marché-aux-Chev.	Rue du Cendrier.
Marine (Sainte-).	Rue S. Pierre-aux-Bœufs.
Martial (S.)	Rue S. Eloy.
Matignon.	Rue des Orties.
Mauconseil.	Rue Saint-Denis.
Michel (du grand S.)	Rue du faubourg S. Martin.
Miracles (des).	Rue du Caire.
Monnaie (de la).	*Voyez* Conti.
Mont-Parnasse (du).	Rue du Mont-Parnasse.
Montabord (du).	Rue Castiglione.
Morlaix.	Rue du faubourg S. Martin.
Mortagne (de).	Rue de Charonne.

Culs-de-Sacs.	Emplacemens.
N.	
Nevers (de).	Rue d'Anjou-Dauphine.
Nicolas (S.)	Marché S. Martin.
O.	
Opportune (Sainte-)	Rue de l'Aiguillerie.
P.	
Paon (du).	Rue du Paon.
Pecquay.	Rue des Blancs-Manteaux.
Pierre (S.)	Rue S. Pierre.
Pierre (S.)	Rue Montmartre.
Planchette (de la).	Porte S. Martin, rue de ce nom.
Poissonnière.	Rue Jarente.
Pompe (de la).	Rue de Bondy.
Pont-aux-Biches.	Rue Neuve S. Martin.
Porte-aux-Peintres.	Rue S. Denis.
Prêtres S. Nic. (des).	Rue S. Martin.
Provençaux (des).	Rue de l'Arbre-Sec.
Puits de Rome (du).	Rue Frépillon.
Putigneux.	Rue Geoffroy-Lannier.
R.	
Réservoirs (des).	Grande rue de Chaillot.
Reuilly (de).	Petite rue de Reuilly.
Rochechouart.	Rue Rochechouart.
Rohan (la cour de).	Rue du Jardinet.
Rolin Prend-Gages.	Rue des Lavandières.
Roquette (de la).	Rue de la Roquette.
Rue Projetée (de la).	Rue Neuve des Mathurins.
S.	
Salembrière.	Rue S. Severin.
Sébastien (S.)	Rue S. Sébastien.
Sœurs (des).	Près le Cloître S. Marcel.
Sourdis (de).	Rue des Fossés S. Germain-l'Auxerrois.
T.	
Treille (de la).	Rue Chilpéric.
Tuileries (des vieil.)	Rue des Vieilles Tuileries.
V.	
Venise (de).	Rue Quincampoix.
Vents (des Quatre-).	Rue des Quatre-Vents.
Vert-Buisson.	Rue de l'Université.

Enclos et Faubourgs.

Enclos.	Emplacemens.
Versailles (de)	Rue Traversine.
Vignes (des).	Rue des Postes.
Visages (des Trois).	Rue Thibautodé.

ENCLOS.

Enclos.	Emplacemens.
A.	
Ab. S. Martin (de l')	Rue S. Martin, près celle Grenetat.
B.	
Benoît (S.)	Rue S. Jacques et des Mathurins.
F.	
Foire S. Germain.	Rue des Quatre-Vents.
Foire S. Laurent.	Faubourg S. Denis et faubourg S. Martin.
J.	
Jean-de-Latran (S.)	Place Cambray, en face le collége de Fr.
L.	
Lazare (de S.)	Faubourg S. Denis.
T.	
Temple (du).	Rue du Temple.
Trinité (de la).	Rue Grenetat et S. Denis.

FAUBOURGS.

Faubourgs.	Tenans.	Aboutissans.
A.		
Antoine (S.)	Barrière du Trône.	Place de la Bastille.
D.		
Denis (S.)	Barrière de ce nom.	Porte S. Denis.
G.		
Germain (S.)	Entre Luxembourg.	Les Invalides.
H.		
Honoré (S.)	Faubourg du Roule.	R. de la Madeleine.
J.		
Jacques (S.)	Barrière d'Arceuil.	R. S. Hyacinthe.
M.		
Martin (S.)	Barrière la Villette.	Porte S. Martin.
Montmartre.	Rue S. Lazare.	Boul. Montmartre.
P.		
Poissonnière.	Rue de Paradis.	Boul. Poissonnière.

Faubourgs.	Tenans.	Aboutissans.
R.		
Roule (du).	R. du f. S. Honoré.	Barrière du Roule.
T.		
Temple (du).	R. de Belleville.	Boulev. du Temple.

MARCHÉS.

Marchés.	Emplacemens.
A.	
Ab. S. G. des Prés.	Rue du Four.
Aguesseau (d').	Rue du faubourg S. Honoré.
Antoine (S.)	Rue du faubourg S. Antoine.
Apport-Paris.	Rue S. Denis, place du Gr.-Châtelet.
B.	
Blanche-de-Castille.	Rue Blanche-de-Castille.
Boulainvilliers.	Rues du Bac et de Lille.
C.	
Catherine (Sainte-).	Rue Culture Sainte-Catherine.
Chevaux (aux).	Rue de Poliveaux.
E.	
Enfans-Rouges (des)	Rue de Bretagne.
F.	
Fourrages (aux).	Rues d'Enfer, S. Antoine et S. Martin.
J.	
Jacobins (des).	Rue S. Honoré.
Jacq.-la-Bouch. (S.)	Rues des Écrivains et des Arcis.
Jacq. (pet. marc. S.)	Rue S. Jacques, près le Panthéon.
Jean (S.)	Place Beaudoyer.
I.	
Innocens (des).	Rue S. Denis.
M.	
Martin. (S.)	Rue Frépillon.
Marée.	Rue de la Fromagerie.
N.	
Neuf ou Palu.	Entre le pont S. Michel et le parv. N.-D.
P.	
Patriarches (des)	Rue Mouffetard.
Pl. Maubert (de la)	Rue des Noyers.

Passages.

Marchés.	Emplacemens.
Pointe S. Eustache.	Rue Montmartre.
Poirées (aux).	Rue du Marché aux Poirées.
Poissons (aux).	Rue de la Cossonnerie.
Porte S. Honoré.	Rue S. Honoré.
Porte S. Martin.	Carré et porte S. Martin.
Porte S. Denis.	Carré et porte S. Denis.
R.	
R. de Fourcy (de la).	Rue Bordet et rue Mouffetard.
R. de Sèvres (de la).	En face l'hospice des Incurables.
T.	
Temple (du).	Enclos du Temple.
V.	
Valée (de la).	Quai des Augustins.
Veaux (aux)	Rue de Poissy.

PASSAGES.

Passages.	Tenans.	Aboutissans.
A.		
Abbaye S. Martin.	Cloître S. Martin.	Cour S. Martin.
Acad. de Vandeuil.	R. Vieux-Colombier	Place S. Sulpice.
Aligre (d').	R. Bailleul.	R. S. Honoré.
Ancr.-Royale (de l').	R. S. Martin.	R. Bourg-l'Abbé.
Antoine (Petit S.)	R. S. Antoine.	R. du Roi de Sicile.
Arche S. Pierre.	R. de la Tacherie.	R. des Arcis.
B.		
Bailly.	R. Bailly.	R. Aumaire.
Barnabites (des).	R. de la Calandre.	Palais de Justice.
Bastille (de la).	Cour de la Bastille.	Place de la Bastille.
Beaufort.	Cul-de-sac Beaufort.	R. Quincampoix.
Beauvilliers.	R. de Richelieu.	R. Montpensier.
Benoist (S.)	Pl. de l'Abbaye S. G.	R. S. Benoît.
Benoist (S.)	R. S. Jacques.	R. de Sorbonne.
Bernardins (des).	Marché aux Veaux.	R. des Bernardins.
Billard (du).	R. de la Calandre.	Marché-Neuf.
Bois-de-Boulogne.	R. du f. S. Denis.	R. Neuve d'Orléans.
Bonne-Foy.	R. des Filles-Dieu.	Place du Caire.
Bons-Enfans (des).	R. de Valois.	R. des Bons-Enfans.
Boucheries (petites).	Pl. Sainte-Marguer.	R. N. de l'Abbaye.
Boule-Rouge (de la).	R. Richer.	R. faub. Montmart.

Passages.

C.

Passages.	Tenans.	Aboutissans.
Café de Foi (du).	R. de Richelieu.	R. Montpensier.
Caire (du).	R. S. Denis.	Place du Caire.
Cendrier (du).	R. Neuve des Math.	R. Basse du Ramp.
Cerf (du Grand-).	R. du Ponceau.	R. S. Denis.
Cerf (anc. Grand-).	R. des Deux-Portes.	R. S. Denis.
Chaise (de la Petite).	R. S. Jac.-la Bouch.	R. Planche-Mibray.
Chantier de l'Écu.	R. Neuve des Math.	R. Bas.-du-Rempart.
Chantier de Tivoli.	R. S. Lazare.	R. S. Nicolas.
Chariot d'Or.	R. Grenetat.	R. Grand-Hurleur.
Charnier des Innoc.	R. de la Lingerie.	R. S. Denis.
Chartreux (des).	R. de la Tonnellerie.	R. Traînée.
Cholets (des).	R. des Cholets.	R. S. Jacques.
Cirque (du).	R. de Mont-Thabor.	R. S. Honoré.
Cloître S. Honoré.	R. Cr. d. P. Champs.	R. des Bons-Enfans.
Clôs S. Jac.-l'Hôpit.	R. Mauconseil.	R. du Cygne.
Clôs-Payen (du).	Boul. de la Glacière.	R. Petits-Champs.
Cluny (de).	Place Sorbonne.	R. de la Harpe.
Comédie (de la).	R. de Richelieu.	R. S. Honoré.
Commerce (du).	C. d. s. Puits de Rom	R. Phelippeaux.
Cour Batave.	Cul-de-sac Batave.	R. S. Denis.
—des Coches.	R. de Surennes.	R. faub. S. Honoré.
—du Commerce.	R. École de Médec.	R. André-des-Arts.
—des Cloches.	R. des Fossoyeurs.	R. Férou.
—du Dragon.	R. du Dragon.	R. S. Benoît.
—des Fontaines.	R. de Valois.	R. Montesquieu.
—S. Guillaume.	R. Traversière.	R. de Richelieu.
—de François 1er.	R. du Ponceau.	R. S. Denis.
—de Lamoignon.	R. de Harlay.	Quai de l'Horloge.
—des Miracles.	C.-de-sac J.-Bausire.	R. des Tournelles.
—des Miracles.	C.-de-sac de l'Étoile.	R. de Damiette.
—de Rohan.	Cour du Commerce.	R. du Jardinet.
—du Puits de Rom.	C.-de-sac de ce nom.	R. des Gravilliers.
—Tricot (du).	R. Montmartre.	R. de la Jussienne.
Couronne (de la).	R. Tire-Chappe.	R. des Bourdonnais.
C.-de-sac de la Fosse aux Chiens.		R. Tire-Chappe.
C.-de-sac de Jérusal.	R. S. Christophe.	R. de Jérusalem.
C.-de-sac Ste-Marine	R. Neuve-Notre-D.	R. S. Christophe.

Passages.

Passages.	Tenans.	Aboutissans.
D.		
Dames S. Chaum.	R. du Ponceau.	R. S. Denis.
Dames S. Gervais.	R. Franc-Bourgeois.	L. des Rosiers.
Denis.	Passage du Caire.	R. du Caire.
Desir (du).	R. Faub. S. Martin.	R. Faub. S. Denis.
E.		
Ecuries (des Petites)	R. Faub. S. Denis.	R. Petites-Ecuries.
Ecur. de Chartres.	R. S. Thomas-du-L.	Place du Carousel.
Etoile (de l').	C.-de-sac de l'Etoile.	R. du Petit-Carreau.
F.		
Feydeau.	R. Filles-S.-Thomas	R. Feydeau.
Frépillon (de la rue).	Pass. du Commerce.	R. Frépillon.
G.		
Geneviève (Sainte).	R. Vieille-Estrapade	Carré Sainte-Genev.
Genty.	Quai de la Rapée.	R. de Bercy.
Germain-le-Vieux.	R. du Marché-Neuf.	R. de la Calandre.
H.		
Halle à la Viande.	R. de la Fromagerie.	R. de la Tonnellerie.
Hôtel Charost (de l').	R. Vieux-Augustins.	R. Montmartre.
Hôtel des Fermes.	R. Coquillière.	R. de Grenelle S. H.
Hôtel Tanchoux.	R. de la Calandre.	Marché-Neuf.
I.		
Innocens (des).	R. S. Denis.	R. de la Lingerie.
J.		
Jacq.-la-Boucherie.	Marché de ce nom.	R. S. J.-la-Boucherie
Jacobins (des).	R. de la Harpe.	R. S. Jacques.
Jean-de-Latran. (S)	R. S. Jean-de-Beauv.	Place Cambray.
Jeu-de-Paume (du).	R. de Vendôme.	Boulev. du Temple.
Jeu-de-Paume (du).	R. Mazarine.	R. de Seine.
L.		
Le Moine.	Pass. Longue-Allée.	R. S. Denis.
Longue-Allée.	R. Neuve S. Denis.	R. du Ponceau.
Lesdiguières.	R. de la Cerisaye.	R. S. Antoine.
M.		
Madeleine.	R. de la Licorne.	R. de la Juiverie.
Manège (du).	R. de Vaugirard.	R. Vieilles-Tuileries
Marcel (S.)	Place S. Marcel.	R. Mouffetard.
Marguerite (Sainte-)	R. Sainte-Foy.	R. S. Denis.
Messageries (des).	R. Montmartre.	R. N. D. Victoires.

* *b.*

Passages.	Tenans.	Aboutissans.
Moineaux (des).	R. des Moineaux.	R. d'Argenteuil.
Molière (de).	R. S. Martin.	R. Quincampoix.
Mont-de-Piété (du).	R. de Paradis.	R. Blancs-Manteaux
Montesquieu.	R. Cr. des P.-Ch.	Rue Montesquieu.
Montpensier.	R. des Bons-Enfans.	R. Montesquieu.

N.

Noir.	R. des Bons-Enfans.	R. de Valois.

O.

Ouest (de l')	R. des Champs.	R. de l'Ouest.

P.

Panier-Fleury.	R. des Boucheries.	C. de sac des 4 Vents
Panoramas.	Boul. Montmartre.	R. S. Marc.
Paul (S.)	Passage S. Pierre.	R. S. Paul.
Petits-Pères (des).	R. N. D. Victoires.	R. des Petits-Pères.
Péron (du).	Palais-Royal.	R. Vivienne.
Pierre (S.)	Passage S. Paul.	R. S. Antoine.
Pompe-à-feu (de la).	Grande rue de Chail.	Quai Billy.
Prix-Fixe (du).	Rue de Richelieu.	R. Quiberon.

Q.

Quinze-Vingts (des)	R. S. Honoré.	Petite rue S. Louis.

R.

Radziwill.	R. de Valois.	R. n. d. B.-Enfans.
Reine-d'Hongrie.	R. Montorgueil.	R. Montmartre.
Réunion (de la).	Cul-de-Sac Anglais.	R. S. Martin.
Roch (S.)	R. d'Argenteuil.	R. S. Honoré.

S.

Saumon (du).	R. Montorgueil.	R. Montmartre.
Saulnier.	R. Bleue.	R. Richer.
Severin (S.)	Prêtres S. Severin.	R. Parcheminerie.
Soleil-d'Or (du).	R. du Rocher.	R. de la Pépinière.

T.

Treille (de la).	R. des Boucheries.	Marché S. Germain.

V.

Variétés (des).	Palais-Royal.	R. S. Honoré.
Vigan.	R. du f. Montmartre.	R. des v. Augustins.
Ville-l'Évêque.	R. de l'Arcade.	R. de Surenne.
Virginie (de).	Palais-Royal.	R. S. Honoré.

W.

Wasingthon (de).	R. du Champ-Fl.	R. du Chantre.

Passages.	Tenans.	Aboutissans.
Z.		
Zacharie (de la rue).	R. S. Severin.	R. Zacharie.

PLACES.

Places.	Situations.
A.	
Abbatiale.	Près l'Abbaye S. Germain.
André-des-Arts (S.)	Rue S. André-des-Arts.
Angoulême.	Près la rue des Fossés du Temple.
Apport-Paris (de l').	Près la rue S. Denis et S. Jacq.-la-Bouch.
Ariane.	Grande et petite rue de la Truanderie.
B.	
Bastille (de la).	Entre le boulevard et la rue S. Antoine.
Beaudoyer.	Marché S. Jean.
Bauveau.	Rue des Saussayes et rue S. Honoré.
Biragues (des).	Rue S. Antoine.
Breteuil.	Avenue de Breteuil.
C.	
Cadet.	Rue Cadet et rue Bleu.
Caire (du).	Passage du Caire.
Cambray.	Rue S. Jacques.
Cardinal.	R. Neuve de l'Abbaye, r. du Colombier.
Carrousel.	Vis-à-vis les Tuileries.
Châtelet (du).	En face le Pont-au-Change.
Chevalier-du-Guet.	Près l'Apport-Paris.
Corps législatif (du).	Rue de l'Université.
Croix (Sainte-).	Rue de Joubert.
D.	
Dauphine.	Pont-Neuf.
E.	
Ecole (de l').	Près le Pont-Neuf.
Estrapade (de l').	Près Sainte-Geneviève.
F.	
Fontenoy.	Derrière l'Ecole Militaire.
Fidélité.	Près S. Laurent.
G.	
Gastine.	En face la rue des Lombards.
Germ.-l'Auxerr. (S.)	En face le Louvre.
Grève.	Au bout du quai Pelletier.

Places.	Situations.
H.	
Henri IV (de).	Le Pont-Neuf.
I.	
Invalides (des).	Esplanade des Invalides.
L.	
Louis XV.	Entre les Tuileries et les Champs-Elysées.
M.	
Marcel (S.)	Emplacement de l'Eglise S. Marcel.
Marguerite (Sainte).	En face la rue des Boucheries.
Marguerite (Sainte).	Rue S. Bernard.
Maries (des Trois).	En face la Samaritaine.
Maubert.	Entre la rue S. Victor et la rue Galande.
Michel (Saint-).	Près la rue S. Hyacinthe.
Montholon.	Rue Rochechouart.
O.	
Odéon.	En face le Théâtre.
P.	
Pal. des Beaux Arts.	En face le Palais des Arts.
Palais de Justice.	En face le Palais de ce nom.
Palais-Royal (du).	En face la rue S. Thomas-du-Louvre.
Parvis Notre-Dame.	Près l'Eglise.
Puits-l'Hermite (du)	Rue du Battoir, rue du Puits-l'Hermite.
R.	
Rontonde (de la)	Enclos du Temple.
Royal.	Rue S. Antoine.
S.	
Sainte-Geneviève.	Rue S. Jacques.
Scipion.	Rue Fer-à-Moulin.
Sorbonne.	Rue de la Harpe.
Sulpice (S.)	En face le portail.
T.	
Temple (du).	Rue du Temple.
Trône (du).	Barrière de ce nom.
V.	
Vauban.	Derrière les Invalides.
Veaux (aux).	Quai des Miramionnes.
Vendôme.	Rue Saint Honoré.
Victoires (des).	Rue Neuve des Petits-Champs.

QUAIS.

Quais.	Tenans.	Aboutissans.
A.		
Alençon (d').	R. Blanche-Castille.	Pont Marie.
Anjou (d').	R. Blanche-Castille.	Pont Marie.
Augustins (des).	R. Git-le-Cœur.	Pont-Neuf.
B.		
Bernard (S.)	Pont d'Austerlitz.	Fossés S.-Bernard.
Béthune.	R. Blanche-Castille.	Pont de la Tournelle
Billy (de).	Pl. de la Conférence	R. des Bons-Homm.
Bons-Hommes (des)	B. des Bons-Homm.	Barrière de Passy.
C.		
Catinat.	Pal. de l'Archevêc.	Pont de la Cité.
Célestins (des).	Pont Grammont.	R. S.-Paul.
Cité (de la).	Pont Notre-Dame.	Pont de la Cité.
Conférence (de la).	Pl. Louis XV.	Pl. de la Conférence
Conti.	Pont-Neuf.	Palais des Arts.
E.		
Ecole (de l').	Pont-Neuf.	Quai du Louvre.
F.		
Fleurs (aux).	Pont Notre-Dame,	Pont au Change.
G.		
Galeries du Louvre.	Pont des Tuileries.	Pont des Arts.
Gêvres.	Pont Notre-Dame.	Pont au Change.
Grève (de la).	R. Geofroy-Lasnier	de l'Hôtel-de-Ville.
H.		
Hôpital (de l').	Barrière de la Garre	Jardin des Plantes.
Horloge (de l').	Pont au Change.	Pl. du Pont-Neuf.
L.		
Louvre (du).	Quai de l'Ecole.	Rue d'Angiviliers.
M.		
Malaquais.	R. de Seine.	R. des SS.-Pères.
Mégisserie (de la)	Pont au Change.	Pont-Neuf.
Miramionnes (des).	R. de Bièvre.	P. de la Tournelle.
Morland.	Pont d'Austerlitz.	P. de Grammont.
O.		
Orfévres (de).	R. S.-Louis.	Pl. du Pont-Neuf.
Orléans (d').	Pont de la Tournelle	Pont de la Cité.

Quais.	Tenans.	Aboutissans.
Ormes (des).	R. de l'Étoile.	R. Geofroy-Lasnier
Orsay (d').	Pont Royal.	Les Invalides.
P.		
Paul (S.)	R. de l'Étoile.	R. S. Paul.
Pelletier.	Pont Notre-Dame.	Place de Grève.
R.		
Rapée (de la).	Barrière de la Rapée	Pont d'Austerlitz.
T.		
Tuileries (des).	Place Louis XV.	Pont Royal.
Tournelle (de la)	Fossés S.-Bernard.	R. de Sartine.
V.		
Voltaire.	R. des SS.-Pères.	R. du Bacq.

RUES.

Rues.	Tenans.	Aboutissans.
A.		
Aboukir.	R. S. Denis.	R. du Petit-Carreau.
Abbaye (de l').	R. Ste. Marguerite.	R. de Bussy.
Abbaye (neuve de l')	R. Ste. Marguerite.	R. Bonaparte.
Abreuvoir (de l').	La rivière.	R. Bourdaloue.
Acacias (des).	R. Plumet.	R. de Sèvres.
Acacias (p. r. des).	Place Breteuil.	Boul. des Invalides.
Aguesseau (d').	R. de Surennes.	Faub. S.-Honoré.
Aiguillerie (de l').	Place Gastine.	Clot. S.-Opportune.
Alexandre (S.).	R. Grénetat.	Enclos de la Trinité.
Aligre (d').	Marché S.-Antoine.	R. de Charenton.
Amandiers (des).	Bar. des Amandiers.	R. de Popincourt.
Amandiers (des).	M. Ste.-Geneviève.	R. des Sept-Voies.
Amboise (d').	R. de Richelieu.	R. Favart.
Ambroise (S.).	R. S.-Maur.	R. de Popincourt.
Amelot.	Place S.-Antoine.	R. S.-Sébastien.
Anastase (S.).	R. S. Louis.	R. de Thorigny.
Anastase (neuve S.).	R. S.-Paul.	R. Prêtres-S.-Paul.
André (S.).	Barr. d'Aunay.	R. Folie-Regnault.
André-des-Arcs (S.)	Pont S.-Michel.	R. de Bussy.
Anges (des Deux-).	R. S. Benoît.	R. Jacob.
Angivilliers (d').	R. des Poulies.	R. de l'Oratoire.
Anglade (de l')	R. Traversière.	R. de l'Évêque.
Anglais (des).	R. des Noyers.	R. Galande.

Rues.

Rues.	Tenans.	Aboutissans.
Angoulême (d').	R. Folie-Méricourt.	Boulev. du Temple.
Angoulême (d').	R. Faub. du Roule.	Avenue de Neuilly.
Anjou (d').	R. de Nevers.	Rue Dauphine.
Anjou (d').	R. Grand-Chantier.	R. d'Orléans.
Anjou (d').	R. Pépinière.	R. S.-Honoré.
Anne (Ste.).	Barr. Poissonnière.	R. de Paradis.
Anne (Ste.).	Cour Ste.-Chapelle.	R. S.-Louis.
Anne (Ste.)	R. de Langlade.	R. Neuve S. Augus.
Antin (d').	R. n. S.-Augustin.	R. n. des P. Champs
Antoine S.).	Place de la Bastille.	Place Baudoyer.
Antoine (Faub. S.).	Barr. de Vincennes.	Place de la Bastille.
Appoline (Ste.)	R. S.-Martin.	R. S.-Denis.
Arbalètre (de l').	R. Mouffetard.	R. des Charboniers.
Arbre-Sec (de l').	R. S.-Honoré.	Place de l'Ecole.
Arcade (de l').	R. S.-Lazare.	R. de la Madeleine.
Arche-Marion.	R. S.-G.-l'Auxerr.	Q. de la Mégisserie.
Arche-Pepin.	La rivière.	R. S.-G.-l'Auxerr.
Arcis (des)	R. de la Verrerie.	R. S.-Jac.-la-Bouch.
Argenteuil (d')	R. Neuve St. Roch.	R. des Frondeurs.
Arras (d').	R. Clopin.	R. S. Victor.
Artois (d').	R. de Provence.	Boulev. Italien.
Arcole (d').	*Voyez* Beaujolois.	
Arts (des).	R. Grenétat.	Enclos de la Trinité.
Assas (d').	R. de Vaugirard.	R. du Cherc.-Midi.
Astorg (d').	R. de la Pépinière.	R. de la Ville-l'Evêq.
Aubry-le-Boucher.	R. S. Martin.	R. S. Denis.
Audriettes (des).	R. de la Mortellerie.	Quai de la Grève.
Audriettes (vieilles).	R. Grand-Chantier.	R. du Temple.
Augustins (des gr.).	R. S. André-des-Ar.	Quai des Augustins.
Augustins (des pet.)	R. du Colombier.	Quai Malaquais.
Augustins (vieux).	R. Coquillière.	R. Montmartre.
Augustin (neuve S.)	R. de Richelieu.	R. de la pl. Vendôme
Aumaire.	R. Frépillon.	R. S. Martin.
Austerlitz.	La Seine.	Les Invalides.
Aval (d').	R. de la Roquette.	R. Amelot.
Aveugles (des).	R. Garancière.	Place S. Sulpice.
Avignon (d').	R. de la Savonnerie.	R. S. Denis.
Avoye (Ste.)	R. du Temple.	R. Ste. Cr.-la-Bret.

Rues.	Tenans.	Aboutissans.
B.		
Babille.	R. de Viarmes.	R. des Deux-Ecus.
Babylone.	R. du Bacq.	Boul. des Invalides.
Babylone (n. de).	Avenue de Villars.	Place Fontenoy.
Bacq (du).	R. de Sèvres.	Quai Bonaparte.
Bacq (du petit).	R. Vieill.-Tuileries.	R. de Sèvres.
Bagneux (de).	R. de Vaugirard.	R. Petit-Vaugirard.
Baillet.	R. de la Monnaie.	R. de l'Arbre-Sec.
Bailleul.	R. de l'Arbre-Sec.	R. des Poulies.
Baillif.	R. C. des P.-Champs	R. des Bons-Enfans.
Bailly.	R. derr. S. Nicolas.	Marché S. Martin.
Ballets (des).	R. du Roi de Sicile.	R. S. Antoine.
Banquier (du).	Rue Mouffetard.	R. du M. aux Chev.
Banquier (du petit).	Boul. de l'Hôpital.	R. du Banquier.
Barbe (Ste.)	Bou. Bonne-Nouv.	R. Beauregard.
Barbette.	R. des 3 Pavillons.	Vieille r. du Temple.
Bar-du-Bec.	R. S. Merry.	R. de la Verrerie.
Barillerie (de la).	Pont-au-Change.	Pont S. Michel.
Barouillière.	R. Petit-Vaugirard.	R. de Sèvres.
Barres (des).	Place Baudoyer.	Quai de la Grève.
Barres (des).	R. S. Paul.	R. du Fauconnier.
Barthélemy (S.)	Pont-au-Change.	Pl. du Pal. de Just.
Basfroid (de).	R. de Charonne.	R. de la Roquette.
Basse Port. S.-Denis	Porte S. Denis.	R. d'Hauteville.
Basseville.	Cour Lamoignon.	Cour n. du Palais.
Batailles (des).	R. de Long-Champ.	Ruelle Ste. Marie.
Batave.	R. S. Honoré.	R. Marc. ou Rohan.
Battoir (du).	R. Haute-Feuille.	R. de l'Éperon.
Battoir (du).	P. du Puits-l'Herm.	R. Copeau.
Beaubourg.	R. Mich.-le-Comte.	Rue Maubuée.
Bauce (de).	R. de la Corderie.	R. d'Anjou.
Beauharnais (de).	R. des Amandiers.	R. S. Ambroise.
Beaujolais.	R. de Valois.	R. Montpensier.
Beaujolais.	R. Batave.	R. de Malte.
Beaune.	R. de l'Université.	Quai Voltaire.
Beauregard.	R. de Cléry.	Rue Poissonnière.
Beaurepaire.	R. des Deux-Portes	Rue Montorgueil.
Beautreillis.	R. S. Antoine.	R. Neuve St. Paul.
Beauveau.	R. de Charenton.	Marché S. Antoine.

Rues.	Tenans.	Aboutissans.
Bellechasse (de).	R. de Grenelle.	Quai d'Orsay.
Bellefond (de).	R. Faub.-Poissonn.	R. Rochechouart.
Benoît (S.)	R. S. Vannes.	R. Royale.
Benoît (S.)	R. Taranne.	R. Jacob.
Bercy (de).	Vieille r. du Temple	Marché S. Jean.
Bercy (de).	Barrière de Bercy.	R. des Contrescarp.
Bergère.	R. Poissonnière.	Faub. Montmartre.
Bernard (S.)	Rue de Charonne.	Faub. S. Antoine.
Bernardins (les).	R. S. Victor.	R. de la Tournelle.
Berry (de).	R. de Bretagne.	R. de Poitou.
Berry (neuve de).	R. Faub. du Roule.	Avenue de Neuilly.
Bertin-Poirée.	R. des Deux-Boules	R. S. G.-l'Auxerr.
Bétizy.	R. des Bourdonnais.	R. de le Monnaie.
Beurrière.	R. V.-Colombier.	R. du Four.
Bibliothèque (de la).	R. S. Honoré.	Place Marengo.
Bienfaisance (de la).	Bar. de Mousseaux.	R. du Rocher.
Bièvre (de).	R. S. Victor.	R. des Gr.-Degres.
Bigot.	R. de Babylone.	R. Plumet.
Billettes (des).	R. de la Verrerie.	R. Ste.-Cr.-la-Bret.
Biron (de).	R. de la Santé.	Faub. St. Jacques.
Bissy.	Carref. S. Germain.	M. de l'Abb. S.-G.
Blanche.	Barrière Blanche.	R. S. Lazare.
Blanche de Castille.	Quai Béthune.	Pont de la Cité.
Blancs-Mant. (des).	Vieille r. du Temple.	R. S. Avoye.
Bleue.	Faub. Poissonnière.	R. Cadet.
Bon (S.)	R. de Verrerie.	R. Jean-Pain-Molet.
Bonne-Nouvelle.	V. N.-D. de B.-N.	
Bon-Conseil.	R. S. Denis.	R. Montorgueil.
Bondy (de).	R. Neuv. S. Nicolas.	Porte S. Martin.
Bons-Enfans.	R. Baillif.	R. S. Honoré.
Bons-Enfans (neuv.)	R. n. des P.-Champs	R. Baillif.
Bon-Puits (du).	R. Traversine.	R. S. Victor.
Bordet.	R. de Fourcy.	R. Mont. S. Genev.
Bornes (des Trois-)	R. S. Maur.	R. de la Fol.-Méric.
Bossuet (de).	Pont de la Cité.	Place Fénélon.
Boucher.	R. Thibautodé.	Rue de la Monnaie.
Boucherat.	R. Charlot.	R. des Filles du Calv.
Boucherie (de la).	R. S. Dominique.	Quai d'Orsay.
Boucheries (des).	R. des Fossés S. G.	Pl. Ste. Marguerite.

Rues.	Tenans.	Aboutissans.
Boucheries (des).	R. de Richelieu.	Rue S. Honoré.
Boucheries (des).	R. de la Chaumière.	R. n. de l'Abbaye.
Bouclerie (de la v.)	R. de la Harpe.	Pont S. Michel.
Boudreau.	R. de Trudon.	R. de Caumartin.
Boulangers (des).	R. des Foss. S. Vict.	R. S. Victor.
Boulets (des).	R. de Charonne.	R. de Montreuil.
Boules (des Deux-).	R. des Lavandières.	R. des Bourdonnais.
Bouloy.	R. Coquillière.	R. C. des P.-Champs
Bourbe (de la).	Faub. S. Jacques.	R. d'Enfer.
Bourbon (de).	R. de Bourgogne.	R. des SS. Pères.
Bourbon-le-Château	R. Cardinal.	R. de Bussy.
Boubon-Villeneuve.	R. du Petit-Carreau	R. S. Denis.
Bourbon (du Petit-)	R. de Tournon.	R. Garancière.
Bourdaloue.	Quai Catinat.	Place Fénélon.
Bourdonnais (des).	R. S. Honoré.	R. Bétizy.
Bourg-l'Abbé.	R. Grenetat.	R. aux Ours.
Bourgogne (de).	R. de Varennes.	Quai d'Orsay.
Bourtibourg.	R. Ste. Cr. de la Bre.	Marché S. Jean.
Bourguignons (des).	R. de l'Oursine.	Champ des Capuc.
Bout-du-Monde.	R. du Petit-Carreau.	R. Montmartre.
Bouttebrie.	R. du Foin.	R. Parcheminerie.
Boyauterie (de la).	Bar. du C. du Taur.	Faub. S. Martin.
Braque (de).	R. du Chaume.	R. du Temple.
Brave (du).	R. du Petit-Bourbon	R. des Quat.-Vents.
Bretagne (de).	Carr. des F. du Calv.	R. de Beauce.
Bretagne (neuve de).	Carr des F. du Calv.	R. de Beauce.
Breteuil (de).	R. Royale.	Marché S. Martin.
Bretonvilliers (de).	R. Blanche de Cast.	Quai Béthune.
Brise-Miche.	R. Neuve. S. Merry.	R. du Cl. S. Merry.
Brodeurs (des).	R de Sèvres.	R. Plumet.
Brunette.	R. des Batailles.	R. Basse-Chaillot.
Bucherie (de la).	Place Maubert.	R. du Petit-Pont.
Buffault (de).	R. Coquenard.	Faub. Montmartre.
Buffon (de).	R. Jardin des Plant.	Boul. de l'Hôpital.
Buisson (S. Louis.)	Barr. de la Chopin.	R. S. Maur.
Bussy (de).	Place Ste. Marguer.	R. Mazarine.
Buttes (des).	R. de Picpus.	R. de Reuilly.

C.

Cadet.	R. Bleue.	R. du faub. Montm.

Rues.	Tenans.	Aboutissans.
Cadran (du).	R. du Petit-Carreau.	R. Montmartre.
Caire (du).	R. S. Denis.	Place du Caire.
Calandre (de la).	R. du Marché-Palu.	R. de la Barillerie.
Canettes (des).	Place S. Sulpice.	R. du Four S. Germ.
Canettes (des Trois-	Pl. du Parvis N.-D.	R. de la Licorne.
Canivet (du).	R. des Fossoyeurs.	R. Férou.
Capucines (des)	Champ des Capuc.	R. du faub. S. Jacq.
Capucins (n. des)	Boul. de la Madel.	R. de la pl. Vendôm.
Carême-Prenant.	R. du f. du Temple.	R. de l'Hos. S. Louis
Cargaisons (des).	R. de la Calandre.	Marché-Neuf.
Carmes (des).	R. S. Hilaire.	R. des Noyers.
Caron.	R. de Jarente.	Marc. Ste. Cather.
Carpentier.	R. du Gindre.	R. Cassette.
Carreau (du Petit-).	Rue de Cléry.	R. du Cadran.
Carrières (des).	Les champs.	Carr. des Batailles.
Cassette.	R. de Vaugirard.	R. du V.-Colombier
Cassini (de).	R. du f. S. Jacques.	Cul-de-sac de l'Obs.
Castex.	R. de la Cerisaie.	R. S. Antoine.
Castiglione (de).	R. de Rivoli.	R. S. Honoré.
Catherine (Ste.)	R. S. Dominique.	R. S. Thomas.
Catherine (n. Ste.)	R. S. Louis.	R. Payenne.
Caumartin (de).	R. N. des Mathurins	Boul. de la Madel.
Cendrier (du).	R. du Marc. aux Ch.	R. des Fos. S. Marc.
Censier.	R. du Jardin des Pl.	R. Mouffetard.
Cérisaie (de la)	Cour des Salpêtres.	R. du Petit-Musc.
Cérutti. V. d'Artois.	R. de Provence.	Boulev. Italien.
Chabannais (de)	R. n. des P.-Champs	R. Ste. Anne.
Chaillot (basse de).	R. St Pierre.	Quai Billy.
Chaillot (gr. r. de).	Carref. des Batailles	Av. des Ch.-Élysées
Chaise (de la).	R. de Sèvres.	R. de Grenelle.
Ch. Alouette (petit).	R. Croulebarbe.	R. de l'Oursine.
Champs-Elys. (des).	R. du f. S. Honoré.	Place Louis XV.
Champs (des Petits-)	R. Beaubourg.	R. S. Martin.
Champs (des Petits-)	R. Ch. de l'Alouette	R. de la Glacière.
Champs (n. des Pet.)	R. N. des B.-Enfans.	Place Vendôme.
Chandeliers (des 3).	La rivière.	R. de la Huchette.
Chanoinesse.	Place Fénélon.	R. de la Colombe.
Chantereine.	R. du faub. Montm.	R. du Mont-Blanc.
Chantier (du Gr.-)	R. Pastourelle.	R. des V. Audriette

Rues.	Tenans.	Aboutissans.
Chantre (du)	Place d'Austerlitz.	R. S. Honoré.
Chantres (des)	R. Basse des Ursins	R. Chanoinesse.
Chanvrerie.	R. S. Denis.	R. Mondétour.
Chapon.	R. du Temple.	R. Transnonain.
Charbonniers (des).	R. de Charenton.	R. de Bercy.
Charbonniers (des).	R. Bourguignons.	R. des Lyonnais.
Charenton (de).	Barr. de Charenton	Place S. Antoine.
Charité (de la).	Place de la Fidélité.	R. S. Laurent.
Charles (Neuve St.)	R. de Courcelles.	R. du f. du Roule.
Charlot.	Boul. du Temple.	R. de Bretagne.
Charonne (de).	Barr. Charonne.	R. du f. S. Antoine.
Chartière.	R. de Reims.	R. du M. S. Hilaire.
Chartres.	R. du Morceaux.	Barr. de Courcelles.
Chât.-Frileux (du).	R. de la Mortellerie.	Quai de la Grève.
Château-Landon.	Barr. des Vertus.	R. du f. S. Martin.
Chat-qui-Pêche.	La rivière.	R. de la Huchette.
Chaudron (du).	R. du faub. S. Mart.	R. Château-Landon.
Chaudronière (m.)	Près S. Sulpice.	Foire S. Germain.
Chaume (du).	R. de Braque.	R. des Blancs-Mant.
Chauchat.	R. Chantereine.	R. de Provence.
Chauss. des Minim.	R. N. S. Gilles.	Place Royale.
Chaussée d'Antin.	R. S. Lazarre.	Boul. des Italiens.
Ch. de la Chopin.	Barr. de la Chopin.	R. S. Maur.
Ch. de la Chap. (du)	Près la b. S. Denis.	R. du f. S. Martin.
Chem. de Lagni.	R. des Ormeaux.	R. du f. S. Antoine.
Ch. de Pantin (du).	Barr. de Pantin.	R. du f. S. Martin.
Chemin-Vert (du).	R. Popincourt.	B. de la P. S. Ant.
Chenet (du Gros-).	R. des Jeûneurs.	R. de Cléry.
Cherche-Midi (du).	R. du Regard.	Carr. de la C.-Rouge
Cheval-Vert (du).	R. des Postes.	R. Vieille-Estrapade
Chevalier-du-Guet.	Pl. du Ch.-du-Guet.	R. des Lavandières.
Chevert (de).	Av. de Lam.-Piquet.	Av. de Tourville.
Chevet S. Landry.	R. Basse des Ursins.	R. des Marmouzets.
Chevreuse (de)	R. N.-D. des Ch.	R. du Mont-Parnas.
Chiens (des).	R. des Sept-Voies.	R. des Cholets.
Childebert.	R. Ste. Marguerite.	R. Ste. Marthe.
Choiseul (de).	Boul. des Italiens.	R. N. S. Augustin.
Cholets (des).	R. S. Ét.-des-Grès.	R. de Reims.
Christine.	R. des Gr.-August.	R. de Thionville.

Rues.	Tenans.	Aboutissans.
Christophe (St.)	Pl. du Parvis N.-D.	R. de la Juiverie.
Cim. S. André (du).	Pl. S. And.-des-Arts	R. de l'Eperon.
Cim. S. Benoît (du).	R. Fromentel.	R. S. Jacques.
Cim. St. Jacq. (du).	R. du f. S. Jacques.	R. d'Enfer.
Cim. S. Nicolas (du)	R. Transnonain.	R. S. Martin.
Cisalpine.	Voyez Valois.	
Ciseaux (des).	R. du Four.	R. Ste. Marguerite.
Claude (S.).	R. Ste. Foy.	R. de Cléry.
Claude (S.)	R. du P. aux Choux.	R. S. Louis.
Clef (de la).	R. d'Orléans.	R. Copeau.
Clément (p. r. S.)	Place S. Marcel.	R. Mouffetard.
Cléry (de).	Porte S. Denis.	R. Montmartre.
Clichy (de).	Barr. de Clichy.	R. S. Lazarre.
Cloche-Perche.	R. du Roi de Sicile.	R. S. Antoine.
Cloître N.-D. (du)	Place Fénélon.	Pl. du pont N.-D.
Cl. S. Germ.-l'Aux.	R. de l'Arbre-Sec.	Pl. S. Germ.-l'Aux.
Cloître S. Méry (du)	R. de la Verrerie.	R. S. Martin.
Clopin.	R. des Fos. S. Victor	R. Bordet.
Clos-Georgeot.	R. Traversière.	R. Ste. Anne.
Clotilde (de).	R. Vieille-Estrapade	R. de Clovis.
Clovis (de).	R. de Clotilde.	R. Bordet.
Cluny (de).	R. des Grès.	R. de Sorbonne.
Cocatrix.	R. S. P. aux Bœufs.	R. des Canettes.
Cœur-Volant (du).	R. des Quat.-Vents.	R. des Boucheries.
Cœur-Volant (du).	R. Croix-Boissière.	Carré des Batailles.
Colbert (de).	R. Vivienne.	R. de Richelieu.
Colisée (du).	R. du faub. S. Hon.	Avenue de Neuilly.
Colombe (de la).	R. Basse des Ursins.	R. des Marmouzets.
Colombier (du).	R. de Seine.	R. S. Benoît.
Colombier (N. du).	March. Ste. Cather.	R. S. Antoine.
Colombier (du V.-)	Place S. Sulpice.	C. de la Croix Roug.
Colonnes (des).	R. Feydeau.	R. des Fill. S. Thom.
Comète (de la).	R. de Gren. f. S.-G.	R. S. Dominique.
Commerce (du).	R. Grénetat.	Encl. de la Trinité.
Concorde (de la).	Voyez R. Royale.	
Condé (de).	R. de Vaugirard.	R. des Boucheries.
Contrat-Social (du).	R. de la Tonnellerie.	R. des Prouvaires.
Contrescarpe.	R. des Foss. S. Vict.	R. de Fourcy.
Contrescarpe.	R. S. And.-des-Arts.	R. Dauphine.

* C.

Rues.	Tenant.	Aboutissans.
Contrescr. (de la).	R. de Charenton.	Quai de la Rapée.
Convention (de la).	Voyez Dauphin.	
Copeau.	R. Mouffetard.	R. S. Victor.
Coq S. Honoré (du)	R. S. Honoré.	Place Marengo.
Coq S. Jean (du).	R. de la Verrerie.	R. de la Tixerandrie
Coq-Héron.	R. Pagevin.	R. Coquillière.
Coquenard.	R. de Rochechouart	R. du f. Montmart.
Coquillière.	Place S. Eustache.	R. Cr. des P.-Ch.
Coquilles (des).	R. de la Verrerie.	R. de la Tixerandrie
Cordeliers (des).	R. de la Harpe.	R. des f. S. G. des P.
Corderie (de la).	R. d. Bauce.	R. du Temple.
Corderie (de la).	Marché des Jacob.	R. Neuve S. Roch.
Cordiers (des).	R. S. Jacques.	Rue de Cluny.
Cordonnerie (de la).	R. M. aux Poirées.	R. de la Tonnellerie.
Corneille (de).	R. de Vaugirard.	Place de l'Odéon.
Cornes (des).	R. du Banquier.	R. des f. S. Marcel.
Cossonnerie (de la).	R. S. Denis.	Pl. du C. de la Halle
Cotte (de).	R. S. Antoine.	Mar. S. Antoine.
Couchant (du).	R. de Vaugirard.	R. N. D. des Cham.
Courcelles (de).	R. de la Pépinière.	R. de Chartres.
Cour-des-Morts.	R. Beaubourg.	R. S. Martin.
Couronnes (des 3).	Barr. des Couronn.	R. S. Maur.
Couronnes (des 3).	R. Mouffetard.	Carré S. Hyppolite.
Courroierie (de la).	R. Beaubourg.	R. S. Martin.
Courtalon.	R. S. Denis.	Cloî. S. Opportune.
Courteau-Vilain.	R. Transnonain.	R. S. Avoye.
Coutellerie (de la).	R. Jean-de-l'Epine.	R. des Arcis.
Couture S. Gervais.	Rue de Thorigny.	Vieille r. du Temple
Courty (de).	R. de l'Université.	R. de Bourbon.
Crébillon (de).	Pl. de l'Odéon.	R. de Condé.
Croissant (du).	R. du Gros-Chenet.	R. Montmartre.
Croix (Ste.)	R. Gervais-Laurent.	R. Vieille-Draperie.
Croix (Neuve Ste.)	R. S. Lazare.	R. S. Nicolas.
Croix (de la).	R. neuve S. Laurent	R. Phelippeaux.
Croix-Blan. (de la).	Vieille r. du Temple	R. Bourtibourg.
Croix-Boissière.	Les champs.	Carr. des Batailles.
Croix de la Br. (Ste.)	Vieille r. du Temple	R. S. Avoie.
Croix des P.-Cham.	Place des Victoires.	R. S. Honoré.
Croix-du-Roule.	R. du F. du Roule.	R. de Chartres.

Rues.	Tenans.	Aboutissans.
Croulebarbe (des).	Boulevard du midi.	R. Mouffetard.
Crucifix (du Petit-)	Clof. de la Boucher.	R. S. J. de la Bouch.
Crussol (de).	R. de la Folie-Mér.	R. des f. du Temple.
Culture Ste. Cather.	R. du Parc-Royal.	Place de Biragues.
Cygne (du).	R. S. Denis.	R. Mondétour.

D.

Damiette.	Cour des Miracles.	R. Bourbon-Villen.
Dauphine.	Le Pont-Neuf.	Carrefour de Bussy.
Déchargeurs (des).	R. de la Féronnerie.	R. des Mauv.-Parol.
Degrés (des grands-)	R. de Bièvre.	R. du P. de la pl. M.
Demi-Saint (du)	R. des f. S. G. l'Aux.	Cl. S. G. l'Auxerr.
Denis (S.)	Porte S. Denis.	R. S. Jacq. la Bouch.
Denis (St.)	R. de Montreuil.	R. du f. S. Antoine.
Denis (du faub. S.)	Barr. de S. Denis.	Porte S. Denis.
Denis (Neuve S.)	R. S. Martin.	R. S. Denis.
Dervillé.	R. des f. Anglaises.	R. du P. de C. de lA.
Desaix.	Barr. de Grenelle.	Avenue de Suffren.
Désert (du).	Petite r. du Désert.	R. de la Rochefouc.
Désert (pet. rue du).	R. du Désert.	R. S. Lazare.
Diamans (des Cinq)	R. Troussevache.	R. des Lombards.
Dominique (S.)	R. du faub. S. Jacq.	R. d'Enfer.
Dominique (S.)	Av. du Ch. de Mars.	R. des SS. Pères.
Doré (du Roi).	R. S. Louis.	R. S. Gervais.
Doyenné (du).	R. St Thomas-du L.	R. des Orties.
Draperie (de la v.)	R. de la Juiverie.	R. Palais de Justice.
Droits de l'Homme.	V. Roi de Sicile.	Vieille r. du Temple.
Duguay-Trouin.	R. Madame.	R. de Fleurus.
Dugommier.	R. Percée.	R. de la Corderie.
Duphot.	Boul. de la Madel.	R. S. Honoré.
Dupont.	R. S. Pierre.	Gr. r. de Chaillot.
Dupuis.	R. de Vendôme.	Enclos du Temple.
Duras (de).	R. de Surenne.	R. du f. S. Honoré.
Durnstein (de).	Pl. Ste. Marguerite.	R. de Seine.

E.

Echarpe (de l').	Pl. Royale.	R. l'Egout S. Cath.
Echaudé (de l').	Rue au Lard.	R. de la Poterie.
Echaudé (de l').	R. de l'Abbaye.	R. de Seine.
Echelle (de l').	R. S. Honoré.	Place du Carrousel.
Echiquier (de l').	Faub. S. Denis.	Faub. Poissonnière.

Rues.	Tenans.	Aboutissans.
Ecole de Médecine.	R. de la Harpe.	R. F. M. le Prince.
Ecosse (d').	R. du Four.	R. S. Hilaire.
Ecouffes (des).	R. des Rosiers.	R. du Roi de Sicile.
Ecrivains (des).	R. des Arcis.	R. de la V. Monnaie.
Ecuries (N. des).	Av. de Lamote-Piq.	Av. de Lowendal.
Ecuries (des Petites)	Faub. S. Denis.	F. Poissonnière.
Ecus (des Deux-).	R. des Prouvaires.	R. de Grenelle.
Eglise (de l').	R. de Grenelle.	R. S. Dominique.
Eglise (des Deux-).	Faub. S. Jacques.	R. d'Enfer.
Egout (de l').	R. du Four.	R. Ste. Marguerite.
Egout (de l').	R. N. Ste. Catherine	R. S. Antoine.
Egouts (des).	R. S. Martin.	R. du Ponceau.
Eloy (S.)	R. de la Calandre.	R. de la V.-Draperie
Enfans-rouges (des)	R. de la Corderie.	R. Pastourelle.
Enfer (d').	R. Bleue.	R. Chev. S. Landry.
Enfer (d').	Barrière d'Enfer.	Place S. Michel.
Epée-de-Bois (de l')	R. du Noir.	R. Mouffetard.
Eperon (de l').	R. du Jardinet.	R. S. And.-des-Arts.
Erfurth (d').	R. Childebert.	R. Ste. Marguerite.
Essay (de l')	Marché aux Chev.	R. de Poliveau.
Est (de l').	Boul. M.-Parnasse.	R. d'Enfer.
Estrapade (de l').	Place de Fourcy.	Pl. de l'Estrapade.
Etienne.	R. Bétizy.	R. Boucher.
Etienne (Neuve S.)	R. Copeau.	R. Contrescarpe.
Etienne (Neuve S.)	Boul. Poissonnière.	R. Beauregard.
Etien.-des-Grès (S.)	Place Ste. Genev.	R. S. Jacques.
Etoile (de l').	R. des Barres.	Quai des Ormes.
Etoile (de l').	R. Bouch. des Inv.	R. S. Dominique.
Etuves (des Vieilles)	R. Beaubourg.	R. S. Martin.
Etuves (des Vieilles)	R. des Deux-Ecus.	R. S. Honoré.
Eustache (Neuve S.)	R. du P.-Carreau.	R. Montmartre.
Evêché (de l').	Pl. du Pont N.-D.	R. Pont-au-Double.
Evêque (de l').	R. des Orties.	Carr. des Cheminé.
F.		
Fauconnier.	R. des Prêt. S. Paul.	R. des Barres.
Favart (de).	Boulev. des Italiens.	R. de Grétry.
Femme-sans-Tête.	R. Blanche de Cast.	Quai d'Alençon.
Fer-à-Moulin (du).	Place Scipion.	R. Mouffetard.
Ferme des Mathur.	R. S. Nicolas.	R. N. des Mathurins

Rues.

Rues.	Tenans.	Aboutissans.
éronnerie (de la).	R. de la Lingerie.	R. S. Denis.
érou.	Place St Sulpice.	R. de Vaugirard.
ers (aux).	Mar. aux Poirées.	R. S. Denis.
euillade (de la).	Place Victoire.	R. N. des Bons-Enf.
èves (aux).	R. de la V.-Draperie	R. de la Calandre.
eydeau.	R. de Richelieu.	R. Montmartre.
iacre (S.)	Boul. Montmartre.	R. de Richelieu.
idélité (de la).	R. du F. S. Martin.	R. du F. S. Denis.
iguier (du).	R. Prêtres S. Paul.	R. du Fauconnier.
illes Anglaises (d.)	R. de l'Oursine.	R. des Pet.-Champs.
illes du Calv. (des)	R. Boucherat.	Boulev. du Temple.
illes-Dieu (des).	R. S. Denis.	R. Bourbon-Villen.
illes S. Th. (n. d.).	R. de Richelieu.	R. N.-D. d. Victoir.
leurys (de).	R. Madame.	R. N.-D. des Cham.
lorentin (S.)	R. S. Honoré.	R. de Rivoli.
oin (du).	R. S. Jacques.	R. de la Harpe.
oin (du).	R. Ch. des Minimes.	R. S. Louis.
oire S. Ger. (de la)	Préau de la Foire.	Rue du Four.
olie-Méricourt.	R. de Ménilmontant	Faub. du Temple.
olie-Regnault.	R. de la Muette.	R. des Amandiers.
ontaine.	R. de la Folie-Méric.	R. S. Maur.
ontaine (de la)	R. de la Pl. Vendô.	Carrefour Gaillon.
ontaine (de la).	R. d'Orléans.	R. du Puits-l'Herm.
ontaines (des).	R. du Temple.	R. de la Croix.
orez (de).	R. Charlot.	Marché du Temple.
ossés M. le Prince.	R. de Vaugirard.	R. l'Ecôle de Méd.
ossés S. Bernard.	R. S. Victor.	Quai S. Bernard.
oss. S. Ger.-l'Aux.	R. de la Monnaie.	R. des Poulies.
oss. S. G.-des-Prés	R. des Boucheries.	Carrefour Bussy.
ossés S. Jacques.	Pl. de l'Estrapade.	R. S. Jacques.
ossés S. Marcel.	R. de la Muette.	R. Mouffetard.
ossés Montmartre.	R. Montmartre.	Place Victoire.
ossés S. Victor.	R. Bordet.	R. S. Victor.
ossés du Temple.	R. de Ménilmontant	R. du f. du Temple.
ossoyeurs (des).	R. de Vaugirard.	R. Palatine.
ouarre (du).	R. Galande.	R. de la Bucherie.
our (du).	R. Traisnée.	Rue S. Honoré.
our (du).	Pl. Ste. Marguerite.	Carr. de la C.-Roug.
our (du).	R. des Sept-Voies.	R. d'Ecosse.

Rues.	Tenans.	Aboutissans.
Fourcy (de).	R. Mouffetard.	Place Fourcy.
Fourcy (de).	R. S. Antoine.	R. de Jouy.
Fourreurs (des).	Cloî. St. Opportune	R. des Lavandières
Fourneaux (des).	Bar. des Fourneaux.	R. de Vaugirard.
Foy (Ste.)	R. S. Denis.	R. des Filles-Dieu
Française.	R. Pavée.	R. Mauconseil.
Française.	R. Gracieuse.	R. de la Clef.
Francs-Bourgeois.	R. Payenne.	Vieille r. du Temple
Fr.-Bourgeois (des).	Place S. Michel.	R. d'Enfer.
Fr.-Bourgeois (des).	R. du f. S. Marcel.	Cloître S. Marcel.
François (St.)	R. S. Louis.	Vieille r. du Temple
Fréjus. V. Bigot.	R. Plumet.	R. de Babylone.
Frépillon.	R. Phélippeaux.	R. Aumaire.
Frères (des Trois-).	R. S. Lazare.	R. Chantereine.
Friperie (de la Gr.)	Place du Légat.	R. de la Tonnellerie
Friperie (de la Pet.)	Place du Légat.	R. de la Tonnellerie
Fromagerie (de la).	R. Traisnée.	Marché aux Poirées
Froidmanteau.	R. S. Honoré.	Place d'Austerlitz.
Fromentel.	R. Charretière.	R. du Cim. S. Ben
Fronde (de la).	Cul sac S. Bernard.	R. de Montreuil.
Frondeurs (des).	Cul. des 4 Chemins.	R. S. Honoré.
Furstenberg.	R. Neuve de l'Abb.	R. du Colombier.
Fuseaux (des).	R. S. Germ.-l'Aux.	Quai de la Mégisser

G.

Rues.	Tenans.	Aboutissans.
Gaillon (de).	R. de la Michaudièr.	R-n. des P.-Champ
Galande.	Place Maubert.	R. S. Jacques.
Garancière.	R. de Vaugirard.	R. du P.-Bourbon.
Garnisons (des V.)	R. de la Tixerandrie.	Cloître S. Jean.
Gasté.	R. des Batailles.	R. Basse-Chaillot.
Geneviève (Ste.)	Jardin du Luxemb.	R. S. Jacques.
Geneviève (N. Ste.)	R. des Postes.	R. de Fourcy.
Gentilly (du Petit-)	Boulevard du Midi.	R. Mouffetard.
Geoffroy-l'Angevin	R. S. Avoye.	R. Beaubourg.
Geoffroy-Lasnier.	R. S. Antoine.	Quai de la Grève.
Georges (S.)	R. S. Lazare.	R. de Provence.
Gérard-Boquet.	R. Neuve S. Paul.	R. des Lions.
Germ.-l'Aux. (S.)	R. Apport-Paris.	Pl. des Trois-Maries
Gervais (S.)	R. S. François.	R. du Parc royal.
Gervais-Laurent.	R. de la Lanterne.	Petite rue S. Pierre

Rues.	Tenans.	Aboutissans.
Gilles (Neuve S.)	R. du P.-aux-Choux	R. S. Louis.
Gilles (p. r. N. S.)	R. Neuve-S.-Gilles.	R. du P.-aux-Choux
Gindre (du).	R. de Mézières.	R. du V.-Colombier.
Gît-le-Cœur.	R. S. And.-des-Arts.	Quai des Augustins.
Glacière (de la).	Boulev. de la Santé.	R. de l'Oursine.
Glatigny (de).	Quai de la Cité.	R. des Marmouzets.
Gobelins.	Rivière de Bièvre.	R. Mouffetard.
Gourdes (des).	Ruelle des Marais.	Allée des Veuves.
Gracieuse.	R. Française.	R. Copeau.
Grammont (de).	Boul. des Italiens.	R. N. S. Augustin.
Grande-Rue.	R. Grenetat.	Enclos de la Trinité.
Grange-aux-Belles.	R. des Récolets.	R. des Marais.
Grange-Batelière.	R. du f. Montmartre	Boul. des Italiens.
Gravilliers (des).	R. Pinon.	R. Transnonain.
Grenelle S. G. (de).	Boul. des Invalides.	Carr. de la C.-Rouge
Grenelle.	R. S. Honoré.	Carrefour Sartine.
Grès (des).	R. de la Harpe.	R. S. Jacques.
Grenetat.	R. S. Martin.	R. S. Denis.
Grenier S. Lazare.	R. Beaubourg.	R. S. Martin.
Grenier-sur-l'eau.	R. Geoffroy-Lanier	R. des Barres.
Grésillons (des).	R. de Miroménil.	R. du Rocher.
Grétry.	R. Favart.	R. de Grammont.
Gril (du).	R. Censier.	R. d'Orléans.
Grillée.	R. de la Mortellerie.	Quai de la Grève.
Guénégaud.	R. Mazarine.	Quai de Conti.
Guérin-Boisseau.	R. S. Martin.	R. S. Denis.
Guillaume.	R. Blanche de Cast.	Quai d'Orléans.
Guillaume (S)	B. des SS. Pères.	R. de Grenelle.
Guillemites.	R. des Blancs-Mant.	R. de Paradis.
Guillemin (Neuve-)	R. du V.-Colomb.	R. du Four.
Guisarde.	Foire S. Germain.	R. des Canettes.
Guntzbourg.	R. Neuve de l'Abb.	R. du Colombier.

H.

Hanovre.	R. de Choiseul.	R. du Port-Mahon.
Harenger (de la v.)	Cl. S. Opportune.	R. du Ch.-du-Guet.
Harlay (du).	Q. de l'Horl. du P.	Quai des Orfévres.
Harlay (du).	R. du P.-aux-Choux	R. S. Claude.
Harpe (de la).	R. Vieille-Bouclerie	Place S. Michel.
Haute-Feuille.	R. de l'Ec. de Méd.	R. S. And.-des-Arcs.

Rues.	Tenans.	Aboutissans.
Hauteville (d').	R. de Paradis.	R. B.-porte S. Den
Hazard (du).	R. Traversière.	R. Ste. Anne.
Heaumerie (de la).	R. de la V.-Monnaie	R. S. Denis.
Helder (du).	R. des Bains-Chin.	R. Taitbout.
Helvét. V. Ste. An.	R. de l'Anglade.	R. Neuve S. Augu
Henri Ier.	R. Royale.	Marché S. Martin.
Hermites (des 2).	R. des Marmouzets.	R. Cocatrix.
Hilaire (S.)	R. des Sept-Voies.	R. S. J. de Beauvai
Hilerin-Bertin.	R. de Varennes.	R. de Grenelle.
Hiondelle (de l')	Pont S. Michel.	R. Gît-le-Cœur.
Hoche. V. Beaujol.	R. Batave.	R. de Malte.
Homme-Ar. (de l').	R. des Blancs-Mant.	R. Ste. C. de la Bre
Hommes (des Bons-)	Quai Billy.	Barr. de Francklin
Honoré (S.)	R. de la Féronnerie.	Porte S. Honoré.
Honoré (Faub. S.(	R. d'Angoulême.	Porte S. Honoré.
Honoré (Chevalier-)	R. du Pot-de-Fer.	R. Cassette.
Hôpital S. Louis.	B. Combat du Taur.	R. des Récolets.
Houssaye (du).	R. de Provence.	R. Chantereine.
Huchette (de la).	R. du Petit-Pont.	R. de la V. Bouleri
Hugues (S.)	R. Royale.	Marché S. Martin
Hurepoix (du).	Pont S. Michel.	Quai des Augustins
Hurleur (du Grand-)	R. S. Martin.	R. Bourg-l'Abbé.
Hurleur (du Petit-).	R. S. Denis.	R. Bourg-l'Abbé.
Hyacinthe (Ste.)	Marc. des Jacobins.	R. de la Sourdière.
Hyacinthe.	R. S. Jacques.	Place S. Michel.
Hypolite (S.)	R. des 3 Couronnes.	R. de l'Oursine.
I.		
Ivry (Petite r. d').	Boul. de l'Hôpital.	R. du Banquier.
Irlandais (des).	Place de la V.-Estra.	R. des Postes.
J.		
Jacinthe.	R. des Trois-Portes.	R. Galande.
Jacob.	R. des SS. Pères.	R. S. Bénoît.
Jacques (S.)	Porte S. Jacques.	R. S. Severin.
Jacques (du F. S.)	Barr. d'Arcueil.	Porte S. Jacques.
Jardin des Pl. (du).	R. de la Muette.	Carref. de la Pitié.
Jardinet (du).	R. Mignon.	R. de l'Eperon.
Jardins (des).	R. des Prêt. S. Paul.	R. des Barrés.
Jarente (de).	R. Cul. Ste. Cather.	R. de l'Eg. Ste.-Cat

Ruess.

Rues.	Tenans.	Aboutissans.
Jean (S.)	R. S. Dominique.	R. de l'Université.
Jean (Neuve S.).	Faub. S. Martin.	Faub. S. Denis.
Jean-Baptiste (S.)	R. Michel.	R. de la Pépinière.
Jean-Bart.	R. de Vaugirard.	R. de Fleurus.
Jean-Beausire.	Boul. S. Antoine.	R. S. Antoine.
Jean-de-Beauce.	R. Grande-Friperie	R. la Cordonnerie.
Jean-de-Beauvais.	R. des Noyers.	R. Mont S. Hilaire.
Jean-Jacq. Rousseau	R. Coquillière.	R. Montmartre.
Jean-Hubert.	R. des Sept-Voies.	R. des Cholets.
Jean-de-l'Epine.	R. de la Vannerie.	R. de la Coutellerie.
Jean-de-Latran (S.)	R. S. Jean-de-Beau.	Place Cambrai.
Jean-Lantier.	R. des Lavandières.	R. Bertin-Poirée.
Jean-Pain-Molet.	R. de la Coutellerie.	R. des Arcis.
Jean-Robert.	R. Transnonain.	R. S. Martin.
Jean-Tison.	R. Bailleul.	R. des f. S. G. l'Aux.
Jéna.	La rivière.	Les Invalides.
Jérôme (S.)	R. Vieille-Lanterne.	Quai de Gêvres.
Jérusalem (de).	Quai des Orfévres.	R. de Nazareth.
Jeûneurs (des).	R. du Sentier.	R. Montmartre.
Joaillerie (de la).	R. S. J. de la Bouch.	Place du Châtelet.
Joquelet.	R. Montmartre.	R. N.-D. des Victoir.
Joseph (S.)	R. du Gros-Chenet.	R. Montmartre.
Joubert	R. N. des Capucins	Place Ste.-Croix.
Jour (du).	Place S. Eustache.	R. Montmartre.
Jouy (de).	R. de Fourcy.	R. S. Antoine.
Judas.	R. des Carmes.	R. Mont. Ste. Gen.
Juifs (des).	R. du Roi-de-Sicile.	R. des Rosiers.
Juiverie (de la).	R. de la Calandre.	R. de la V.-Draperie
Julien-le-Pauv. (S.)	R. de la Bucherie.	R. Galande.
Julienne.	R. Pascal.	R. de l'Oursine.
Jules (S.)	R. du f. S. Antoine.	R. de Montreuil.
Jussienne (de la).	R. Verdelet.	R. Montmartre.
Justice (de la).	*Voyez* Princesse.	
K.		
Kleber.	Avenue de Suffren.	Barr. de la Cunette.
L.		
Laiterie (de la).	Près la rue Gréneta.	Enclos de la Trinité.
Lancry (de).	R. des Marais.	R. de Bondy.
Landry (S.)	R. Basse des Ursins	R. des Marmouzets.

TOM. II.   *d*

Rues.	Tenans.	Aboutissans.
Langlade (de).	R. Traversière.	R. l'Evêque.
Lanterne (de la).	Quai de la Cité.	R. de la V.-Draperie.
Lanterne (de la).	R. S. Bon.	R. des Arcis.
Lanterne (de la V.-)	R. V. pl. aux Veaux	R. S. Jérôme.
Lappe (de).	R. de Charonne.	R. de la Roquette.
Lard (au).	R. Lenoir.	R. de la Lingerie.
Laurent (S.)	R. du f. S. Martin.	R. du f. S. Denis.
Laurent (S.)	R. S. Laurent.	Foire S. Laurent.
Laurent (Neuve S.)	R. du Temple.	R. de la Croix.
Laval.	Les champs.	R. de Pigale.
Lavandières (des).	R. S. Germ.-l'Aux.	Cl. S. Opportune.
Lavandières (des).	R. des Noyers.	Place Maubert.
Lazare (S.)	R. S. Laurent.	Foire S. Laurent.
Lazare (S.)	R. du f. Montmartre	R. Colbert.
Leclère.	Boul. S. Jacques.	R. du f. S. Jacques.
Lenoir.	R. du f. S. Antoine.	Marché S. Antoine.
Lenoir.	R. de la Poterie.	R. S. Honoré.
Lenoir.	R. S. Laurent.	Foire S. Laurent.
Lepelletier.	R. de Provence.	Boul. des Italiens.
Lescot (Pierre).	Place d'Austerlitz.	R. S. Honoré.
Lesdiguière (de).	R. S. Antoine.	R. de la Cerisaye.
Leture (enc. du T.).	R. Perrée.	R. du Pet.-Thouars.
Leufroy.	R. P. Poissons.	Quai de la Mégisser.
Levrette (de la).	R. du Martois.	R. de la Mortellerie.
Licorne (de la).	R. des Marmouzets.	R. S. Christophe.
Lille (de).	Voy. Bourbon.	
Limace (de la).	R. des Bourdonnais.	R. des Déchargeurs.
Limoges (de).	R. de Bretagne.	R. de Poitou.
Lingerie (de la).	Marc. des Innocens.	R. S. Honoré.
Lingerie (de la).	Préau de la Foire.	Foire S. Germain.
Lion (du Petit-).	R. de Condé.	R. des Aveugles.
Lion (du Petit-).	R. des Deux-Portes.	R. S. Denis.
Lions (des).	R. du Petit-Musc.	R. S. Paul.
Lombards (des).	R. S. Martin.	R. S. Denis.
Long-Champ (de).	Barr. de Neuilly.	R. des Batailles.
Long-Pont (de).	Place S. Gervais.	Quai de la Grève.
Lorillon (de).	Barr. de Ramponn.	R. S. Maur.
Louis (S.)	Pont S. Michel.	R. de Jérusalem.
Louis (S.)	R. S. Honoré.	R. de l'Echelle.

Rues.	Tenans.	Aboutissans..
Louvois (de).	R. de Richelieu.	R. Ste. Anne.
Lubeck (de).	R. Ste. Marie.	R. des Batailles.
Lully (de).	R. Rameau.	R. de Louvois.
Lune (de la).	Boulev. Poissonn.	R. Poissonnière.
Luxemb. (Neuve de)	Boulv. de la Madel.	R. de Rivoli.
Lycée (du).	*Voy.* R. Valois (de)	R. S. Honoré.
Lyonnais (des).	R. de l'Oursine.	R. des Charbonn.

M.

Rues.	Tenans.	Aboutissans..
Mably ou d'Enghien	R. du faub. S. Denis.	R. du F. Poissonn.
Mâcon.	R. de la V.-Bouclerie	R. S. And.-des-Arcs.
Maçons (des).	Place Sorbonne.	R. des Mathurins.
Madame.	R. de l'Ouest.	R. de Vaugirard.
Madeleine (de la).	R. de la Ville-l'Evêq.	R. du F. S. Honoré.
Magdebourg (de).	Quai de Billy.	R. des Batailles.
Magloire (S.)	R. Salle-au-Comte.	R. S. Denis.
Mail (du).	R. Montmartre.	R. Vide-Gousset.
Maillet.	R. du F. S. Jacques.	R. d'Enfer.
Maison-Neuve.	R. de la Pépinière.	R. de la Bienfaisance
Malboroug.	R. du F. Poisonn.	R. de Rochechouart
Malte (de).	R. de Ménilmontant	R. de la Tour.
Malte (de).	Pl. du Palais-Royal.	Place du Carrousel.
Mandar.	R. Montmartre.	R. Montorgueil.
Mantoue. *V.* Chart.	Barr. de Courcelles.	R. de Mousseaux.
Marais (des).	R. de Seine.	R. des P.-Augustins
Marais (des).	R. du F. du Temple.	R. du F. S. Martin.
Marc (S.)	R. Montmartre.	R. de Richelieu.
Marc (Neuve S.)	Place des Italiens.	R. de Richelieu.
Marcel (S.)	Place S. Marcel.	R. Mouffetard.
Marceau. *V.* Rohan	R. S. Honoré.	R. de Malte.
Marche (de la).	R. de Bretagne.	Rue de Poitou.
Marché (du).	R. d'Aguesseau.	R. des Saussayes.
Marché-aux-Chev.	Boulv. de l'Hôpital.	R. Poliveau.
Marché-des-Jacob.	R. N. des Petits-Ch.	R. S. Honoré.
Marché-Neuf (du).	R. du Marché-Palu.	R. de la Barillerie.
Marché S. Martin.	R. Frépillon.	Enclos S. Martin.
Marché-aux-Poirées	Carr. de la Halle.	Place du Légat.
Marché-Palu (du).	R. de la Calendre.	R. du Petit-Pont.
Marcou (S.)	Rue Baillif.	R. Royale.
Marguerite (Ste.)	Pl. Ste. Marguerite.	R. de l'Egout.

Rues.	Tenans.	Aboutissans.
Marguerite (Ste.)	R. de Charonne.	R. du F. S. Antoine.
Marie (Ste.).	R. de Bourbon.	R. de Verneuil.
Marie (Ste.)	Barrière Ste. Marie.	R. de Long-Champ.
Marigny (de).	R. du F. S. Honoré.	Champs-Élysées.
Marionnettes (des).	R. de l'Arbalètre.	R. du F. S. Jacques.
Marivaux (de).	Boul. des Italiens.	R. de Grétry.
Marivaux (de).	R. des Lombards.	R. des Écrivains.
Marivaux (P. r. de).	R. de Marivaux.	R. de la V.-Monnaie
Marmouzets (des).	R. de la Colombe.	R. de la Juiverie.
Marmouzets (des).	R. des Gobelins.	R. S. Hippolyte.
Martel.	R. de Paradis.	R. des P.-Écuries.
Marthe.	Pass. de l'Abbaye.	R. Childebert.
Martin (S.).	Porte S. Martin.	R. des Lombards.
Martin (Neuve S.)	R. du Pont-au-Bich.	R. S. Martin.
Martin (du F. S.)	Barr. de la Villette.	Porte S. Martin.
Martin (Petite r. S.)	Cloître S. Marcel.	R. Mouffetard.
Martyrs (des).	Barr. des Martyrs.	R. S. Lazare.
Martois (du).	R. de la Levrette.	Pl. de l'Hôt.-de-Vil.
Masseran (de).	R. de Sèvres.	R. Plumet.
Massillon (de).	Place Fénélon.	R. Chanoinesse.
Mathurins (des).	R. S. Jacques.	R. de la Harpe.
Mathurins (N. des)	R. du Mont-Blanc.	R. de l'Arcade.
Matignon (de).	R. du F. S. Honoré.	Champs-Élysées.
Maubuée.	R. du Poirier.	R. S. Martin.
Mauconseil.	R. S. Denis.	R. Montorgueil.
Maur (S.)	R. des Amandiers.	L'Hospice S. Louis.
Maur (S.)	R. des V.-Tuileries.	R. de Sèvres.
Maure (du).	R. Beaubourg.	R. S. Martin.
Maures (des Trois-)	R. S. Vannes.	R. Royale.
Maures (des Trois-)	R. de la Mortellerie.	Quai de la Grève.
Mauv.-Garç. (des)	R. des Boucheries.	R. de Bussy.
Mauvais-Garçons.	R. de la Verrerie.	R. de la Tixerander.
Mauv.-Paroles (des)	R. des Lavandières.	R. des Bourdonnais.
Mazarine.	Carrefour Bussy.	R. de Seine.
Mazure (de la).	R. de la Mortellerie.	Quai des Ormes.
Mécaniques (des).	R. des Arts.	R. du Commerce.
Médéric (des).	R. Ste. Avoie.	R. S. Martin.
Méchin.	R. de la Santé.	R. du F. S. Jacques.
Médard (Neuve S.)	R. Gracieuse.	R. Mouffetard.

Rues.

Rues.	Tenans.	Aboutissans.
Ménars (de).	R. de Richelieu.	R. de Grammont.
Ménestriers (des).	R. Beaubourg.	R. S. Marin.
Ménilmontant (de).	Barr. de Ménilm.	R. Amelot.
Ménilmont. (N. de).	R. des Fill. du Calv.	R. de S. Louis.
Mercier.	R. de Viarmes.	R. de Grenelle.
Mercière.	Encl. de la Foire	S. Germain.
Merry (Neuve S.)	R. Bar-du-Bec.	R. S. Martin.
Meslay.	R. du Temple.	R. S. Martin.
Messagertes (des).	R. de Paradis.	R. du F. Poissonn.
Métiers (des).	R. Grenétat.	Enclos de la Trinité.
Mézières (des).	R. du Pot-de-Fer.	R. Cassette.
Michel.	R. S. Jean-Baptiste.	R. Maison-Neuve.
Michaudière (de la).	Boulev. des Italiens.	Carrefour Gaillon.
Michel-le-Comte.	R. Transnonain.	R. Ste. Avoye.
Mignon.	R. du Jardinet.	R. du Battoir.
Milan (de).	R. du F. du Roule.	R. de Chartres.
Minimes (des).	R. des Tournelles.	R. S. Louis.
Miromenil (de).	Les champs.	Place Beauveau.
Moine (du Petit-).	R. de Scipion.	R. Mouffetard.
Moineaux (des).	R. des Orties.	R. Neuve S. Roch.
Molay (de).	R. Portefoin.	R. de la Corderie.
Molière (de).	R. de Vaugirard.	Place de l'Odéon.
Monceau S. Gervais	R. de Long-Pont.	R. de la Levrette.
Mondétour.	R. du Cygne.	R. des Prêcheurs.
Mondovi (de).	R. du Mont-Thabor.	R. de Rivoli.
Monnaie (de la).	R. des B. S. G.-l'Au.	R. S. Germ.-l'Aux.
Monnaie (de la V.-)	R. des Lombards.	R. des Ecrivains.
M. le Prince (de).	R. de Vaugirard.	R. de l'Ec. de Méd.
Montaigne (de).	C. Rousselet.	Champs-Elysées.
M. Ste. Gen.)de la)	Pl. S. Et.-du-Mont.	Place Maubert.
Mont-Blanc (du).	R. S. Lazare.	Boulv. d'Antin.
Montesquieu.	R. Cr. des Pet.-Ch.	Palais-Royal.
Montgallet.	R. de Reuilly.	R. de Charenton.
Montholon.	R. du F. Poissonn.	R. de Rochechouart
Montmartre (du F.)	R. S. Lazare.	Boulv. Montmartre.
Montmartre.	Boulv. Montmartre.	Pointe S. Eustache.
Montmorency (N.-)	R. S. Marc.	R. Feydeau.
Montauban.	R. Contrescarpe.	R. Copeau.
Montorgueil.	R. du Cadran.	R. de la Tonnellerie.

* d.

Rues.	Tenans.	Aboutissans.
Mont-Parnasse (du).	B. du Mont-Parnas.	R. N.-D. des Cham.
Montpensier.	R. de Richelieu.	R. Beaujolais.
Montreuil (de).	Barr. de Montreuil.	R. du N. S. Antoine.
Mont-Thabor (de).	R. de Mondovi.	R. Castiglione.
Moreau.	R. de Charenton.	Quai de la Rapée.
Mortellerie (de la).	R. de l'Etoile.	Pl. de l'Hôt.-de-Vil.
Morts (Cour des).	R. Beaubourg.	R. S. Martin.
Morts (des).	R. l'Hosp. S. Louis.	R. du F. S. Martin.
Mousseaux (de).	R. de Chartres.	Rue du F. du Roule.
Mouffetard.	Barr. Mouffetard.	R. de Fourcy.
Moulin (du Haut-).	R. de la Tour.	R. du F. du Temple.
Moulin (du Haut-).	R. Clatigny.	R. de la Lanterne.
Moulins (des).	R. N. des P.-Cham.	R. des Orties.
Moussy (de).	R. Ste. C. de la Bret.	R. de la Verrerie.
Mouton (du).	R. de la Tixerander.	Pl. de Grève.
Muette (de la).	R. de Charonne.	R. de la Roquette.
Muette (de la).	Place de Scipion.	R. des F. S. Marcel.
Mulets (des).	R. des Moineaux.	R. d'Argenteuil.
Murier (du).	R. S. Victor.	R. Traversine.
Murs (des).	R. Clopin.	R. S. Victor.
Musc (du Petit-).	R. S. Antoine.	Quai des Célestins.
Muséum (du Petit-)	R. des F. G.-l'Aux.	Quai de l'Ecole.

N.

Rues.	Tenans.	Aboutissans.
Napoléon.	*Voyez* Paix (de la).	
Nazareth (de).	Cour de la Ste. Ch.	R. de Jérusalem.
Necker.	Rue de Jarente.	R. d'Ormesson.
Neuve des Capucin.	R. du Mont-Blanc.	Place Ste.-Croix.
Nevers (de).	R. d'Anjou.	Quai de la Monnaie.
Nicaise (S.)	Place du Carrousel.	R. S. Honoré.
Nicolas (S.)	R. de Charenton.	R. du F. S. Antoine.
Nicolas (S.)	R. du Mont-Blanc.	R. de l'Arcade.
Nic. du Chard. (S.)	R. Traversine.	R. S. Victor.
Nicolas (Neuve S.)	R. Sanson.	R. du F. S. Martin.
Nicolet.	R. de l'Université.	Quai d'Orsay.
Noir (du).	R. d'Orléans.	R. Française.
Nonaindières (des).	R. de Jouy.	Quai des Ormes.
Normandie (de).	R. Boucherat.	R. Charlot.
Normandie (de).	Enclos de la Foire	Saint-Germain.
Nôtre (le).	Aven. de Matignon.	R. du Colysée.
Notre-Dame (N).	Place du Parvis.	R. du Marché-Palu.

Rues.	Tenans.	Aboutissans.
Notre-Dame (V.)	R. Censier.	R. d'Orléans.
N.-D. des Champs.	R. d'Enfer.	R. de Vaugirard.
N.-D. de B.-Nouv.	Boulev. Poissonn.	R. Beauregard.
N.-D. de Nazareth.	R. du Temple.	R. du Pont aux Bich.
N.-D. de Recouvr.	Boulev. Poissonn.	R. Beauregard.
N.-D. des Victoires.	R. Montmartre.	Carré des P.-Pères.
Noyers (des).	Place Maubert.	R. S. Jacques.
O.		
Oblin.	R. Coquillière.	R. de Viarmes.
Observance (de l').	Pl. de l'Ec. de Méd.	R. de M. le Prince.
Odéon (de l').	Pl. de l'Odéon.	Carré de l'Odéon.
Ogniard.	R. S. Martin.	R. des 5 Diamans.
Oiseaux (des).	M. des Enf.-Rouges.	R. de Beauce.
Olivet (d').	R. des Brodeurs.	R. Traverse.
Orangerie (de l').	R. Censier.	R. d'Orléans.
Oratoire (de l').	R. du Coq S. Hon.	R. S. Honoré.
Oratoire (N. de l').	R. du F. du Roule.	Avenue de Neuilly.
Orfèvres (des).	R. Jean-Lantier.	R. S. Germ-.l'Aux.
Orléans (d').	R. des Deux-Ecus.	R. S. Honoré.
Orléans (d').	R. de Poitou.	R. des Quatre-Fils.
Orléans (d').	R. Mouffetard.	R. du Jard. des Pl.
Orléans (Neuve d').	Porte S. Martin.	Porte S. Denis.
Ormeaux (des).	R. anc. de Lagny.	R. de Montreuil.
Ormesson (d').	R. de l'Egout.	Cult. Ste. Cathert
Orties (des).	R. Froidmanteau.	Place du Carrousel.
Orties (des).	R. Ste. Anne.	R. d'Argenteuil.
Oseille (de l').	R. S. Louis.	Vieille r. du Temple
Ouest (de l').	Bar. du Mont-Parn.	R. de Vaugirard.
Ours (aux).	R. S. Martin.	R. S. Denis.
Oursine (de l').	R. de la Santé.	R. Mouffetard.
P.		
Pagevin.	R. de la Jussienne.	R. des V.-Augustins
Paix (de la).	Boul. des Capucines	Place Vendôme.
Palatine.	R. Garencière.	R. des Fossoyeurs.
Paon (du).	R. de l'Ec. de Méd.	R. du Jardinet.
Paon (du).	R. Traversine.	R. S. Victor.
Paon-Blanc (du).	R. de la Mortellerie.	Quai des Ormes.
Papillon.	R. Bleue.	Place Montholon.
Paradis (du).	R. du F. Poisonn.	R. du F. S. Denis.
Paradis (du).	Vieille r. du Temple	R. du Chaume.

Rues.	Tenans.	Aboutissans.
Parcheminerie.	R. S. Jacques.	R. de la Harpe.
Parc-Royal.	R. S. Louis.	R. de Thorigny.
Paris (de).	Enclos de la Foire	Saint-Germain.
Pascal.	R. Ch. de l'Alouette	R. S. Hippolyte.
Pas-de-la-Mule.	Boul. S. Antoine.	Place Royale.
Pastourelle.	R. du Gr.-Chantier.	R. du Temple.
Paul (S.).	Port S. Paul.	R. S. Antoine.
Paul (Neuve S.)	R. Beautreillis.	R. S. Paul.
Pavée S. André.	R. S. And.-des-Arts	Quai des Augustins.
Pavée S. Sauveur.	R. du Petit-Lion.	R. Montorgueil.
Pavée (au Marais).	R. N. Ste.-Cather.	R. du Roi de Sicile.
Pav. de la P. Maub.	Le Mail.	Place Maubert.
Pavillons (des Trois)	R. du Parc-Royal.	R. des Fr.-Bourgeois
Paxant (S.)	R. Bailly.	R. Royale.
Payenne.	R. du Parc-Royal.	R. Ste. Catherine.
Péniche.	R. N.-D. des Vict.	R. Montmartre.
Pépinière (de la).	R. du Rocher.	R. de Courcelles.
Percée.	R. S. Antoine.	R. des Prêt. S. Paul.
Percée.	R. de la Harpe.	R. Haute-Feuille.
Perche (du).	Vieille r. du Temple	R. d'Orléans.
Perdue.	R. des Gr.-Degrés.	Place Maubert.
Pères (des Petits-).	R. Vide-Gousset.	R. de la Feuillade.
Pères (des Saints-).	R. de Grenelle.	Quai Malaquais.
Périgueux.	R. Boucherat.	R. de Bretagne.
Périne (Ste.)	Les champs.	Gr. rue de Chaillot.
Perrin-Gasselin.	R. S. Denis.	R. Harangerie.
Perle (de la).	R. de Thorigny.	Vieille r. du Temple
Pernelle.	R. de la Mortellerie.	Quai de la Grève.
Perpignan (de).	R. des Marmouzets.	R. des 3 Canettes.
Perrée.	R. à v. la r. d. Font.	Enclos du Temple.
Pet (du).	R. Bourg-l'Abbé.	R. S. Martin.
Pet-au-Diable (du).	R. de la Tixerandrie.	Cloître S. Jean.
Philippeaux.	R. du Temple.	R. Frépillon.
Philippe (S.)	R. de Cléry.	R. Bourbon-Villen.
Philippe (S.).	R. Bailly.	R. Royale.
Picardie.	Encl. de la F. S. G.	Encl. de la F. S. G.
Picpus (de).	Barrière de Picpus.	R. du F. S. Antoine.
Pied-de-Bœuf (du).	R. de la Tuerie.	R. de la Joaillerie.
Pierre (S.)	R. Baisse-de-Chaill.	Gr. rue de Chaillot.

Rues. 45

Rues.	Tenans.	Aboutissans.
Pierre (Neuve S.)	R. Neuve S. Gilles.	R. des 12 Portes
Pierre (S.)	R. S. Sébastien.	R. de Ménilmontant
Pierre-Sarrazin.	R. de la Harpe.	R. Haute-Feuille.
Pierre-à-Poissons.	M. de l'Aport-Paris.	R. de la Sonnerie.
Pierre (Petite r. S.)	R. d'Aval.	R. Mouffetard.
Pierre-Lombard.	Encl. Cl. S. Marcel.	R. Amelot.
Pierre (S.)	R. N.-D. des Vict.	R. Montmartre.
Pierre-au-Lard.	R. Neuve S. Merry.	R. du Poirier.
Pierre-Levée.	R. des Trois-Bornes.	R. Fontaine.
P.-aux-Bœufs (S.)	R. des Marmouzets.	Pl. du Parvis N.-D.
Pierre-Assis.	R. Mouffetard.	R. S. Hippolyte.
P.-des-Arcis (S.)	R. Gervais-Laurent.	R. de la V.-Draperie
Pigale (de).	R. Larochefoucault.	R. Blanche.
Pinon.	R. d'Artois.	R. N. Grange-Bat.
Pirouette.	R. Mondétour.	P. du C. de la Halle.
Pistolets (des Trois-)	R. du Petit-Musc.	R. Beautreillis.
Place-Vend. (de la)	Boul. des Italiens.	R. N. des P.-Cham.
Pl-aux-Veaux (de la)	R. Planche-Mibray.	R. S. J. la Boucherie
Placide (Ste.)	R. des Vieilles-Tuil.	R. de Sèvres.
Planche (de la)	R. de la Chaise.	R. du Bacq.
Planche-Mibray.	R. S. J. la Boucherie	Quai de la Grê
Planchette (de la).	R. des Terres-Fort.	R. de Charenton.
Plat-d'Etain (d').	R. des Lavandières.	R. des Déchargeurs.
Plâtre (du).	R. de l'Hom.-Armé.	R. Ste. Avoye.
Plâtrière ou J.-J. R.	R. Coquillière.	R. Montmartre.
Plumet.	Barr. des Paillass.	R. des Brodeurs.
Plumets (des).	R. de la Mortellerie.	Quai de la Grève.
Pochet.	R. Plumet.	R. de Babylone.
Poirées (des).	R. N. des Poirées.	R. des Cordiers.
Poirées (Neuve des)	R. des Poirées.	R. S. Jacques.
Poirier (du).	R. Simon-le-Franc.	R. Neuve S. Merry.
Poissy (de).	Quai de la Tournelle	R. S. Victor.
Poissonnière.	Boul. Poissonnière.	R. de Cléry.
Poissonn. (du F.)	Barr. Poissonnière.	Boul. Poissonnière.
Poitevins (des).	R. Haute-Feuille.	R. du Battoir.
Poitiers (de).	R. de l'Université.	Quai d'Orsay.
Poitiers (Neuve de).	R. de l'Oratoire.	R. de l'Union.
Poitou (de).	Vieille r. du Temple.	R. d'Orléans.
Poliveau (de).	Quai de l'Hôpital.	R. Marché-aux-Ch.

46 Rues.

Rues.	Tenans.	Aboutissans.
Ponceau (du).	R. St Martin.	R. S. Denis.
Pont (du Petit-).	R. Galande.	Pl. du Petit-Pont.
Pont-aux-Bich. (du)	R. de la Muette.	R. Censier.
Pont-aux-Bich. (du)	R. N.-D. de Nazar.	R. Neuve S. Laurent
Pont-aux-Choux.	R. Pont-aux-Choux.	R. S. Louis.
Pont-de-Lody (du).	R. des Grands-Aug.	R. Dauphine.
P. de la Triper. (du).	R. de la Triperie.	R. de l'Université.
Ponts (des Deux-)	Pont-Marie.	Pont de la Tournelle
Ponthieu (Neuve de)	Aven. de Matignon.	R. Neuve de Berri.
Pont (du). V. Beaune	R. de l'Université.	Quai Voltaire.
Pontoise (de).	Quai de la Tournelle	R. S. Victor.
Popincourt (de).	R. de la Roquette.	R. de Ménilmontant
Port-Mahon (du).	P. de la Pl. Vendôme	Carrefour Gaillon.
Porte-Foin.	R. des Enfans-Roug.	R. du Gr.-Chantier
Portes (des Deux-).	R. de la Verrerie.	R. de la Tixerandrie.
Portes (des Deux-).	R. Thevenot.	R. du Petit-Lion.
Portes (des Deux-).	R. de la Harpe.	R. Haute-Feuille.
Portes (des Trois-).	R. du Pavée.	R. des Rats.
Portes (des Douze-).	R. Neuve S. Pierre.	R. S. Louis.
Postes (des).	R. de l'Arbalètre.	Pl. de l'Estrapade.
Poste (de la).	R. des Pet.-August.	Pl. de l'Abb. S.-G.
Pot-de-Fer (du).	R. de Vaugirard.	R. du V.-Colombier.
Pot-de-Fer.	R. Mouffetard.	R. des Postes.
Poterie (de la).	R. de la Verrerie.	R. de la Tixerandrie
Poterie (de la).	R. de la Lingerie.	R. de la Tonnellerie.
Pots-d'Etain (de).	R. Pirouette.	R. de la Cossonnerie
Poules (des).	R. du Puits-qui-parl.	R. de la V.-Estrap.
Poulies (des).	Place du Louvre.	R. S. Honoré.
Poultier.	Quai d'Anjou.	Quai de Béthune.
Poupée.	R. Haute-Feuille.	R. de la Harpe.
Pourtour (du).	Place Baudoyer.	R. du Monceau.
Préau (du).	Foire S. Germain.	R. du Four.
Prêcheurs (des).	R. des Potiers-d'Et.	R. S. Denis.
Prétrelle.	R. du F. Poissonn.	R. de Rochechouart
Prêt. S. Paul (des).	R. S. Paul.	R. des Nonaindières
Prêtres S. Severin.	R. de la Parchemin.	R. S. Severin.
Prêt. S. Ger.-l'Aux.	R. de la Monnaie.	Cl. S. Germ.-l'Aux.
Pr. S. Et.-du-Mont.	R. Bordet.	Pl. S. Et.-du-Mont.
Prieuré (du Grand-)	R. de Ménilmontant	R. de la Tour.

Rues.	Tenans.	Aboutissans.
Princesse.	R. Guisarde.	R. du Four S.-G.
Projetée V. Hanovre	R. de Choiseul.	R. du Port-Mahon.
Projetée.	R. de la Pépinière.	R. Roquépine.
Provence (de).	R. du F. Montmart.	R. du Mont-Blanc.
Prouvaires (des).	R. Traînée.	R. S. Honoré.
Puits (du).	R. des Bl.-Manteaux	R. Ste. Cr.-de-la-Br.
Puits-qui-parle (du)	R. N. Ste. Genev.	R. des Postes.
Puits-l'Hermite (du)	R. du Battoir.	R. de la Clef.
Pyramides (des).	Place de Rivoli	R. S. Honoré.

Q.

Rues.	Tenans.	Aboutissans.
Quatre-Fils (des).	R. du Gr.-Chantier.	Vieil. r. du Temple.
Quatre-Sols.	R. Château-Landon	R. du F. S. Martin.
Quatre-Vents (des).	R. du Brave.	R. de Condé.
Quenouilles (des).	R. S. Germ.-l'Aux.	Q. de la Mégisserie.
Quiberon (de).	V. Montpensier.	R. de Richelieu.
Quincampoix.	R. aux Ours.	R. Aubry-le-Bouch.
Quinze-Vingts (des)	R. Batave.	R. de Rohan.

R.

Rues.	Tenans.	Aboutissans.
Racine (de).	R. de M. le Prince.	Place de l'Odéon.
Rambouillet (de).	R. de Charenton.	R. de Bercy.
Rameau (de).	R. Ste. Anne.	R. de Richelieu.
Rapée (de la).	R. de Bercy.	Quai de la Rapée.
Rats (des).	R. de la Bucherie.	R. Galande.
Rats (des).	Barrière des Rats.	R. Folie-Regnault.
Ravel (de).	R. du Petit-Vaugir.	R. de Sèvres.
Réale (de la).	R. de la Gr.-Truand.	R. de la Tonnellerie.
Récollets (des).	R. Grange-aux-Bel.	R. du F. S. Martin.
Regard (du).	R. de Vaugirard.	R. des V.-Tuileries.
Regnard (de).	R. de Condé.	Place de l'Odéon.
Regratière.	R. Blanc. de Castille	Quai d'Orléans.
Reine-Blanc. (de la).	R. des F. S. Marcel.	R. Mouffetard.
Rempart (du).	R. Richelieu.	R. S. Honoré.
Rempart (Basse du).	R. du Mont-Blanc.	R. de Surennes.
Renard (du).	R. S. Merry.	R. de la Verrerie.
Renard (du).	R. Beaurepaire.	R. S. Denis.
Renaud-Lefèvre.	R. Marché S. Jean.	Place Beaudoyer.
Reposoir (du Petit-)	R. des V.-Augustins	Place Victoire.
Reuilly (de).	Barrière de Reuilly.	R. S. Antoine.
Reuilly (Petite rue).	Gr. rue de Reuilly.	R. de Charenton.

Rues.	Tenans.	Aboutissans.
Réunion (de la).	S. du Temple.	R. S. Martin.
Reims (de).	R. des Sept-Voies.	R. des Cholets.
Ribouté.	R. Bleue.	Place Montholon.
Richer.	R. du F. Poissonn.	R. du F. Montmart.
Richelieu (de).	R. S. Honoré.	Boul. Montmartre.
Richel. (Neuve de).	Place Sorbonne.	R. de la Harpe.
Richepanse.	R. Duphot.	R. S. Honoré.
Rivoli (de).	R. de l'Echelle.	Place Louis XV.
Roch (S.).	R. Poissonnière.	R. du Gros-Chenet.
Roch (Neuve S.).	R. N. des P.-Cham.	R. S. Honoré.
Rochechouart (de).	Bar. Rochechouart.	R. Montholon.
Rochefoucault.	R. Montmartre.	R. S. Lazare.
Rocher (du).	R. Mouceaux.	R. de la Pépinière.
Rohan (de).	C. du Commerce.	R. du Jardinet.
Rohan ou Marceau.	R. S. Honoré.	R. de Malte.
Roi de Sicile (du).	R. des Ballets.	Vieille r. du Temple
Roquépine.	R. d'Astorg.	R. de la V.-l'Evêque
Roquette (de la).	R. de la Muette.	Place S. Antoine.
Rosiers (des).	Vieille r. du Temple	R. des Juifs.
Roule (du).	R. S. Honoré.	R. de la Monnaie.
Roule (du Faub. du)	Barr. du Roule.	R. S. Charles.
Rousseau (J.-J.).	R. Coquillière.	R. Montmartre.
Rousselet (de).	R. de Sévres.	R. Plumet.
Rousselet,	Aven. de Matignon.	R. du Colysée.
Royale.	Cour S. Martin.	Marché S. Martin.
S.		
Sabot (du).	R. du Four.	R. du Sépulcre.
Saintonge (de).	Boul. du Temple.	R. de Bretagne.
Salle-au-Comte.	R. aux Ours.	R. S. Magloire.
Sanson.	R. des Marais.	R. de Bondi.
Santé (de la).	Boul. de la Santé.	Ch. des Capucins.
Sartine.	R. Coquillière.	R. de Viarmes.
Saussayes (des).	Place Beauveau.	R. de Surennes.
Sauveur (S.)	R. Montorgueil.	R. S. Denis.
Sauveur (Neuve S.)	R. Damiette.	R. du Petit-Carreau.
Savonnerie (de la).	R. de la Haumerie.	R. S. J. la Boucherie
Savoye (de).	R. Pavée.	R. des Gr.-August.
Scipion (de).	R. du Fer-à-Moulin.	R. des F.-Bourgeois.
Sébastien (S).	R. de Popincourt.	R. S. Pierre.

Rues.	Tenans.	Aboutissans.
Seine (de).	R. de Bussy.	Quai Malaquais.
Seine (de).	R. du J. des Plantes.	Quai S. Bernard.
Sentier (du).	R. Montmartre.	R. S. Roch.
Sépulchre (du).	R. de Grenelle.	R. Taranne.
Serpente.	R. de la Harpe.	R. Haute-Feuille.
Severin (S.)	R. S. Jacques.	R. de la Harpe.
Sèvres (de).	Car. de la C. Rouge.	Barrière de Sèvres.
Simon-le-Franc.	R. S. Avoye.	R. Maubuée.
Singes (des).	R. S. Cr. de la Bret.	R. des Bl.-Manteaux
Soly.	R. de la Jussienne.	R. des V. Augustins.
Sonnerie (de la).	R. S. Germ.-l'Aux.	Q. de la Mégisserie.
Sorbonne (de).	Place Sorbonne.	R. des Mathurins.
Soufflot.	R. Ste. Geneviève.	R. S. Jacques.
Sourdière (de la).	R. de la Corderie.	R. S. Honoré.
Spire (S.)	R. S. Foy.	R. des Filles-Dieu.
Surennes (de).	R. des Saussayes.	P. du Tem. de la Vic.
T.		
Tabletterie (de la).	R. Harengerie.	R. S. Denis.
Tacherie (de la).	R. J. Pain-Mollet.	R. de la Coutellerie.
Taille-Pain.	R. du Cl. S. Merry.	R. Brise-Miche.
Taitbout.	R. de Provence.	Boul. Italien.
Tannerie (de la).	R. Planche-Mibray.	Place de Grève.
Tannerie (de la V.-).	R. V. pl.-aux-Veaux	R. de la Tuerie.
Taranne.	R. S. Benoît.	R. des SS. Pères.
Taranne (Petite rue)	R. du Sabot.	R. de l'Egout.
Teinturiers (des).	R. de la Tannerie.	R. de la Vannerie.
Temple (du).	Boul. du Temple.	R. St. Avoye.
Temple (du F. du).	Barr. Belleville.	Boulev. du Temple.
Temple (Vieil. r. du)	R. S. Antoine.	R. S. Louis.
Temple (des F. du).	R. de Menilmontant	R. du F. du Temple.
Terres-Fortes (des).	R. Moreau.	R. Contrescarpe.
Thérèse.	R. Ste.-Anne.	R. Ventadour.
Thévenot.	R. S. Denis.	R. du Petit-Carreau.
Thibautodé.	R. des Bourdonnais.	R. S. Germ.-l'Aux.
Thionville.	*Voyez* Dauphine.	Le Pont-Neuf.
Thiroux.	Place Ste. Croix.	R. N. des Mathur.
Thomas (S.)	R. du F. S. Jacques.	R. d'Enfer.
Thomas-d'Aq. (S.)	R. S. Dominique.	R. S. Th.-d'Aquin.
Th. (des Filles S.)	R. N.-D. des Victoir.	R. de Richelieu.

Rues.	Tenans.	Aboutissans.
Th. du Louvre (du).	R. des Orties.	Pl. du Palais-Royal
Trône (du).	R. du F. S. Antoine.	R. de Montreuil.
Thorigny.	R. S. Anastase.	R. du Parc-Royal.
Thouars (du Petit-).	B. du Temple.	Enclos du Temple.
Tiquetonne.	R. Montorgueil.	R. Montmartre.
Tire-Boudin.	R. Montorgueil.	R. du Renard.
Tire-Chape.	B. Bétisy.	R. S. Honoré.
Tiron.	R. S. Antoine.	R. du Roi-de-Sicile.
Tixeranderie (de la).	Place Beaudoyer.	R. de la Poterie.
Tonnellerie (de la).	R. de la Fromagerie.	R. S. Honoré.
Touraine (de).	R. de M. le Prince.	B. de l'Ec. de Médec.
Touraine (de).	R. de Poitou.	R. du Perche.
Tour (de la).	R. la Fol.-Méricourt	R. des F. du Temple.
Tour-d'Auvergne.	R. Rochechouart.	R. des Martyrs.
Tour-des-Dames.	R. Rochefoucault.	R. Blanche.
Tournelle (de la).	R. de Sartine.	R. de Bièvre.
Tournelles (des).	R. S. Antoine.	R. Neuve S. Gilles.
Tourniquet (du).	Cloître S. Jean.	R. du Monceau.
Tournon (de).	R. de Vaugirard.	R. du Petit-Lion.
Tracy (de).	R. du Ponceau.	R. S. Denis.
Traînée.	R. de la Fromagerie.	Place S. Eustache.
Transnonain.	R. Aumaire.	R. Gren. S. Lazare.
Traverse.	R. de Sèvres.	R. Plumet.
Traversière.	R. de Richelieu.	R. S. Honoré.
Traversière.	R. F. S. Antoine.	Quai de la Rapée.
Traversine.	R. d'Arras.	Mont. Ste. Genev.
Triperie (de la).	R. de la Joaillerie.	Place du Châtelet.
Tripelet.	R. de la Clef.	R. Gracieuse.
Trognon.	R. de la Haumerie.	R. d'Avignon.
Trois-Bornes (des).	R. Folie-Méricourt.	R. S. Maur.
Trois-Chandeliers.	R. de la Huchette.	La rivière.
Trousse-Vache.	R. des Cinq-Diam.	R. S. Denis.
Trouvée.	Marché S. Antoine.	R. de Charenton.
Truanderie (Gr.-).	R. S. Denis.	R. Montorgueil.
Truanderie (Petite-).	R. Gr.-Truanderie.	R. Mondétour.
Trudon.	R. N. des Mathurins	R. Boudreau.
Tuerie (de la).	R. S. Jérôme.	R. du Pied-de-Bœuf.
Tuileries (des V.-).	R. N. de Bagneux.	R. du Regard.
Turenne (de).	*Voyez* Louis (S.)	R. Filles-du-Calv.

Rues.

Rues.	Tenans.	Aboutissans.
U.		
Union (de l').	Avenue de Neuilly.	R. Faub. du Roule.
Ursine.	R. Bourbon-Villen.	R. S. Denis.
Université (de l').	R. des SS. Pères.	Le Champ-de-Mars.
Ursulines.	R. Faub. S. Jacques.	R. des Postes.
Ursins (Haute des).	R. S. Landry.	R. de Glatigny.
Ursins (Milieu des).	R. Haute-des-Ursins	R. des Marmouzets.
V.		
Val-de-Grâce (du).	R. Faub. S. Jacques.	R. du Levant.
Valois (de).	R. de Courcelles.	Barr. de Mouceau.
Vannnerie (de la).	Pl. de Grêve.	R. Planche-Mibray.
Vannes (de).	R. des Deux-Ecus.	R. de Viarmes.
Vannes (S.)	R. S. Maur.	R. S. Benoît.
Varenne (de).	R. des Deux-Ecus.	R. de Viarmes.
Varenne (de).	Boul. des Invalides.	R. du Bacq.
Vaugirard (de).	Barrière Vaugirard.	R. Fran.-Bourgeois.
Vaugirard (du Petit)	R. de Bagneux.	R. de Vaugirard.
Vendôme (de).	R. Charlot.	R. du Temple.
Venise (de).	R. Quincampoix.	R. S. Martin.
Ventadour.	R. N. des Petits-Ch.	R. Thérèse.
Verdelet.	R. Mauconseil.	R. Gr.-Truanderie.
Verderet.	R. Coq-Héron.	R. J.-J. Rousseau.
Verneuil.	R. des SS. Pères.	R. de Poitiers.
Verrerie (de la).	Marché S. Jean.	R. S. Martin.
Versailles.	R. S. Victor.	R. Traversine.
Vert-Bois (du).	R. P.-aux-Biches.	R. S. Martin.
Verte.	R. Ville-l'Evêque.	R. Faub. S. Honoré.
Verte (Petite rue).	R. Verte.	R. Faub. S. Honoré.
Vertus (des).	R. Phelippeaux.	R. des Gravilliers.
Viarmes (de).	Pourtour de la Halle	au blé.
Victoire (de la).	V. R. Chantereine.	
Victor (S.)	R. Copeau.	Place Maubert.
Vierge (de la).	R. S. Dominique.	R. de l'Université.
Vignes (des).	Boul. de l'Hôpital.	R. du Banquier.
Vignes (des).	Avenue de Neuilly.	Gr. r. de Chaillot.
Villedot.	R. de Richelieu.	R. Ste. Anne.
Ville-l'Evêque (de).	R. de la Madeleine.	R. Verte.
Villiot.	R. de Bercy.	Quai de la Rapée.
Vinaigriers (des).	R. Carême-Prenant.	R. du F. S. Martin.

Rues.	Tenans.	Aboutissans.
Vincent-de-Paul (S.)	Pl. S. Tho.-d'Aquin.	R. du Bacq.
Vivienne.	R. Filles S. Thomas.	R. Beaujolais..
Voirie (de la).	R. Ch. de la Chapel.	R. Faub. S. Denis.
Voirie (de la).	R. Maison-Neuve.	R. des Grésillons.
Voltaire (de).	Place de l'Odéon.	R. M. le Prince.
Vosges (des).	*Voy*. Place Royale.	R. S. Antoine.
Voye-Creuse (de la).	R. des Fos. S. Marcel	R. du Banquier.
Voyes (des Sept-).	R. S. Et.-des-Grès.	R. S. Hillaire.
Vrillière (de la).	R. Cr. des Petits-Ch.	R. de la Feuillade.
Vrillière (Petite rue)	Place des Victoires.	R. de la Vrillière.

W.

Werthingen.	R. N. de l'Abbaye.	R. du Colombier.

Z.

Zacharie.	R. de la Huchette.	R. S. Severin.

www.ingramcontent.com/pod-product-compliance
Lightning Source LLC
Chambersburg PA
CBHW070927230426
43666CB00011B/2347